ちくま学芸文庫

現代語訳 三河物語

大久保彦左衛門
小林賢章 訳

筑摩書房

はじめに

『三河物語』という名を知らなくても、大久保彦左衛門の名は知っておられる方は多いのではなかろうか。たらいに乗って登城をしたり、天下の御意見番として政治を批判したり、一心太助という魚屋を家来に、捕物までする。こんにち彦左衛門といえば、そんな活躍をするこわれ眼鏡をゴムで耳にくくった駿河台の隠居老人のすがたを思いうかべることであろう。それはそれなりに痛快である。いや江戸の人びとは自分たちのはたせぬ夢を彦左衛門という人物をかりて、小説や講談のなかで実現させたのだから、痛快でないはずがない。『三河物語』に登場する彦左衛門、いやそれがほんものの彦左衛門なのだが、とても痛快とはいきかねる。むしろそうした目からは、しみったれた老人のすがたしかうかんでこない。

そのあたりを承知でまずはすこし読んでいただきたい。読んでいただきたいのはやまやまだけれど、『三河物語』はおせじにも名文とはいえないし、文学作品に格調といったものが必要なら、そのかけらもない。さらに悪口を加えるなら、『三河物語』は老人のぐちにすぎない。そのへんの苦労を覚悟されてだ。

ところが老人のぐちにすぎない『三河物語』を読みすすんでいくうちに、ふしぎな魅力にとりつかれてしまうのはわたしだけであろうか。

日本の歴史のうえでももっともはげしい転変をみた戦国という時代を「忠誠」ということばだけを精神のよりどころに、ただひたすら戦い生きたひとりの老武者のひたむきな生きざま、ものの考えかたに心奪われるであろう。そこに男の強さを感じるであろう。

現代社会のなかでとかく見失いがちな男の強さを『三河物語』から読みとるとき、彦左衛門のぐちがいつのまにかきわやかにさえ感じられるようになるであろう。

小林　賢章

目次

三河物語1　徳川家の先祖と大久保一族

三河物語3　江戸開府と家康の死

現代語訳　三河物語

凡例

一、本書は大久保彦左衛門著『三河物語』の全訳である。底本には架蔵（横井也有旧蔵本）を用い、諸本を参校した。
一、訳文中の（　）は訳者による補足である。
一、各巻の大・小の見出しは原文にはなく、訳者が付けたものである。

三河物語1　徳川家の先祖と大久保一族

前書

わたしは老人のことですから、いつ死ぬともかぎりません。そんなきょうこの頃、ご主君様はご譜代(1)の家来の家筋さえまったくご存じなく、またご譜代の家来の人びとも、長年仕えた家筋もわからなくなってしまった。それで三河者ならみなが、ご譜代の家だとご主君もお思いになっているくらいだ。それでそのあたりの事情を子供たちが知るわけもないので、ここに記すことにする。この書を世にだす意図があったなら、ご譜代のひとびとの家筋もその活躍もくわしく調べて書かねばならないが、この本はわたしの子・孫に、わたしの家の家筋の正しさを知らせようと書いたので、他の家のことは書けていない。それだから門外不出(2)だ。

みなさんも自分の家の忠節のすがたや活躍やまたはご譜代ひさしい家筋を書き記して子や孫たちに譲られるとよいでしょう。わたしもわたしの一族のことを以下に書いて子供に渡す。ぜったいに他人にみせてはならない。以上。

注

（1）譜代　先祖代々主君に仕えること、仕えている臣下。（2）みなさん　前の行で「門外不出」としながら「みなさん」と呼びかけるのは矛盾している。こんなところから、逆に彦左衛門はこの書を多くの人に読んでもらいたいという希望をもっていたのでは、と推測できる。

序

仏を信じられないのに[(1)]、あの世のことをあれこれ言ってもしようがない。夢のなかのできごとは、つまりはなかったことだ。我が身の今までを顧みても、この世は夢なのだからわたしたちの存在もはかない夢だ。その夢のようなこの世のなかで、いったい何が本物だというのだろうか。ひとときの栄華もむなしい快楽に思われる。年老いて主君に忠節を尽くしたことを語れることとそれこそ楽しみだ。

注

（1）仏を…　この段と次の「徳川家の先祖」の段の最後まで『曽我物語』巻七「千草の花見し事」と「神代のはじまりの事」からの引用である。

徳川家の先祖

最初に大臣家康のご先祖のことをのべる。日本という国は(1)クニトコタチノミコトからはじまり、ウイヂニ・スイヂニが男神と女神のはじまりで、イザナギ・イザナミノミコトまでを天神七代という。次のアマテラスオオミカミからウノハフキアワセズノミコトまでを地神五代と呼び、そのあいだに多くの年月がすぎさった。

神武天皇という方は、フキアワセズノミコトの第四皇子で、世のなかの主人、天皇家の初代として天下を治められた。国に騒乱もおこらず、人々が恐れしたがう政治のためには、文と武のふたつが大切だとわかった。文事を好む人びとをかわいがられないなら、だれが政治をおたすけしようか。また勇敢な人びとをおほめにならないなら、どうしてお慈悲だけで戦乱を鎮められようか。それで唐の太宗皇帝は負傷兵の傷をなめて、戦士を賞讃し、漢の高祖は三尺の剣を身につけて、諸侯を治めた。

わが国でも、中世から源平両家をお置きになって以来、両家は武略をふるって、天皇家を守った。たがいに名将を輩出して、諸国の乱を鎮め、四百余年がすぎた。この両家は清《せい》和《わ》天皇と桓武天皇の子孫だが、天皇家をでて、人臣の列に加わり、戦いの場で勇ましく戦いその気概を示すことたびたびだった。

元来源氏というのは桓武天皇から四代目の皇子《みこ》で田村の帝《みかど》と申された方で、文徳天皇とも申されたが、その方に二人の皇子がおいでになった。第一を惟喬《これたか》親王(2)といい、天皇もこの皇子にご執心で、皇太子にして、位を譲ろうと思っておられた。第二の皇子は惟仁《これひと》親王といい、まだ幼少でおいでだった。母は染殿関白忠仁公（藤原良房）の娘で、藤原一門の公卿、大臣、雲の上人たちはこの方を大事にもりたてていたので、この方もまた無視しがたかった。かれは天皇家をつぐにふさわしい器、これはおのずと政治をとる心構えをもつ者。そのどちらかを無視して、どちらかを天皇とするなら、選択に私情がはいったとして臣下は不平をのべるであろう。

「それならいっそ競馬《くらべうま》をして、その勝ち負けで位を譲ろう」と天安二年（八五八）三月二日二人の皇子をひきつれて、右近の馬場におでかけになる。大臣公達も華やかに着かざって、右近の馬場におともをする。こんなことは世に珍しいこと、天下の一大事と人々はうわさした。皇子たちも「皇太子になれるかどうかはここが大事」とお思いになっていろいろなご祈禱をたのまれた。

惟喬親王のご祈禱の師は、柿本《かきのもと》の紀《きの》僧正真済《しんぜい》という方で、東寺の長者、弘法大師のお弟子であった。惟仁親王のご祈禱の師は延暦寺の僧恵亮和尚《えりようかしよう》という方で、慈覚大師のお弟子の尊いお坊さんであった。西塔(3)の平等坊で大威徳の法(4)を行われた。

競馬は十番と決められた。惟喬方がつづけて四番お勝ちになった。惟仁方にくみしている人びとは手に汗をして、心中で一生懸命祈った。右近の馬場から、天台山(5)平等坊の壇所へ何人も使いがかけつけた。あまり何人もかけつけたので右近の馬場の人々の様子はまるで櫛の歯がぬけたようだった。「味方はつづけて四番負けました」と申しあげると、恵亮はせっぱつまった気持ちになり、大威徳明王の絵像をさかさまにかけ、三尺ほどの土の牛を北向きに立てて祈った。土の牛が踊って、西を向くと南にとって押し向け、東を向くと北にとって押しなおした。心をくだいて、数珠《じゅず》をもんで祈られたが、それでもたりないと思われたか、独鈷《どっこ》(6)で自分の頭をついて、脳みそをとりだし、芥子《けし》にまぜて炉にくべて煙を立てる。数珠を一もみもむと、土の牛は猛《たけ》って声をあげ、大威徳明王の絵像が刀をふりまわしたので、「願いは成就する」とひと安心しておられるところへ、「味方が六番つづけてお勝ちになりました」とお使いがやってきた。ふしぎな前兆もあればあったもので、あれこれいうのもはばかられる。

それで惟仁親王が天皇となることが決まり、皇太子になられた。こんな結果となったので、延暦寺の僧侶たちは口々に「恵亮が頭を割ったので、弟君が天皇となり、尊意《そんい》(7)が祈禱したので、菅原道真のたたりはおさまった」といったものだ。

このことで惟喬の僧真済僧正は、狂い死にになくなられた。さぞ無念だったのであろう。惟喬(8)も都に帰られることなく、比叡山のふもと小野という所にこもられた。季節は十一月の末、雪が降りそうな空から時雨《しぐれ》がたえまなく降り、行き交う人はまれになるが、まして小野のおすまいはどんなに淋しいかと思われお気の毒だった。そんなおり、宰相中将在《あり》原業平《わらのなりひら》は、惟喬親王と昔から深い交際をなさっていたが、降り積もる雪をふみわけて、泣く泣く道をたどりおたずねした。みると冬の訪れに、紅葉は嵐に吹きちらされ、軒端《のきば》は風にさむざむとして、人の姿もなく、草も枯れはてて、山里はとても淋しく、雪に一面白い庭をたずねる人はいなかった。
ちょうど親王は窓辺にでられて、南殿の格子をすっかりあげさせて、四方の山をご覧になっていた。「春は青く、夏は繁り、秋は紅葉に染まり、冬は落ちる」という昭明《しようめい》太子の詩文を思いだされ、それに関連した「香炉峰の雪簾《すだれ》をかかげてみる」という句を口ずさんでおいでになった。
中将はこのごようすをみるにつけて、この世のものとは思われず、親王の近くに参って、昔のこと今のことをお聞きするにつけて、涙が落ちた。鳥飼《とりかい》の院での宴遊、交野《かたの》へ雪の日お鷹狩りにでかけられたことなどまで、お思いだしになって、中将はこんな歌をよんだ。

別れては夢かとぞ思ふ思ひきや雪ふみわけて君をみんとは

(あなたと別れてから、その離別は夢のなかのできごとではないかと思っておりましたのに、雪をふみわけてやってきたこんな山深いわびしいすまいにあなたのおすがたをみいだすとは)

親王もとりあえず歌をかえされる。

夢かともなにか思はん世のなかをそむかざりけんことのくやしき
（このつらい現実をつきつけられて、どうして夢などと思えましょう。そのつらい世のなかなのに死ねないこの身がくやしくてならない）

そして貞観四年（八六二）ご出家なさった。それで小野の宮とも申された。四品宮内卿《しほんくないきょう》とも申された。

文徳天皇は三十歳でおなくなりになったので、第二皇子が九歳で天皇になった。清和天皇と申しあげるのはこの方だ。のちに水尾帝《みずのお》と申しあげた。親王が多くお生まれになった。第一を陽成院《ようぜい》。第二を貞固《ていこ》親王。第三を貞元《ていげん》親王。第四を貞保《ていほう》親王。この親王は琵琶の名人でおいでになった。桂親王ともおっしゃった。お心(9)をおよせになった女が、月の光を待ちかねて、蛍をたもとにいれたという話の主は、この親王のことだ。今の源氏の先祖もこの方だ。第五を貞平《ていへい》親王。第六を貞純《ていじゅん》親王とおっしゃった。六孫王《ろくそんのう》と呼ばれるのはこの方がただ。

貞保親王(10)の子経基親王のご長男、多田新発意満仲《ただのしんぼちまんじゅ》、その子摂津守頼光《せっつのかみよりみつ》、次男大和守頼親《やまとのかみよりちか》、三男は多田法眼《ただのほうげん》といって山法師、三塔一の強い僧だった。四男河内守頼信《かわちのかみよりのぶ》、その子伊予入道頼義、その長男八幡太郎義家《はちまんたろうよしいえ》、その子式部大輔義国《しきぶたいふよしくに》、新田大炊助義重《にったおおいのすけよししげ》と号す、以上七代はみな諸国の国司となって、その武芸で将軍と名のつく人のもとで合戦に参加し、名を上げた。自分の家にいることができず、天下を守り、盗賊たちをよくとらえた。源平両家はともに戦いの道に優れていて両雄となっていたので、おたがいに朝敵となって、源氏が世を乱すと平氏が天皇の命を受けて、これをおさえて、ご恩に報いたと誇り、平氏が国を危うくすると源氏が天皇の命にまかせて、これを罰して、勲功をたてた。それなのに近年は平氏が長くその地位を失い、源氏が世に繁栄している。世のなかが源氏によっておさめられて以来、盗賊たちはなりをひそめてしまった。それはちょうど、「天皇の意にそむく賊徒は鋭利な刀剣の下に色を失い、国の掟を乱す盗賊は弓の弦の鳴る音がとまるように静かになった」といったようすだ。しかしこれはひとえに頼朝の威勢が世を席捲《せっけん》したからで、それで、天皇の命はひそかにしまって、地方の乱れをおさえ、つまらぬ私の争いをやめ、源氏の支配に加わらぬ者はいなかった。

注

（1）日本創世の話は『応仁記』などにある。（2）惟喬親王と惟仁親王の位争いの話は『曽我物語』からの引用。（3）西塔　比叡山延暦寺は大きく、横川、東塔とこの西塔の三つにわかれる。寺内の呼称。（4）大威徳の法　大威徳明王に祈る呪法のひとつで、効験は著しいが、邪法とされる。（5）天台山　延暦寺のこと。（6）独鈷　密教で呪法を行う時手にもつ仏具。一本の棒のようで、両端がとがっているもの。（7）尊意　第十三代天台座主。（8）惟喬も…　この話は『伊勢物語』にも典拠がある。（9）お心を…　桂親王とも呼ばれた宇多天皇の皇女手子内親王の話で、貞保親王とは無関係。桂親王の名がおなじだったので混乱したのであろう。(10) 貞保親王…　次に系図を示す。このあたりの記述とちがいのあるのがわかる。

清和天皇—陽成天皇
　　　　　貞固親王
　　　　　貞元親王
　　　　　貞保親王
　　　　　貞純親王—(源)経基(六孫王)—満仲—頼光
　　　　　　　　　　　　　　　　　　　　　頼親
　　　　　　　　　　　　　　　　　　　　　多田法眼
　　　　　　　　　　　　　　　　　　　　　頼信—頼義—義家—義国—(新田)義重

初代親氏、西三河松平郷に興る

誠に徳川家の(1)先祖は八幡太郎義家から代々嫡々の家柄だった。だが(新田)義貞が盛んなとき、義貞にしたがって、(群馬県)新田郡《にったごおり》の徳河の郷においでになられた。それで徳河殿と申された。義貞が高氏(足利尊氏)に討ち負けたとき、徳河をおでになって、迷える死者のように、どこと定まったところもなく、十代ほどどこかしこと流浪なされた。(2)徳の代に時宗になられて、お名は徳阿弥とお呼び申した。西三河坂井(西尾市か)の郷へ立ちよられ、お足を休められた。そのおり、さびしさゆえに、身分のひくい者に、お情けをかけられ、若君ひとりを(3)もうけられた。

そんなおり、松平の郷の中に太郎左衛門尉といって、三河の国一番の裕福な人がいた。どうした縁でか、太郎左衛門尉にひとりの娘がいたが、徳阿弥殿を婿にとり、跡とりになっていただいた。のちに坂井でもうけた子を訪ね、対面したとき、「疑いなくわが子だ。とはいえ、他人の家督を相続する以上は、長男とはいえない。家来としよう」とおっしゃって、のちのちまで家老職となさったということ、たしかではないが、うわさに伝わっている。

さて太郎左衛門尉親氏《ちかうじ》、ご法名は、徳阿弥。当然のことながら、弓矢をとっては、とほうもない方で、すぐに中山十七名《みょう》(4)を攻めとられた。またお慈悲もならぶ人なく、民百姓、乞食、非人どもにいたるまで、情をかけられなさって、あるときはみずから、鎌《かま》・くわ・手斧《ておの》・まさかりなどをお持ちになって、おでましになり、山中のことだから、道もほそく、岩は道をふさぎ、木の枝が道をふさいでいて、荷物にかかるものもあったが、そんな枝は切りすて、じゃまになる木の根は掘りすてた。狭い道を広げ、でている岩は掘りすてた。橋をかけ、道をつくり、人や馬が安全に無理なく通れるようにと昼夜すこしも気を休めることなく、民にお慈悲をおかけになった。

ご家来衆に「わが先祖、十代ばかり先に高氏(足利尊氏)にいどころをおわれて、ここかしこと流浪して、ついに本望をとげえなかった。わたしもこの国へ迷いきて、いま、すこしは頭をもたげることのできたのは仏神三宝のあわれみによってであろう。わたしの命をわたしの十代の子孫に捧げ、このあたりをすこしずつ領地とし、子供にわたしておくなら、このさき十代のうちには、かならず天下を治め、高氏先祖の者を絶やして本望をとげるであろう」とおっしゃる。ご家来の衆は一同に「ご先祖のことははじめてうけたまわりました。そのことがどうありましても、かまいません。長い年月にわたる主君のお情け、とても忘れることができません。みなが顔をあわせて、申しますことは、お慈悲といい、お情けといい、ご恩にどうしてお報いしたらいいかということ。二つとない命をたてまつって、妻子一族もかえりみず、毎日の戦いで、ご恩に報いよう」と申しあげる。

親氏はお聞きになり、「みながそういってくれることが恥ずかしい。わたしはなんの慈悲の記憶もないし、なんの情けの記憶もない。またなんの理由でみながわたしにつきしたがってくれるのかもわからない。みながそのようにいってくれること、理解をこえて、不思議でさえある」とおっしゃると、みなは「まず、慈悲と申しますこと、ご存じないでしょうか。あれにひかえております数人の者は重い罪を犯した者で、妻子ともに水火の責めで、責め殺されないではすまされなかった者ですが、妻子身内を許されただけでなく、本人の命まで許され、そのうえ前科にかかわらず、御前に召しだされて、召使われた。これ以上のお慈悲といって、なにがありましょうか。あの者ども一族は、女房どもの一族どもまでも人より先に命をすて、ご奉公いたそうと心に決めております。さらにあの者どもは『妻子の命をたすけていただいたご恩は、これから子々孫々お報いせねばならぬご恩でございます。この世だけでは報いがたい。このご恩には燃える火のなかへも、ご奉公ならば、飛び入ろう』とひたすら思っております。それだけでなく、みなが一生懸命戦いをする様子に、お喜びになって、『寒くはないか、暑くはないか』と、昼夜ご心配なさり、ご自身のこと以上にお考えなされるうえに、『近くによって、ひざをくずし、くつろげ』とのお情けはどれほどにありがたく、過分なことと考えておりましょうか」と申しあげると、おことばも発せられず、涙をおしのごわれる。みなはさかんに涙をながして、御前をしりぞいた。申しあげたように、雨露雪霜もなんのその、夜は夜襲、昼はここかしこの戦い。昼夜身をすててご奉公申しあげたので、あたりを攻めとりその子太郎左衛門尉泰親《やすちか》に家督を譲った。

注

（1）徳川家の…　史実とは考えがたいが、新田義重（新田氏祖）─義季─頼氏─教氏─家時─満義─政義─親季─有親─親氏（松平氏祖）と考えられており、義重から数えて親氏は十代目にあたる。（2）徳　親氏の阿弥号。徳阿弥。（3）若君ひとり　酒井氏の祖、酒井広親とされる。（4）中山十七名　名は村のこと。中山は地域の名。中山の十七カ村の意。

二代泰親、(1)岩津、岡崎の城をとる

太郎左衛門尉泰親《やすちか》、ご法名用金《ゆうきん》。この方も父君に劣らず、武芸といい、お慈悲といい、なかなかの方だった。さる大臣が罪をえて、三河国へ流罪に処せられた。しかしそれも間もなくお許しがでて、ご帰京ということになった。そのとき、国中の大名小名にかかわらず、名のある侍に伴《とも》がしてほしいといわれた。国中をおさがしになったが、松平は源氏の嫡々でおられたから、「これにまさる家柄はない。そういうことなら泰親おともをせよ」とおおせつけられたので、おともをなさった。それ以後は三河国へのご綸旨《りんじ》(2)は、徳河泰親にあてて下されたから、国中の侍も民百姓にいたるまで、泰親の仰がないものは受け取らなかった。そうこうするあいだに松平の郷をおでになって、岩津の城(岡崎市)を奪い、居城となさった。その後、岡崎の城もおとりになり、それは次男にお譲りになり、岩津の城は和泉守信光《のぶみつ》様に譲り、ご隠居なさった。

注

(1) 二代泰親　これ以前の徳川(松平)先祖は不明とするのが正しく、ここに書かれた話も信じがたい。泰親を徳河泰親とするのはあきらかにまちがい。(2) ご綸旨　天皇からの命令書。

三代信光、奇略によって安城城をとる

和泉守信光、ご法名月堂。代々つづく慈悲深さはいうまでもないことだが、弓矢をとってはならぶ者のない方だった。西三河の三分の一は攻めしたがわせなさった。大給《おぎゅう》（西尾市）・保久《ほっきゅう》（岡崎市）を攻めとり、岩津の城は長男にお譲りになり、大給の城は次男源次郎殿にお譲りになった。

その後安城の城を攻めとろうとして、踊りの行列をいかにも豪華にしたてて、街道を進むふりで、安城より十四、五町ほど西の野へ行く。鉦《かね》・太鼓・笛・鼓を打ちはやし、ここが大事と一生懸命に踊った。すると、町の人は「なにかはわからないが、西の野を通る踊りはおもしろいそうだ。さあ見に行こう」と、城も町もあけ放って、男も女ものこらず、われさきにとでかけた。思いどおりになって、われ先にとお城に入り、そのまま住みついてしまって、城をおとりになり、三男次郎三郎親忠《ちかただ》にお譲りになった。

四代親忠、勢力を整える

次郎三郎親忠《ちかただ》、のちには右京亮親忠とお呼び申しあげる。ご法名清仲《せいちゅう》。安城におうつり

になる。先祖代々のお慈悲とご武芸によってしだいしだいに勢いもさかんにおなりになる。ご家来衆・民百姓・乞食・非人にいたるまで、お情けをおかけになる。大名も小名も涙をながしてよろこぶほどだった。そんなわけで、スワ一大事となれば、百姓どもまで竹槍をもって、一命をすてて戦いをし、ご奉公する。まして譜代相伝(1)の人びととなると、妻子をかえりみず、一命をすてて戦う。それでしだいに領地もひろがった。これというのもご武芸とお情けとお慈悲、それによきご譜代をおもちになっていたからで、つつがなく領地をひろげられ、安城を長親にお譲りになった。

注

（1）譜代相伝　主家代々に家来として永年つかえている家臣。

五代長親、小勢で北条早雲の来攻をはばむ

次郎三郎長親《ながちか》、のちに蔵人頭《くろうどのとう》長親、ご法名道悦《どうえつ》。先祖代々お慈悲、ご武芸がすぐれておいでになったことは、どなたが特別にということはないと思うが、お命が危いめにおあいになったということでは、その右にでる方はないだろう。

伊豆の（北条）早雲が新九郎と名乗っていたころ、今川殿の名代として、駿河《するが》・遠江《とおとうみ》・

東三河三カ国の軍勢を集めて、一万余の軍勢で西三河を攻めた。新九郎は吉田（豊橋の旧名）に着く。先陣は下地《しもじ》之御《ご》位《い》・小坂井（豊川市）に陣をとる。翌日、御油《ごゆ》（豊川市）・赤坂（豊川市）・長沢（豊川市）・山中（岡崎市）・藤河（岡崎市）を通って庄田（岡崎市）に本陣をとる。先陣は大平河を前に、岡・大平に陣をとる。翌日、大平河を越え、念《ねん》志《じ》原に押しあげ、岡崎の城へは二連木（豊橋市）・牛久保・伊奈（豊川市）・西之郡（蒲郡市）の地から徴兵した軍勢を向かわせ、鍪《かぶと》山（岡崎市甲山）を通り、井田（岡崎市）の郷をすぎ、大樹寺（岡崎市）に本陣をとる。諸勢(1)は岩津の城（岡崎市）へ押しよせ、四方から鉄砲(2)を放ちかけ、天地をひびかせ鬨《とき》の声をあげる。ところが岩津殿というお方は、戦いをさせては名の高いお方でしたから、すこしもお驚きにならず、騒がれなかった。そのうえたびたび手柄をたてた名のある者を家来にもっておいでだったから、敵が城に近づけそうにない戦いぶりだったので、新九郎をはじめ、諸軍勢も、もてあましたようすだった。

　そんなおり、長親は、侍どもを召して「みなは聞いたことはあるか、北条新九郎が岩津に押しよせ、はげしく攻めていることを。うん、武芸者が教えられることのひとつに、敵がすくないのが戦いというのがある。こんどの場合は敵が多くともしなくてはすまされない戦いだ。わたしのこの世でのはかない命も、きょうが終わりだ。みなはどう思うか」といった。みなはいっせいに「いわれる通り、どんなに敵がすくなくても、しないですむ戦をしようといわれるのなら、どうあってもだれが戦いましょうか。どんなに敵が多くても、しないですまされない戦なら、どうあっても、なされよと申しあげるでしょう。今度のご合戦はしないですまされない戦です。時刻をすごさせなさってはなりません。日ごろのお情けのありがたさに、ことさら今回はご譜代のなかでも重臣の方の一大事、ぜひとも妻子をかえりみず、お馬の前で戦死して、三途《さんず》の川のおともができますこと、弓矢とりの面目《めんもく》この上がございません」と申しあげる。長親は涙をおながしになって、「わたしは領地もすくなく、譜代ひさしい者どもにも十分な扶持《ふち》もあたえられずにいたのに、ご譜代の重臣の役に立ち、妻子をかえりみず、恩のない主人に一命をすてると勇むことのありがたいことよ。一万余の軍勢に、雑兵《ぞうひょう》五百ほどで戦いをいどむのは、蟷螂《とうろう》の斧(3)そのものだ。よしこの世のわかれに酒をだせ」とおっしゃって、大きな器に酒を入れてだし、杯にひとつ酒を満たし、「みなそれぞれに杯を注ぎたいが、時間もない。わたしの杯と思ってくれ」と大きな器に杯の酒をお入れになる。みなは思い思いにこれをいただき、御前を立って、戦にいそいだ。

長親はわずか五百余の軍勢で、安城の城をおでになり、桑子・筒針・矢作《やはぎ》を通り、河崎をすぎて、矢作川を越えられる。北条新九郎はそれを聞いて、「それなら兵をだせ。戦じゃ。敵はほんにすくない」とよろこび、大声をだして、段々にだす。

東三河の人びと、牛久保の牧野、二連木《にれんぎ》の戸田、西之郡の鵜殿《うどの》、作手《つくで》の奥平、段嶺《だみね》(設楽町)の菅沼、長篠《ながしの》(新城市)の菅沼、野田(新城市)の菅沼、設楽《しだら》・嵩瀬《すせ》(豊橋市嵩山《すせ》町）・西郷（豊橋市）・伊奈（豊川市）の本多、吉田の人びと。遠江（以下浜松市・袋井市掛川市など）の人びとでは、宇豆《うづ》山・浜名・堀江・伊野谷・奥野山・乾・二俣（浜松市天竜区）・浜松・蚖塚《まむしづか》（馬伏塚）・原河《はらかわ》・久野《くの》・掛川・蔵見・西郷・角笆《かくは》・天方・堀越・見蔵・無笠・鷺坂《さぎさか》・森・高天神・榛原《はいばら》の人びと。そのほか名もない侍たち。また駿河の人びとでは三浦・朝伊名《あさいな》・瀬名《せな》・岡部・山田。そのほかは北条新九郎を大将としてその配下にあった。それらの人びとがわれ人に負けじと、先陣を争い、何段にも陣立てをする。(4)蟷螂の斧と思って、勇みに勇んで、こととも思わない。長親はたいそう心を落ち着けなさって、逸物の犬が虎をねらうように(5)、大軍をにらみなさって、しずしずと兵をおすすめになる。

味方の兵どもも、戦の場になれたものたちなので、「敵が勢いにのって勇んでいても驚くな。小軍が大軍に威《おど》しをかけられ、それに驚いて勇むと、戦いの前に精がぬけてしまう。敵が勇むなら勇ませよ。とにかく一丸となることがだいじだ。一丸となって、心はちょっとのあいだもゆだんするな。ゆだんすれば地獄と心をいましめ、勇んでついてかかるな。じりじりとつめよせよ。そんなとき敵が小勢と思って、見くだして槍をまじえてきたら、一息無間《いっそくむげん》(6)と思い、その場を逃げず、ジリジリとねばりづよく突きすすめ。そこをしっかりともちこたえられたら、勢いに乗って攻めてきた敵はかならず逃げだす。敵が逃げても追ってはならぬ。心静かに丸くなり、二の手を待て。二の手が崩れても、敵の本隊や後詰めの軍が崩れないうちは、敵が崩れても、乱れずにかたまれ。小勢はかたまって、なかをきり通れ」といって攻めかかる。思い通り敵方から突いてきた。一、二の手を突き崩すと、新手《あらて》が攻めてきた。膝を折って待っていて、それも突き崩す。また新手が横から攻めかかる。それも待っていて突き崩すと、新九郎の本隊までが逃げはじめる。

そのうちに夜戦になった。敵味方もわからず合戦する。そのまま押しよせたなら、新九郎も敗北したのだろうが、兵士どもが、疲れはてていたので、そこを引きあげ、矢作川を前に陣をとった。

合戦の場は河のむこう、新九郎の陣の下のあたりだったが、夜があけて、新九郎方より「今夜の合戦は戦場をとった当方の勝ち」と大声でいう。(7)すぐに田原の戸田が「駿河をたのんでは軍を進めるのも、引き下がるのもむずかしい。三河とくんで、駿河と手をきれ」(8)といいかえす。新九郎はそれを聞き、「わたしは西之郡の城の普請《ふしん》を完成させ、すぐにもどってくることにする」と馬回りの者だけ引きつれてでかけられた。(9)西之郡へは行かず、まっすぐに吉田へ引きあげた。諸勢はそれを聞いてばらばらになり、吉田へ引きあげた。それ以降新九郎は西三河へ進出することができず、長親は安城へ引きあげなさった。その後は国内の者で、長親に逆らう者はいなくなった。

次郎内膳殿には桜井（安城市）の城をくださり、三男新太郎殿には青野の城（岡崎市）をくださり、松平勘四郎殿には、藤井（安城市）をくださり、松平右京殿には福釜《ふつかま》（安城市）と東端《とうばた》をくだされた。さらに信忠に安城の城をお譲りになり、まもなくなくなられた。

注

（1）諸勢　配下の将がひきいる軍勢。本陣、旗本に対する。（2）鉄砲　この戦いは永正五年（一五〇八）に行われたが、種子島に鉄砲、火薬の伝来したのは天文十二年（一五四三）のことだから、記事に矛盾がある。（3）蟷螂の斧　蟷螂はかまきりのこと。とてもたち打ちできないたとえにつかう。（4）何段にも陣立てする　先鋒、二陣、三陣…と隊列を整えること。（5）逸物の犬が虎をねらう　能力は劣ってはいるがそれなりにすぐれているものが、より能力のすぐれているものをねらう。逸物はすぐれていること。（6）一息無間　一息はすこしの息抜き。すこしでもゆだんすると無間地獄に落ちる、つまり死ぬことになるの意。（7）大声でいう　こうして実際に戦うことをしないで、大声をあげて相手をののしりあうことを口合戦という。（8）駿河…　駿河という川を利用しては、船でのぼりくだりするのもむずかしいから、三河という川を頼んだほうがよいの意。（9）馬回りの者　馬の口取りや槍もちなどほんの二、三人の者をいう。

六代信忠、家臣の信望を失い隠居する

次郎三郎信忠《のぶただ》、のちには左京亮《さきようのすけ》信忠。ご法名太香《たいこう》。この君は代々のどの方ともちがい、お慈悲の心もなく、ましてお情け深い事績などなにひとつなかった。ご政務の方も手腕なく、ご家来の人びとにおことばをかけるということもなかったので、ご家来の人びともま

た民百姓も恐れおののいて、心よせる者もいなかった。そのうちにご一門の衆もばらばらになって、したがいなさる方もおいででなくなった。まして国侍どもはばらばらになって、したがう者などいなくなった。そんななかでかろうじて安城だけはおもちになっていた。

「とてもこの君が家をおつぎになることはできますまい。だれかがつがねばならぬということだが、長親の子供たちならだれでもおなじだ。長親にご奉公していたのだから、どの子にご奉公してもおなじということになるから、次男の内膳《ないぜん》殿をお跡つぎにお立てし、信忠を隠居させるのがよい」という人が多かった。

そんな状況でも信忠を見すてがたく思う人びとは「みながいうのももっともだ。そうではあるが長親より内膳殿へは桜井をくだされ、人もおわけあたえになった。信忠にはご長男ということで、安城をお譲りになった。そのうえ人も、みなをはじめ戦じょうずの人びとをおつけになったのはほかのことでもない。君の能力がたりなければ『みなの者でもりたてよ』との長親のお考えだ。君の能力のたりないのはみなをはじめわれわれも運の悪いことではあるが、長親がお治めになっていたようになされ、この君をご主君と仰がれよ」という者もいた。

「いやいや長親の君にそむくならば、ご主君の命令にそむいて七逆罪(1)の咎《とが》を受け、無間地《むげんじ》獄《ごく》(2)におちるに決まっている。そのことを皆もわかってもらいたい。この家と申すは第一にご武芸、第二にご家来の人びとにお情け、おことばをおかけになること手厚く、第三にお慈悲深い。この三つを守ってつづいてきたお家柄だが、三つの物をひとつもおもちにならない。だからとてもお家はつづきますまい。長親のお跡はこの君の代につぶれ、他人の手にわたることは目の前だ。わたしも子をもつのは、主君と家来のちがいはあるがおなじだ。長男がばかで跡をつげないとみたら、弟が利発ならそれにつがすのが道理だ。長親もそう思われよう。内膳殿も次男ではあるがご実子だ。そのうえこのお方は先祖代々の家憲の三つの物ひとつとしてお欠けになることがない。長親のお跡をおつぎになるのは、ともかく内膳殿だ」という。

「この君がお家をおつぎになることなどできないとみなが申すのはもっともだ。われわれもそうは思う。しかし、このようにお情けのないご主君をもつのも前世の因果だ。またわれわれの親が長親のようなご主君をもったのも前世の果報だ。そうではあるが、ご譜代ひさしいご主君をとりかえ、藪《やぶ》の傍らに住まわせるなぞできない。そんなことになって、そのご様子をみて涙をながすのなら、人が『譜代の主君を長男以外の子にとりかえた者』とみるのはさておき、心中恥ずかしく思いましょう。それを考えますなら、あれこれなく、おともして腹を切るまでだ。みなはそれぞれ心のままにするがよい。長親の跡をつぶさないように内膳殿に跡をつがせようというのも長親のため。わたしたちがおともして腹を切ろうといいますのも長親のため。わたしどもがこのようにいいましても、信忠はなんともお思いになりませんでしょうが、ご譜代のご主君ならば、一命を捧げますのも、ちっとも惜しくございません。さてさて、おかわいそうな。ご無能なためにみなにこのように思われるかと考えれば、ひとしおふびんでございます」

はやお家も二つに割れたことを信忠はお聞きになり、そのなかの主謀者を手討ちにされた。「ご立派だ。陰謀に気づかれたのは」という者もいたが、「いやいやそれでもお跡をつがせるわけにはいかない」という人が多かった。

そんなうちに信忠は「どうしても一門をはじめ小侍どもにいたるまでわたしに慕いつかぬようだ。一門のものはわたしを遠ざけて出仕をしない。小侍までがそうだ。そのうえ、譜代の者までがわたしを嫌うように思える。それなら隠居をして、次郎三郎に譲ろう」とおっしゃって、次男蔵人（信孝）殿に栰《ねむのき》の郷（岡崎市）をお譲りになる。三男十郎三郎（康孝）殿に見次《みつぎ》をお譲りになる。次郎三郎清康に家督をおわたしになって、信忠は大浜の郷（碧南市）へご隠居なさった。

注

（1）七逆罪　仏教世界で仏を裏切るもっとも重い七つの罪。（2）無間地獄　八つの地獄のひとつ。最も苦しい地獄。

七代清康、家臣をいたわる

次郎三郎清康《きよやす》、ご法名道法《どうほう》。十三のお年で家督を相続なさってからこのかた近隣の国の人びとまで戦のために集められるなど、ひととおりの方ではなかった。この君は背が低く、目はクナラ鳥(1)のように澄んで、獲物をねらう小鷹よりもみごとで、その姿形はならぶ者もないほど立派だった。また戦をしてもこの上をゆく人はいなかった。優しい方で、その身分に関係なく、だれにもお慈悲をたれ、お情けをおかけになった。そうこうするうち、ご家来の人びとも心からこの君のためには妻子をかえりみず、一命をすてて、しかばねを地上にさらし、山野の獣にひきちぎられてもなにが惜しかろうと、思うようになった。

この君の先祖六代はどの方もご武芸とお慈悲、お情けをもって、しだいしだいに勢いがさかんになってきたのだが、この君はその六代の方にもすぐれておられたから、天下を掌中にするのも目前であった。

お食事の終わるころにみなが出仕したおり、お椀の汁をこぼし「みなこれで酒を飲め」とおっしゃる。みなは頭を地につけて、かしこまっている。「なんで飲まぬのだ。はやくはやく」とのおことばだが、別の杯ならともかく、ご主君のお汁の椀なので、誰が飲めようかと思い、頭をさげたままでいるのをご覧になり、「みななぜ飲まぬのだ。前世の行いがよければ主人となり、前世の行いが悪ければ家来となるだけ、侍に上下の差はない。許す。飲め」とまでのおことばを聞き、あまりご辞退申しても、かえって悪かろうと、かしこまって頂戴しに御前にすすむ。そのときほほえまれて、「老いも若いものこらず三杯ずつ飲め」とのおことばなので、あまりにご立派でありがたく思い、下戸《げこ》も上戸《じょうご》もみな、三杯ずつ飲んで、退出した。帰り道で話しあうには「今のお椀のお杯とお情けあるおことば、知行地にそえ、金銀米銭の宝物を山ほどくだされたとしても、このお情けにはかえがたい。今の杯の酒をなんと思われた。あれはご主君とわれわれどもの首の血だ。このお情けには妻子をかえりみず、お馬の先で討ち死にをしてご恩に報いよう。この世の名誉、あの世へのよい思い出になろう」という。みなも「もっともだ」とよろこんだ。

またあるときお能があって、清康は縁の上でご見物をしておいでになった。内膳《ないぜん》(信定)殿をはじめ、ご一門そのほかの者が白洲《しらす》に畳をしき、見物していた。そんなおり、内膳殿の桟敷《さじき》に、ある家来が、内膳殿がおでにならないうちに、思わず知らずに畳のへりに腰をかけた。それを遠くから内膳殿がご覧になり、「わたしの桟敷に腰をかけているやつはだれだ。おろせ」とおっしゃった。お使いがやってきて、「内膳様が『おりなされ』といっている。いそぎおりください」という。「うん、内膳様のお桟敷にどうしてあがりましょうか。思わず知らずに、心ならず畳のへりに腰をおいてしまったのです。おことばがなくても、おすがたをお見かけしたら、おりるつもりで、よくわかっております」という。そこへ重ねてお使いがやってきて、「はやくおおりください。『おおりにならないなら、おおろしせよ』といわれました。いそいでおおりください」というと、くだんの人は「迷惑だ。重ね重ねの使いは。『おりない』といったならともかく、『わかりました』と申しあげたのに、このようにされる。迷惑だ。ご主君の目の前、同僚の思惑、このようにお使いを何度もつかわされて、ひとりでこの場をさるのは、あとあとのことが気にかかって、赤面する思いだ。そんなことなら、恐れ多いことだが、わたしの立場もお考えになり、内膳殿もお立ちください。おともしてこの場を去りましょう。たとえ首をはねられてもわたしひとりだけではおりません」といいきってお能が終わるまでとうとう立たなかった。

そうこうするうち、お能が終わり、みな退出するおりに、その人にお城へ登るようにとのお使いがあった。同僚たちも「きっとおとがめをうけるだろう」という。自身ももちろん覚悟しているところに、お使いがきた。承知していたことなので、驚くこともなく、かしこまって、お使いとともに、お城へ登った。清康はご覧になって「おまえは長年の譜代の者だから、先祖も多く戦死をして、信光・親忠・長親よりこのかた勲功をたてた者の子孫だ。またおまえも、たびたびの合戦に、名をあげたといっても、わたしの知行地がすくないために、十分なほうびもあたえられなかったのに、譜代の臣というだけで、わたしのために命を惜しまず合戦をした。このように慕ってくれる譜代の者をもっているから、日本国中の兵を集め十万二十万騎で攻めてきても、五百やそこらでも反撃をしようと思えるのは、おまえたちがいるからだ。譜代の者をさしおいて、昨今したがった兵二万三万をもって、多勢をたよりに攻撃をしかけ、勝利をえることはとても考えられない。おまえたちをはじめとして、譜代の者ひとりを、これほどの貧しい身とはいえ、神八幡に誓って、ひとつの郡とかえるようなことはない。おまえたちのような者をもっているからこそ、わたしもまた、年端《としは》もゆかず、そのうえ知行地もすくない者ながら、十二、三になると、天下を治めようと心に思って、戦さをするのも、おまえたちがたよりだったのを、内膳殿は、親らしくもなく、おまえたちをふみ殺そうとなさる。内膳殿の立場からすれば、家来の者たちに、情けをかけて、わたしの役にたつようにとなされるのが本来のすがただ。それをこのように家来たちを殺そうとの仕打ちは、なんと親らしくもない仕打ちだ。おまえたちにはたびたびの合戦に恩賞も十分でなかったが、きょう桟敷を立ったなら、惜しい者であっても、兄弟一族を罰しようと心に決めていたが、今立つか今立つかと、目の隅でみていたが、よく立たなかった。おまえには知行地を四貫(2)あたえてあるが、きょうよく立たなかったから、ほうびに五貫を重ねて、九貫にして、とらそう」とくだされた。これを聞き、国中の大小の侍どもは「異国は知らないが、本朝ではお慈悲といい、お情けといい、ご武芸といい、清康様以上のご主君はいますまい」といったものだ。

注
（1）クナラ鳥　仏書にでてくる想像上の鳥。眼が澄んでいるたとえにつかう。（2）四貫　貫高制といい、石制が行われる以前に行われた知行地のひろさの単位呼称。貫をどれくらいのひろさをいったものかは不明。

大久保忠茂の活躍

岡崎の城を松平弾正左衛門督《だんじょうさえもんのかみ》（昌安）殿がおもちだった。おなじように山中の城（豊田市）も弾正左衛門督殿がおもちだったが、大久保七郎右衛門尉（忠茂）が策略をもちいて忍びより、とってしまった。「そのほうびを望め」とのおことばだったが、上様は知行地もすくないので、知行をこれ以上くださる希望もない。ご譜代の主君なので、ご忠節は申すまでもない。年もとっている。子供の新八郎（忠俊）、甚四郎（忠員）、弥三郎（忠久）、兄弟三人もその身に応じてご知行をいただいている。それで「なんの望みもございません」と申しあげた。重ねて「なにか望みを申せ」のおことばがあったので、「年寄りのことですから、これといって望むこともございません。しかし、せっかくのおことばですから、販売につかう枡《ます》をください。枡取り(1)にしていただけるなら、生計ぐらいは立ちましょう。これという望みもございません」と申しあげると、「そんなことなら簡単なこと」と枡をくだされた。

その後、岡崎をとろうとされた。弾正左衛門督（昌安）殿も、とても対抗できないと考えられ、それならと清康を婿にとって、岡崎を家督相続としておわたしになった。そんなわけで、お家で、三ご譜代というのは、安城《あんじょう》ご譜代・山中ご譜代・岡崎ご譜代のことである。安城ご譜代と申すのは、信光・親忠・信忠・清康・広忠までよりこのかた召しつかわれているご譜代である。山中ご譜代・岡崎ご譜代と申すのは、清康の十四、五の時、攻めしたがわせた土地の衆である。安城のことはいうまでもないのであるが、山中をまず攻めしたがわせたから、山中のご本領といわれるのである。

その後、清康は、いまだ出仕しない一門または国侍どもに「信忠が隠居して、わたしに家督をお譲りになったので、わずか五百、三百の譜代の者だけで、あたりを攻めしたがわせ、おおかたの一門も出仕し、一門のほかの者まで出仕をするのに、おまえはいっこうに知らぬ顔でいるのは理解に苦しむ。そうそうに出仕せよ。それでも了見があって出仕をしないなら、その了見もよい。この返事によって、押しかけて、おまえの了見しだいで、攻めよせてふみつぶそう」と申しつかわした。「信忠にそむいて、そのままにご出仕が延引しました。遅れましたのをおうらみにならず、お許しください。清康様にどうしてそむくことがありましょう。きょう、でかけて、出仕いたします」という者もある。また、「信忠にそむいたのだから、今もまた清康に出仕するなど、思いもよらぬ」という家は、攻めほろぼしなさって手あらくされた。するとのこるところの人びとは手をあわせて降参したので、お慈悲をもってお許しになった。

十三歳で家を相続されてから、ご家来衆へのお哀れみ、お情けは言いつくせまい。それだから逆に、いっそう恐いと思ったのだった。ご武辺も勇敢であったうえ、いっそうお慈悲、お哀れみやお情けをおかけになったので、だれひとりとして不足と思うものもなく、その人の名誉を傷つけるようなこともされなかった。まして、追いはらったり、罰したりすることもなく、人をたいせつにされた。これというのも、代々久しくつかえている者を、いたずらに失うより、自分の馬先にて討ち死にをさせ、ご用に立てさせるほうがよいとお考えになったからだ。

十三、四歳で、わずかに安城の城を譲りうけ、わずか五百、三百の人数で、弱年なのにはや西三河を攻めしたがわせなさった。これというのも、第一にご武辺が勇敢であり、第二に主君をたいせつに思うご譜代をおもちになったからだ。しかしどんなによいご譜代をおもちになっても、家来を疑う心があって、お慈悲もなく、お哀れみもなくば、こうはなるまい。また、君が勇敢であっても、ご譜代衆が心をひとつにご主君をたいせつに思わないで、戦で領土をひろげることをしなかったなら、どんなにお考えになったとしても、ことはならなかったであろう。

清康という方は、ご武辺すぐれ、樊噲《はんかい》・張良《ちょうりょう》(2)以上であったし、お慈悲、お情け、お哀れみも深かった。ご家来衆もご先祖様から長くお仕えした者であったし、慕い申しあげて、「この君には、妻子をかえりみず、一命をすてて火水《ひみず》のなかへもとびいり、ぜひともお役に立ち、お馬先で討ち死にをしよう。たとえ、十万二十万敵があっても、五百、三百の者が主君をなかにつつみ、敵のまんなかへ攻めいり、四方八方にきりかかれば、どうして敵もささえられようか」とちかった。

注
(1) 枡取り　取引きの公正を監督する者。市場の支配者。(2) 樊噲・張良　ともに漢の高祖の武将。勇武で名をはせた。

清康、尾張に出陣

おん年十九のとき、尾島の城(静岡市)をおとりになった。二十歳の頃に、尾張の国にも手をだすようになり、岩崎(小牧市)・品野(瀬戸市)という郷を攻めしたがわせなさった。品野の郷は松平内膳(信定)殿にくださった。それから宇理《うり》(新城市)の熊谷《くまがい》(直利)の城に戦いをいどむ。そのときには西三河の人数は八千もあり、十五、六に隊を組みわけ、順々に隊をすすめられる。(1)岡崎を出発して、八幡に陣をしく。翌日、宇理より一、二里離れて陣をおしきになる。翌日、順々に隊をすすめ、熊谷の城に押しよせて放火する。大手へは松平内膳殿・同右京（親盛）殿、そのほか松平ご一門の衆が押しよせなさる。ご本隊は搦手《からめて》(2)の高いところへ押しあげ、天地をひびかせ、四方から鉄砲を打ちこみ、ときの声をあげた。熊谷も名のある武士なので、こととせず、大手(3)にきってでた。

松平右京殿という方は、ご一門の中でもすご腕の武士で、この上をこす人もいない方だった。それで、一歩もひかず戦う。しばらくのあいだ戦いなさった。多くの傷をこうむりながら、その場をしりぞくことなく、主従十二、三人、討ち死になされた。松平右京殿という方は、戦にたけていただけでなく、いちども裏切ることのない方だったので、清康もことのほかに惜しまれて、おん落涙の心はなかなかいいあらわせない。そのとき、内膳殿がお助けになったなら、右京殿の討ち死にはなかったものを、内膳殿はいっこうにお助けにならなかったのだった。清康は搦手の山の上からみおろされて、「内膳はどうして助けないのか」とこぶしをにぎりしめ、目をみ開き、顔をあからめ、歯をくいしばり、白泡をふいて、突立ち、にらみ、汗をおながしになるようすは、疫病《やくびょう》神・天魔鬼神(4)もおそれて顔をあわせないだろう。とてもがまんができなくて、内膳殿をお召しになって、「右京が成り行きがよくなくて、助けが必要であるのをよそにして、一国にもかえがたいほどの右京を見殺しにしてしまうとは。お前が助けなくてはならないのに、よそ見している場合でない。明日になったら因果がわかるだろう。弓矢八幡天道大菩薩(5)もご照覧あれ、もう、自分の目のまえで一門の者を討たせるような者を見ることはないように」とおっしゃる。内膳殿はかえすことばもなく、赤面しておいでになる。内膳殿は生きて恥をさらし、右京殿は、これだけのことではないが、死しての面目、名をあげられた。

みながいったことは、「この君はお慈悲・お情け・おん哀れみ深い方であるが、このようなおりに討ち死にをさせるために、日頃お情けをかけられたようだ。わたしとともにみなも命をすてて戦をせよ。そんなふうにご立派に、ほがらかに接せられる主君が、おじにあたられる内膳殿に、いいにくいことをさてさて荒々しく、手ごわくおっしゃることだ」と舌をまき、あきれかえった。「考えれば、この主君はただの人間ではない」とうわさした。武道に関しては、おそらく異国はさておき、わが国ではこれ以上の人はいまい。

注

（1）順々に隊をすすめる　軍勢が大きくなると、行動を迅速にするため、先陣（一番隊）以下二陣（二番隊）、三陣（三番隊）…、本隊（本陣・旗本）、後陣（後詰）と隊列を組んですすむようになる。（2）搦手　軍隊や城の後正面。（3）大手　軍隊や城の正面。（4）疫病神・天魔神鬼　人間にたたりをなす神々。（5）弓矢八幡天道大菩薩　武芸の神である八幡大菩薩にちかって。弓矢は武芸の意。天道は天界の意。

清康、牧野信成をほろぼす

さて、東三河は、牧野伝蔵（信成）が治めていた。清康は東三河攻略のため、隊を数隊にわけて、岡崎を出発なさった。岡崎をたって、赤坂（豊川市）に本陣をとられると、先手は御油・国府（ともに豊川市）に陣をとる。翌日には、赤坂を出発して、小坂井（豊川市）に本陣の旗を立てる。先手は山をすすみくだって、下地之御位（豊橋市）を放火する。牧野は、吉田の城よりこれをみて、「小国をふたりでもってもしようがない。今日、どちらがほんものかを決める合戦をしよう。東三河を清康がとるか、西三河をわがものにするか、ほんものを決める合戦だ」と大舟小舟で、吉田川をわたり、「舟をつないでおくなら、味方に未練がでるかもしれない」と舟をながしてしまって、攻撃をはじめる。

清康はこれをみて、小坂井より本隊の旗をすすめおろして、これに立ち向かわれる。伝蔵は、下地《しもじ》へすすもうとする。清康は、下地の堤にすすみあがろうとする。両方が堤の両方の腹にへばりついて、半日ほどたがいの念仏の声ばかりして、(1)軽率な行動は危ういと、心を静めていた。

伝蔵、伝次、新次、新蔵兄弟四人は、ひとつところにいた。清康と内膳（信定）は、左右両翼にわかれ、あちこちかけまわり、敵のなかにかけ入り、かけ入り、采配をふるった。

お馬回りの衆が走りよって、「言語道断です。大将が敵のなかへかけ入られるなど」とお馬の水付[2]にとりつくと、「ばか者め、放せ」と軍配をもちなおして、顔面を打つ。お腰の物に手をおかけになり、「放さないのなら、成敗するぞ」とおっしゃる。そこへ内膳殿がかけよられて、「何者だ。ばか者、放せ。放して討ち死にをさせよ。大将をかばう法があるものか。大将をかばっても、兵が負ければ、大将もろとも討ち死にをする。兵が勝てば、大将も生きられる。放して、命令を自由にくださせて、討ち死にをさせよ」とおっしゃったので、手を放した。

　そのうち内膳は、敵味方によくわかるようにと、兜をぬぎ、カラリとすてる。清康と内膳は、敵のなかへかけ入り、かけ入り、命令をくだされた。部下もこれに勢いをえて、堤をかけあがり、槍をたがいに投げあっていたが、突きすすんで、川へ追いはめた。

　伝蔵兄弟四人も、これをみて、立ちあがり、兵も負けじと立ち、槍を投げ入れると、清康方も敗退する。しかし、清康の本隊は勝利をおさめ、吉田川へ追いこみ、清康と内膳が後方から攻めかかると、どうして、ひとたまりもない。伝蔵、伝次、新次、新蔵兄弟四人を討ちとる。

　吉田の城では、女房たちが、「下地をとりかこむぞ、でてみよ」と、金剛[3]をはいてでて、塀から首をだして見ていたが、清康は、思いのままに合戦に勝ち、吉田川の上之瀬へまわり、川を越え、吉田の城に攻めこんだ。女房たちは、金剛をはいて、田原へ落ちていった。

清康は、吉田に一日逗留《とうりゅう》なさり、翌日、吉田を出発なさる順々に、軍隊をだし、田原へ押しよせなさると、戸田（宗光）も降参を願ったので、降参を許された。

田原に三日陣をとり、その翌日、吉田へもどられて、吉田には十日の逗留。そこへ、山家三方(4)配下の作手《つくで》（新城市）、長篠（新城市）、段嶺（設楽町）、野田（新城市）、牛久保（豊川氏）、設楽《しだら》（設楽町）、西郷（豊橋市）、二連木（豊橋市）、伊名（豊川市）、西之郡の人びとがだれもだれも、降参を申してでてきたので、降参を許された。

翌日、吉田をおたちになり、岡崎にお着きになった。そんなことで、安城三郎殿といって諸国の人がうわさしたのは、清康のことだった。

注

（1）念仏の声ばかりして　気を鎮めるために、念仏を唱えている。（2）水付　くつわについている手綱を結びつける輪。（3）金剛　金剛草履の略。金剛はじょうぶの意。（4）山家三方　作手の奥平氏、長篠の菅沼氏、段嶺の菅沼氏を山家の三方という。これら三方の根拠地が三河の山間部にあったので山家という。

森山の戦い

そんなうちに、はやくも甲斐《かい》の国の信虎(1)より、同盟しようとの使者がやってきた。これを聞くと、近国からも使者がくる。美濃三人衆(2)は、「早く、ご出馬されよ。ご案内いたします」といってくる。すると、尾張の国森山城主(3)もご案内をするというので、美濃を攻めようと考えた。森山（名古屋市）にご出陣ということになり、一万余で、岡崎を出発。ご一門の衆を先手として、順々に軍を構えてすすみ、その日は岩崎に陣をとる。翌日、森山に着き、陣をはられる。そこより、美濃三人衆へも、ここまで出陣してきた旨、連絡された。

織《お》田《だ》弾正《だんじょう》之《の》忠《ちゅう》（信秀）は、清須にいたが、あちらこちらを打ちこわし、放火させている。美濃三人衆は清康の森山着陣をよろこんで、「すぐに洲《す》の俣《また》（大垣市）を越え、出発し、ご対面したい」といってよこす。その準備をしているところに、松平内膳殿は宇理《うり》の熊谷（直利）の城へ攻めよせたとき、松平右京（親盛）殿をたすけなかったと、荒いことばをかけられたのをうらみがましく思っていたので「清康はみずからの努力で西三河を平定し、東三河の牧野伝蔵（信成）も討ちとり、三河一国をかためられた。今、織田にひきつけておいて、岡崎をなんなくわが手にすれば、三河の一国は自分のもの」と考え、上野の城（豊田市）にいて、仮病をつかって、今度はともをしなかった。内膳殿が、信長の父、織田弾正之忠と同盟して、裏切った、と森山へ知らせがはいる。清康はお聞きになり、「内膳にどれほどのことができる」とことともなされない。

そのとき、「森山は内膳殿のむこなので、弾正之忠を迎え入れているでしょうから、どこへ退却すればよろしいのでしょう」と申しあげると、「森山が城を逃げだすようなら、逃げるのに乗じて城を焼きはらえ。弾正之忠が向かってくるようなら、願いどおり、一合戦して討ちやぶれ。弾正之忠と合戦をするなら、内膳を踏みつぶすにはおよばない。ひとりでに滅びるであろう。だから、弾正之忠も出陣してわたしと太刀をあわせようなど、思いもすまい。出陣することはあるまい。わたしが安城にあったとき、わずか五百、三百の兵をもっていたときさえ、ひとたび天下を治めようと心に決めたからには、百回も戦をしなければ天下を治めることはできまい。野でも山でも、敵とみたらなんとしても押しよせて、敵が百万騎でも戦をしようと思っていた。いつでも、戦の機会があれば、逃がすことなどない。腹をくくっていろ」とおっしゃる。

「それなら、退却されるとして、大給《おぎゅう》（豊田市）の源次郎（松平親乗）殿は、内膳殿の婿ですが、源次郎殿ならどうですか」と申しあげる。「つまらぬことをいうやつじゃ。弾正之忠さえなんとも思わないのに、源次郎ごときがでてわたしを防ぐなどと。もし出陣するなら、首に石をつけて、自分で淵にとびこむようなものだ。いや、それ以下だ。知立へでて、そのまま上野へ押しよせ、二、三の丸を焼きはらってもどろう」とおっしゃる。みなは、「それはどうでございましょう。小河(4)は内膳殿の婿だから、きっと小河からも加勢がありましょう」と申しあげると、カラカラと笑われ、「つまらぬことをいうやつじゃ。みなはなにを心配している。わたしが通るのに、小河などが百万の兵をもっていても、出陣してわたしと太刀をあわせようか。出陣してくれれば、それもまたよい」とおっしゃる。

注
(1) 信虎　武田信虎。信玄の父。(2) 美濃三人衆　稲葉良通(一鉄)、氏家直元(卜全)、安藤守就。(3) 森山　こんにちでは守山。森山城主は織田信光。信秀の弟で、松平内膳(信定)の婿。(4) 小河　小河の城主は水野信元。

森山崩れ

阿部大蔵(定吉)は、長男弥七郎を呼びよせていう。「どうしたことだ。世のなかが騒がしいと思っていたら、われわれが主君を裏切ろうとしているといううわさ話があるのを耳にした。わたしは、主君のご恩を深く受け、今一人前となった。このご恩にどうして報いようか。しかし、これほどのご恩は、この世だけではなかなか報いがたい、と寝てもさめてもこのことだけ思って、日をくらしておったのに、こんなふうに人がうわさするのは、神が見放したということなのだろう。裏切るなど、とても考えられない。もし、わたしにすこしでもそんなところがあるなら、主君のおん罰を受け、他人も人間とはみてくれず、あとは乞食でもすることになろう。日本は神国なのだから、諸神諸仏もどうしてわたしが安楽に暮らしていけるなどということをゆるそうか。どうして、この君のご恩を忘れることがあろうか。ああ、縄でしばられ、水責め、火責めにあっても、おたずねがあったなら申し開きをして死にたいものだ。ものをいうこともできず罪を受けるなら、死出の旅路に迷う[1]ことになろう。人の声が声高になり、この世の騒がしさがつづくなら、わたしは罪を受けるだろうが、おまえはどこかにひきこもって『わたしの親は、主君を裏切ろうなどと夢々思っておりません。このごろ世間ではそんなうわさがながれているのは内々承知していますが、けっしてそんなことはありません』と、また『おたずねもないのに、こちらから申し開きをすれば、かえってなにかやましい点があるかのようにも思われる。また、その証拠などすこしもないから、おたずねがあったら、申しあげようと心しておけ。先祖代々ご家来として長年召しつかわれるだけでなく、わたしはご主君のおかげで一人前になれました。このご恩を忘れて謀反をおこすなら、日本に神がいるとすればその運命はよいわけがありません。このことだけで七逆罪を受け、無間地獄に落ちるのに、どうして主君に弓を引き、謀反をくわだてましょうか。けっして、父子ともに考えておりません』と申しあげ、そして立派に腹を切れ」といいきかせた。しかし、親の言にそむき、主君を敵とし、七逆・五逆の罪[2]を受けることになる。「日本一の阿呆弥七郎め」とは、このことだ。

ご主君のご運もつきられたか、お馬が逃げだし人が騒いでいるのを、父の大蔵を処罰するのかと思い、弥七郎は千子《せんご》の刀(3)を引きぬき、清康が無警戒でいるところを切り殺した。上村新六郎(氏明)はこれをみて、弥七郎をその場で切りふせ、足で蹴り殺した。みなはこれを聞き、いそいでやってきて、主君のありさまをみて、落涙するそのようすは、釈尊のご入滅もこうかと思われるほどの悲しみで、みなはあまりの腹だちに、弥七郎の死骸を肥溜めに放りこんだ。

みなは放心状態で、とほうにくれていたが、上村新六郎は「あだは討った。これで思いのこすことはない。腹を切り、おともいたそう」という。そのとき、みなは、「主君を切った弥七郎を切ったこと、その手柄はいうまでもなくすごいものだ。しかし、このような主君の不慮のめぐりあわせも、神ならぬ身であれば予測もならず、陣屋でくつろいでいて、主君のそばにいず、みながとほうにくれることになる。流水帰らず、後悔先に立たずということか、もし、こういうことがあると知っていたら、だれが陣屋でくつろいでいようか。ちょうど、あなたがいあわせ、運もよく、弥七郎を切ること、そのすばらしさはいうにおよばない。しかし、いあわせたのなら、だれがあなたにおとることがあろう。いあわせなかったのが不運なのだ。追腹《おいばら》を切ること(4)でも、だれがあなたにおとることがあろう。だが、あなたは追腹を切られよ。わたしたちはこのことで追腹を切らない。追腹を切るときがきたら切るだろう。あなたもその点、よくわかって、腹を切られよ」という。新六郎聞いて、「追腹を切るところはどこだ」という。「追腹を切るところとは、十日をへずに、織田弾正之忠は岡崎へ攻めよせるであろうが、みながここで腹を切るなら、岡崎には若君（仙千代）おひとりでおいでになることになり、鷹が餌をとるように殺されるのは残念だ。なら、若君の先陣として、追腹を切るべきだ。追腹の切りどころは、そこだ。あなたは、おなじことなら、ここで腹を切るのをやめられよ。どこで切るのもおなじことなので、とめはせぬが」新六郎も、「なるほどまちがっていたようだ。若君のご先陣として討ち死にすべきだ」といえば、みなは、「その通り、どうせ切る腹なら、みなと一隊となり、火花をちらして討ち死にをしなされ。そこでおともして死にましょう」と森山から落ちていった。森山では落武者であったが、敵にねがえろうということもなく、合戦することもなく帰途についた。

内膳殿も、今は合戦するより、城の整備がたいせつと思われたのか、猿待ちの歌(5)のように、「寝たな、寝ないぞ」といったようすで、たるんでおり、二、三ヶ月の間は領地のとりあいもなく、手だしをなされなかった。そのうちに、広忠は森山で離反した人びとをまた家来として、松平家をもとのようにされた。

清康が三十のおん年までも、生きておられたら、天下を簡単に手にいれられたであろうが、二十五歳をお越えになることもなく、なくなられたのは残念だった。三河で森山崩れというのはこのことだ。

注

（1）死出の旅路に迷う　死してのち、成仏できずに迷うこと。（2）七逆・五逆の罪　七逆罪・五逆罪の意。この罪を犯したものは無間地獄に落ちるという。（3）千子の刀　村正の刀のこと。村正は伊勢国桑名の千子村在住。（4）追腹を切る　主君の死後、主君に殉じて死ぬこと。（5）猿待ちの歌　猿待ちは庚申《こうしん》待ち。庚申の日に体内の三尸虫《さんしちゅう》が天界にのぼり、身の悪を閻魔大王に伝え、それにより寿命が縮むという。それを防ぐには一晩中寝ないでおきていなければならず、人びとはたがいに眠らないようにするために一ヶ所に集まって、夜をあかした。それを庚申待ちといった。そのとき眠たい目をさますために、「寝たるぞ（寝たな）」「寝ぬぞ（寝ないぞ）」と声をかけあったというのであろう。

伊田合戦

仙千代（広忠）様は十三歳のとき清康に先立たれる。森山崩れの十日後には織田弾正之忠が三河へ討ってでて、大樹寺に本陣をおいた。そのとき、森山で追腹を切ろうといった人びとは「わたしもほかの人も追腹を切るのはここだ。若君は城で腹を切られて、城に火をかけられよ。しかし軽々しく腹を切られるな、みなが戦死をし、敵が城に攻めいり、二、三の丸に攻めいったなら、そのときに腹を切られよ。それよりまえに腹を切ってはなりません。わたしどもはどうせ追腹を切るのですから、城をでて、広いところでこの世の思い出にはなばなしく切り死にしよう。身動きがとれなくなって、あっちこっちで殺されるなら、人は追腹を切ったとはいいますまい。いかに家来といってもお慈悲、お情け、お哀れみがございませんでしたら、その場その場で死ぬことはあっても、このように、妻子一族をすてて、戦死することはけっしてありますまい。主君代々がわたしども代々にかけたお情け、お慈悲、お哀れみ、ことに清康様のお慈悲、お情け、お哀れみを思いますと妻子一族を討ち殺され、またわたしたちが戦死する程度ではたりません。ご先祖代々、そして清康(1)のお慈悲、お情け、お哀れみがなかったら、いかにご譜代でも、こんなときは妻子一族をかばって山野に隠れて命をつなぐものですが、清康様から受けたお情けを思えば、妻子一族も惜しくはありません」と言った。

みなは若君をみあげて、涙をハラハラと流し「妻子一族もともに、今死にはてることはすこしも惜しくはない。若君に跡をおつぎしていただくこともできず、年端もいかぬのに、今あの世へのおともをすることが悲しい」といい終わりもせず、いちどにワッと声をあげる。これは釈尊がご入寂のとき十大弟子(2)、十六羅漢《らかん》(3)、五十二類(4)までが悲しみ泣いたのもこのようであったろうと思われた。

ご譜代でなかったら、だれがこんなふうに悲しもうか。これを考えれば、主人の宝は譜代の者以上のものはない。

二度あることは三度あるとはよくいったもので、清康の不慮の死にいちど泣き、若君に別れるのに二度泣き、戦死をせんとするのに、妻子一族が袖にとりすがって泣く。三度目の泣きだ。
「おう、ときもたった。お別れを申しあげよう。さらば」と御前を立って出発する。神もここが大事と思われたのか、伊賀郷の八幡宮(5)の鳥居が、伊田の郷の方へ一間半動いたという。みなは、岡崎を半里程でて、伊田の郷で敵を待ちうけていたが、雑兵(6)ようやく八百だった。弾正之忠（織田信秀）はこれをみて、大樹寺を出発、二つにわかれて、攻めかかった。

伊田の郷というのは上は野原で、下は田んぼになっている。野の方へ四千、田の方へ四千攻めいった。岡崎から出陣した衆も、八百を二つにわけて、野の方へ四百、田の方へ四百とし、むかえ討つ。だれがみたというわけではないが、申し伝えでは「伊賀の八幡の方から白羽の矢が敵の方へ雨が降るようにとんだ」という。さも、ありそうなことだ。

八千の者どもがいちどに鬨《とき》の声をあげた。けなげにも八百の方からも鬨の声をあげた。雷が鳴る春の野に鶯《うぐいす》が古巣を出て初音をあげたようなものだ。すばやく近よって「南無八幡(7)」と敵に向かった。田の方では、上村新六郎（氏明）が「槍を突きいれん」と言う。磯貝出来助が「新六郎、早いぞ。はやって槍を突いてかかると、いざというときに精がぬけて、槍が弱くなる。多勢の方から、突きかからせて、それを待ち受け、それをとめるように突きいれよ」といい、野の方をみあげると、広い野原で、四百の衆が四千の者にとり巻かれて、追腹を切ろうといっていた衆は、ひとりのこらず火花をちらして戦い死んだ。また、若党・小者・中間(8)がちりぢりに岡崎を目ざして逃げ帰るのをみて、「野の方はみな討たれて、のこった弱兵は岡崎を目ざして逃げ帰るぞ」といっているところに、敵も、野の方で勝ったのをみて、われさきにと気負って押しよせた。

どの合戦でも、人数が多いといっても、先陣を切って槍をあわせる者は、五人十人といったところだが、ここでの先陣を切る人びとは、森山でのときから、このときのことを覚悟していたので、すこしも騒ぐことがない。待ちうけて、百四、五十人がいちどに、錣《しころ》(9)を傾けて、一団となって突きかかると、それぞれの主人について、のこりの者どもも刀をひんぬきひんぬき、主人より先に立とうと、すすんでいく。第三の防御の線を突破、のこる二つの防御線も敗れ去る。みなを切り殺して、またかたまって、野の方の敵に向かい、しずしずと押しよせる。敵はこれをみて、かなわないと思ったのだろうか、われさきに大樹寺へ逃げ帰った。それから「逃がしてくれ」と降参を願いでた。だれでも、若い衆はそうなのだが、勝ちに乗じて、「絶対逃がすな」と大声にいう。

そんななかで老武者が、「敵が降参したなら、逃がしてやりなさい。敵を討ちとったといっても田の方四千は討ちとったが、いく人かはのこっている。野の方四千は無事である。味方も田の方四百は無事だが、野の方四百はみな戦死した。敵が八千のときは、味方も八百あった。敵が討ちとられて四千になると、味方も戦死して四百になった。そのうえ、田の方も五百も千も討ちもらしてあろう。それなら、まだ敵は多い。味方はすくない。『勝って兜の緒をしめよ』ということばがあるが、それは、戦の勝敗は予断しがたい、ということだ。これ以上、わが味方が討ち死にをすれば、城までとられることになる。わたしたちの命はすこしも惜しくはない。今までは、若君の命が助かるなどと思ってもいなかったが、もはや、命をお助けすることになった。これほどの勝利になんの不足があろうか。それを、戦はどうなるかわからないから、みなが戦死をして、助かっている若君の命をなくすようなことになったら、どうであろうか。若い人がいうように、矢作川を敵の半分が越えたところで、切ってかかれば、すでに遅れをとっている敵なのだから、らくらくと攻め崩せる。しかし、敵も承知していて降参を願っている。そくざに河を越すことはない。河を越そうと考えて、そのことで考えるのをやめるだろう。そしてそくざに河を越えても負け、城を無茶に攻めても負けると考えている敵の城を攻めるなら、たやすく攻め落とすだろう。『窮鼠《きゅうそ》却《かえ》って猫を食う』ということばもある。許してやりなさい。そうすれば、こちらを攻めようとは、二度と思うまいから」というと、「そうだ、もっとも」となり、敵は河を越え、味方は岡崎へ、敵味方ともに撤退した。

みなは若君様を二度み申しあげて、うれし泣きにどっと泣く。若君様はみなをご覧になって「みなをみるうれしさは、清康とふたたびおあいできたように思える。しかし朝一緒にやってきて、わたしをみて涙をながして、今生《こんじょう》の暇乞《いとまご》いをいってでていった者が多数いない。ほんとうにほんとうにかわいそうなことだ」と床に体を投げだし、涙をながされる。

御前にいる人びとも、鎧の袖を涙でぬらしながら、その場を立った。三河で伊田合戦というのは、このことだ。

注

（1）清康　本来なら敬語が入るところ。彦左衛門はこの本をいろいろな資料から引用して書いているために、ここだけでなく以下多く見られる。（2）十大弟子　釈迦の十人のすぐれた弟子。（3）十六羅漢　釈迦の死後、仏の正しい教えを守護する命を受けた十六人の阿羅漢。（4）五十二類　釈迦入滅のとき来集した五十二類の衆生。（5）伊賀郷の八幡宮　伊賀八幡宮。四代親忠が伊賀の国にあった八幡宮をこの地に勧請したとされる。以後松平、徳川氏の崇敬があつかった。（6）雑兵　足軽のこと。（7）南無八幡　八幡菩薩よ助けたまえの意。（8）若党・小者・中間　若党は一人前でない若侍。小者は草履取りなど雑役にあたるもの。中間は前二者の間の意で、身分は両者のあいだで、馬の口取り、槍持ちなどをつとめるもの。（9）錣　兜《かぶと》の横や後についている首をおおう部分。錣を傾けるは、前傾姿勢をとること。

八代広忠、伊勢へ落ち、三河茂呂城へはいる

仙千代様はご元服なさる。次郎三郎広忠、ご法名道幹。先祖代々伝わっているお慈悲、お情け、おん哀れみ、とくにすぐれておいでになった。みなよろこんでいたのを、内膳

（信定）殿は、清康のほんとうのおじであったが、家督横どりをして、広忠を追いだしにかかる。そのとき、ご譜代衆もいろいろに心がわかれた。「広忠につきしたがい、なんとしてもいちどは本意をとげさせ、跡をつがせたい。わたしどもが、ここを離れるなら、これ以降、岡崎におもどりになることはありますまい」と岡崎にとどまって、おともをしない人があり、なんというわけでなくおともをしない人もいた。また、「内膳殿も長親の御子だから、もともと一つの主筋だ」と、内膳殿につきしたがうものもいた。人はともかく、おなじ長親の子といっても、内膳殿は庶子、信忠はご長男、信忠・清康・広忠と三代にわたって仰いでおりますのを、長親まで四代も先祖をさかのぼって[1]、そのうえ、庶子を長男とおなじとはいいがたい。広忠がおいでになるのだから、道理に反します。わたしどもは、妻子一族もかえりみず、一命をすてても、ぜひともいちどは広忠を岡崎へおいれするべきだ。

　そこで阿部大蔵（定吉）がいうには、「息子[2]が気がくるって、主君を討とうとする。わたしどもは、すこしも離れることなく、ぜひともおともしよう」と十三におなりの広忠のおともをして、伊勢の国へ落ちていく。阿部のほかにも、六、七人おともをして十四歳まで伊勢においでになった。

　そんな混乱に乗じて、東三河をはやくも駿河（今川氏輝）からとった吉良（義郷）殿は織田弾正之忠（信秀）と結んでいた。それで、駿河（今川義元）から吉良へ攻めかかると、荒河（頼茂）殿は、お屋形《やかた》様（吉良義勇）を裏切って、駿河と結んで、荒河にこもった。屋形はかけだし、敵に向かわれた。屋形の馬は強い馬で、敵のなかへは突入したが、戦死なさった。それ以後、吉良殿の子供たちは駿河についた。

そんなうちに、大蔵は広忠を駿河へおつれして、今川（義元）殿にたのみこんだ。今川殿も、ていちょうに扱うとおっしゃった。広忠十五の春、駿河へおくだりになり、その年の秋、駿河から加勢をえて、茂呂《もろ》の城（豊橋市）へうつった。

注

（1）長親まで四代も先祖をさかのぼって　巻末の徳川家系図参照。（2）息子　清康を殺した阿部弥七郎。「森山崩れ」の項参照。

大久保忠俊の活躍

岡崎にあって、広忠に心をよせるご譜代衆は、時節の到来を待っていたが、力およばずにいた。「大久保新八郎（忠俊）はきっと何か計画をたてるだろう」と待ちかまえていたが、内膳（信定）殿もひそかにそう思われたのか、「次郎三郎（広忠）殿を岡崎にいれようというのはほかのものではない。大久保だ。それなら起請文《きしょうもん》を書かせよ」と七枚起請(1)を伊賀の八幡の御前で「広忠を岡崎へもどさない」と書かせた。

新八郎は家にもどり、弟の甚四郎（忠員）、弥三郎（忠久）二人の兄弟どもを呼びよせ、「兄弟の者どもよ、もう聞いているか。ばかげたことをいうやつだ。伊賀の八幡の御前で『広忠を岡崎へもどさない』とわたしに七枚起請を書かせた。ばか者ではないか」とカラカラと笑った。二人の兄弟も聞いて「主君の本望をとげさせようと、岡崎にとどまった。起請を破って罰を受けても地獄へ落ちる。これを悲しんで起請のとおりにしようと主にそむけば、七逆罪になる。どっちみち、罪を受けるなら、主君を世にだし、思いのこすことなく罰を受けられよ。兄上ひとりの罰ではない。兄弟三人が地獄へ落ちるまで。起請は千枚でも書かれよ。広忠をいちどは岡崎へお入れしよう」といっているところに、また新八郎に「起請を書け」と八幡の御前で、七枚起請を書かせたので、「なんどでも書きましょう」と書いた。また四、五日たって、「広忠を岡崎へ入れるのは大久保よりほかはあるわけもない。一度二度の起請では心もとなく思うので、また起請を書け」と三度まで、伊賀の八幡の御前で七枚起請を書かせた。

新八郎は家に帰り、また二人の兄弟を呼んで、「二人とも聞け。八幡の御前でまた起請を書かせた。これまでに三度も七枚起請を書かせた。あわせて二十一枚の起請だ。百枚千枚も書かせよ。書かせるならば、書く。起請を破る罰を受けて、この世では白癩《びゃくらい》・黒癩の病(2)となり、あの世では無間地獄に落ちるなら落ちよ。妻を牛裂き(3)にするならさせよ。せがれを八つ串(4)にさすならさせ。何度起請を書かせたとしても、いちどは広忠にご本望をとげさせ、岡崎へお入れしないではおかない。わたしたちだけを深く疑っているようだ。決行が延びると、どんなことを言いだすかわからない。ともかくいそごう」といって、広忠にひそかに連絡をとった。

茂呂へ、内膳殿が戦をしかけた。そのとき、新八郎もともをした。「人の前に立って、長年の主人に矢をひとつ射られよ」というので、思うつぼと立ちあがる。新八郎は走りでて、悪口をいって射かける。その矢をとって広忠の目にかけると、およろこびになった。次の戦のときまた新八郎は走りでて、いつものように悪口をいってののしる。またその理由を承知して、前回の矢文の返事をもってきて、「新八郎、譜代の主人にひく弓はねらいが大きくはずれただろう。譜代の主君の矢を受けてみろ」というと、新八郎は草摺《くさずり》(5)をまくり、尻を向けてばかにするふりをして、待ちかまえ、射られた矢をとって靫《うつぼ》(6)の底にいれて、「新八郎の一矢いくぞ」と射かける。それをとって広忠へさしあげる。とってご覧になると「何月のいつごろ、岡崎へおいれいたします」という矢文だった。口汚なくののしらないと、内膳殿がいよいよ疑うだろうと、おそれ多いこととは思ったが、ののしった。帰って、靫の矢をとりだしてみると、「岡崎をとってくれるというが、うれしいことだ。いそげ」とのご伝文だった。

新八郎は二人の兄弟を呼びよせ、「時期もよくなった。ゆだんはするな。弥三郎は昼間話したことを、のこらず寝言にいうやつだから、そんなことも心せよ。女房は夫のことを悪くいうようなことはないが、寝言はだれにとってもおもしろいことだから、このような大事とは知らないで、知らず知らずに人に語るものだ。そうではないにしても、こんな大事なことは女房には聞かせないものだ。女は臆病なものだから、顔色を変えてグッとこらえて、かえって人が不審に思ったりするものだから、こんな大事なことは聞かせないものだ。この事をしとげたら、妻子一族も助かるが、もししそこなったら、妻子一族までものこらず死ぬことになる。一生にいちどの大事だ。心せよ」というと、甚四郎が聞いて、「おまえの寝言はほんとうにおもしろい」といって笑う。新八郎も「笑いごとではないぞ。そうなったら一大事だ」という。三人して笑う。

弥三郎は、帯をあごから頭頂にしばって寝たので、夜があけると、「あごがきかなくなった」という。また「いつにするのだ」というと「三日後がよいだろう」という。「わたしたちとくに懇意にしている者二、三人に聞かせなかったら、のちのち恨まれるだろう」という。弟二人が「だれに」と聞く。「林藤助（忠満）、成瀬又太郎（正頼）、八国《やこう》甚六郎（詮実）、大原左近右衛門尉（惟宗）だ」という。「なるほど、彼らにはお知らせなさい」という。「それなら藤助を呼びに行け」という。甚四郎が使いに立って、「兄がご用があるとのこと。お手すきでしたらおいでください」という。もしやそんな計画でもあるのではと思い、いそいで使いより先にきて「なにごとだ」といえば、「べつに用というのではない。よい酒をもらったので、ひとつさしあげようと思うのだが」というと、「早く飲みたい」と口にはいって、その計画に気づく。つれて立って、その計画はこうだというと、藤助は手をあわせて涙をながし、「さてさてご立派なことだ。われわれもおともしてこの地を跡にしなければならなかったのだが、われわれがおともをしたなら、二度とご本望をとげさせることなどとてもできなくなる。それで、この地にとどまった。ぜひご本望をとげさせようと思って、ここにとどまったのだ。しかし、知恵がたりず、しだせないでいた。あなたが立ってくれるのを待っていたが、内膳殿もそう思ったのだろう。あなたに広忠をひき立てないという七枚起請を伊賀の八幡の御前で三度書かせなさったのをみて、力を落とし、とるべき方法も失っておった。起請を書いても、ともかく思い立たれるであろうと思っていたが、三度の七枚起請であったので、このことをどうだということもならず、あなたの顔をためつすがめつみはすれど、なにかがなくてはどうだともいえなかった。起請を書きなさるとも、あなたは広忠をお引き立てしないではおかない人と思っておりましたが、さてさて、よく思い立たれた。わたしどもにお聞かせいただいたこと、海にたとえれば大海、山にたとえれば須弥山《しゅみせん》(7)よりも高く深く、ご恩に思います。今まで、一日も早くと心にかけており、すこしのあいだも忘れたことなく、一心に思っておりましたが、ひとりではどうにもならず、わたしの力のおよばぬことと時をすごしました。あなたさえ思い立たれたら、成功するだろうに、今か今かと思い、あなたの顔色をうかがっておりましたが、七枚起請の件で、なにもなくては、口にすることもできず。あの人はご本望をとげさせないではおかない人だが、たびたびの七枚起請に恐れられたか、いやいや、そんなことで手をひくような方ではない。遅いと顔をためつすがめつみていたが、思っていたとおり、思い立たれたことのうれしいことよ」と踊りあがってよろこんだ。「深く一味となるのは来世までもちかいましょう」という。

この藤助という者は、先祖代々侍大将としてお仕えしていた。正月に杯をくだされるときも、松平ご一門の方々より先にくだされ、つぎに一門の方々に杯をだすという者だった。お家柄も古く、これ以上の人はいない。藤助がいう。「わたし以外にだれに話された」「そのことです。わたしの弟たちと一族でなんとかなるとは思いましたが、あなたは、ご家来衆のなかでもわたし以上に主君と懇意だ。このことを聞かせなかったら、のちのちどんな恨みごとがあろうかと、あなただけにお話ししたのです。あなたと相談した後で、一人、二人はお話しする方もありましょうが、まだお話ししておりません」「ほんとうにありがたいことだ。それで、だれのことですか」という。「成瀬又太郎、八国甚六郎、大原左近右衛門尉などにお話しすべきかと」「もっともだ。これらの衆はだれも、このことを思っておいでだから、仲間に引きいれなさい」といわれるので、「又太を呼びに行け」という。甚四郎の家来が、「主人の兄にあたる方が、すこしご用があるそうで、おひまでしたら、ちょっとおでかけくださいませ。林藤助殿もこちらにおこしでございます」といってやると、もしや、この計画ではないかとじれったく思い、使いよりも早くきて、「林殿もこちらにおこしか。なんのご用か、よくわからぬ。早く聞かせよ」という。「なんの用もないのだが、ある方からよい酒をいただいたので、ひとつさしあげようと使いをやりました」というと、すぐに真意を見抜き、「その酒を早くくだされよ」という。「それでは」と、物かげへつれて行き、このことを、かくかくしかじかというと、藤助のように手をあわせて、藤助とおなじようにひじょうによろこんだ。「お仲間をしよう」という。

「甚六、左近右衛門尉両人の家へも人をやれ」というと、甚四郎の家来が、「主人の兄にあたる方が、おひまでしたらすこし用がありますのでちょっとおでかけください」と言いに行く。この人びともすぐに真意を見抜いて、使いよりも先に走ってきて、「なにごとだ。みなが寄りあってきげんよくお話をなさっているのは」という。「お気軽に。なにということもない。ある方からよい酒をもらいましたので、ひとつさしあげようと使いをやりました」というと、二人ともに感きわまって「新八殿、よい酒を早く飲ませていただきたい。遅いと思っておりましたので、早くくだされよ」という。家中の者をさがらせて、計画はこうだ、といわれると、ひじょうによろこび、手をあわせるのは、藤助、又太のよろこびのままだ。「お仲間いたしましょう」という。

「いつ決行するか」という。「このようなことは時がたつては悪かろう。三日後と決めたが」と、新八郎が相談をもちかける。「それならきっと、ご本望がとげられましょう。そのときには、蔵人（松平信孝）殿を仲間にいれて、御門を開いて、ゆうゆうとおいれしよう」という。そのとき、藤助をはじめ三人の衆と弟たちがいうには、「ここまで手落ちはありませんが、このことを蔵人殿にお話しするのはどうでしょう。よく考えられよ。内膳殿は蔵人殿のほんとうのおじです。どうしておじを裏切りましょう。よく考えられよ」という。新八郎は重ねていう。「みながいうように、内膳殿はなるほどほんとうのおじである。しかし、庶子である。広忠は蔵人殿にはほんとうの甥であり、しかも惣領《そうりょう》である。どうして仲間に加わらないだろうか。もし、すこしでも他言の疑いがあったなら話をしてはいけないというのなら、将来も本望をとげさせられまい。なまじっかな覚悟では、とてもとても無理だ。口調や顔色からうたがわしかったら、けんかだということにして、さしちがえて死のう。それなら他言する心配はない。そんなになっても、わたしの弟たちと一族をのこしておく。彼らと仲間になって、ご本望をとげられよ」という。

みながいうには、「そうお考えなら、あれこれいうこともないが。お考えのままに、どっちみちご本望をとげさせるなら、蔵人殿にお聞かせ申す必要はないでしょう。どうせおなじことなら、お考えください」というと、「ともかくわたしに任せてくれ。わたしを死んだ者と思ってくだされ。日ごろから、蔵人殿のお話にひっかかったところがある」といえば、「それなら、どうともあなたの思いのままに」というので、「さて、一緒にでかけましょうか。又太と甚六はここでお待ちください。藤助と左近右衛門尉の両人には、帰りに寄ってお話ししましょう」とつれだってでかけた。

　新八郎が蔵人殿のところへ参ると、いつものようにごきげんよく雑談をなさる。そこで、人をさがらせて、体を近づけて、「この計画をこんなふうに実行します」と申しあげると、ことにおよろこびのごようすで、「わたしがこの地へお入れしようと思っていたが、内膳は、わたしにことのほか注意し、番をするものがゆだんをしないので、できなかった。あなた以外に本望をとげさせる人はないと思っていたが、八幡の御前で、七枚起請を一度でなく、二度でなく、三度も書かれたので、あなたもどうであろうかと思っておりましたが、思いがけなく思い立たれたこと、かえすがえすうれしい」と上きげんであった。「新八、聞かれよ。このことであなたと相談がある。今度あなたが失敗すれば、もう二度と本望をとげさせることができなくなる。それで、今回はわたしたちを次のためにのこされよ。わたしは有馬(8)に湯治に行く。そのあいだにここへお入れなさい。門の鍵を妻にあずけておく。大久保新八郎ならわたせ、別の者にはわたすな、といいつけておくから、そのところをわかって、計略を立てられよ。決行はいつになるか」とおっしゃる。「三日後です」というと、「それなら、明日、内膳に人をやって、湯治のことを知らせ、明後日にはかならず出発しよう」とおっしゃる。かたく約されたので、新八郎は「ありがたい」といって、その座を立った。蔵人殿はわざわざ見送りに座敷をお立ちになって、「だれに話した」とおっしゃる。「林藤助、成瀬又太郎、八国甚六郎、大原左近右衛門尉に知らせた」というと、いよいよごきげんよく「もっともの人びとだ。あなたがお話しした人なら、変な人はいないと思っていたが、そんな人を仲間にひき入れられたのなら、思いのこすこともない」とおっしゃり、「それらの人びとにもそのあたりの事情をいってください。あなたの仲間と聞いて心配はない。それに、その人びとならよけいなことだろうが、ますます用心をしろといってください」と室へもどっていかれた。

藤助は、「新八は死にはてたか、どうしているか」と思い、手に汗をし、門前にでて心配して立っているところへ、新八がここちよさそうに帰ってくるのをみて、無事であることが夢のここちがして、走って出迎える。涙ぐんで、「ヤア、新八か、どんなごちそうがでたのか、ここちよさそうだが」といって、みつめると、新八も生きて再度《ふたたび》あえたうれしさに、「ことの成り行きは心配されるな。ひじょうなごちそうをいただきました。ありがたいと思っている。そのお祝いに明朝、食事をふるまうから、左近右衛門尉殿とご一緒にかならずわたしの家においでくだされ。ここで細かにお話しすべきであるが、往来ですから、すこしだけお話ししておきます。万事ご心配なく」といいすてて通りすぎた。

左近右衛門も、「新八は生きていようか」と思って、手に汗握り、息苦しい思いで立っていると、遠くにすがたをみつけて、走りより、「さてさて、よく帰られた」といって涙ぐむ。すると、「ことの成り行きはご安心なされよ。ひじょうなごちそうでありがたかった。ここでそのごちそうの話がしたいが、往来のことであるので、どんなものだろう。今日のごちそうがたいへんありがたかったので、そのお祝いに明朝おでかけください。お食事をさしあげよう。藤助殿も、わたくしどもへお越しくださるとのことでした。誘いあって、夜明けまえにかならず藤助殿とご一緒ください。お待ちしております」「それまでいわれずとも、夜明けまえにかならずまいります。又太も甚六も待ちかねていましょうから、ご免くだされ」と通る。又太、八国も二人の弟たちとつれだって、途中までむかえにきていた。「新八は死にはてたか」と、おたがいものもいわず、手に汗して待ちかねているところへ、岡崎の方をながめていたが、霞のなかにみつけ、「新八がきた」と息せききって走ってむかえた。「今お帰りか」というと、「ことの成り行きは心配せずにお帰りください」とよろこびあい、一緒に家に入った。又太、甚六の二人の弟たちにそのようすを細かに語ると、とてもよろこび、涙をながして、「あぶなかった。あなたは」というと、「どうせ譜代の主君にさしあげた命なのだから、どこでさしあげるのもおなじことだ」という。

翌朝、藤助、甚六、左近右衛門尉、又太がやってくる。昨日のできごとを細かに語り、また蔵人殿がみなに親切におっしゃってくださったことをも語る。ますます感激し、涙を流しよろこんだ。

蔵人殿が湯治と聞くと、みなの不安も除かれた。新八郎がひそかに広忠に申しあげたことには、「おしたくしてお待ちください。明晩この地にお入れいたします。それで明晩おむかえに、藤助、甚六郎、左近右衛門、又太郎、甚四郎をやります」と申しやると、広忠はおよろこびなさった。

翌日になると、主君も一世一代の大事、一生一代のよろこびかと思うと、その日の暮れるのを、千年をすごす思いで暮らされなさる。はや夕暮れになり、おむかえを待ちかねておいでになるところへ、藤助、又太郎、左近右衛門尉、甚六郎、甚四郎がひそかにやってきて、口々に「もはや、時もようございます。おしたくなさってご出発ください」と申し、「新八郎は弟たちと一族をひきつれて、お城の番に行き、待っております」と申しあげる。新八郎はお城の番であるといって、弟たちと一族をひきつれて、四時ごろからでかける。夕暮れになったので、「御門の鍵をおわたしください」というと、座敷の奥からも「鍵をよこせというのはだれだ」「怪しいものではありません。大久保新八郎でございます」と申しあげると、奥様のいわれるのに、「大久保新八ならば、鍵をわたせといいおかれた。新八なら直接におわたししましょう」と奥様自身おもちになって、直接「新八か」といっておわたしになった。鍵を受けとり、今や遅しと待っている。

注

（1）七枚起請　同じ誓約書を七枚書くこと。（2）白癩・黒癩　ハンセン病のこと。当時は不治の病と考えられていた。（3）牛裂き　刑罰のひとつ。牛五頭で手足を引っぱらせる刑。（4）八つ串　刑罰のひとつ。八本の槍を刺す刑。（5）草摺　鎧の下部、前後のおおいの部分。この場合は後。（6）

靫　矢を入れて背に負う道具。（7）須弥山　仏教の世界で、世の中心にそびえるとされる山。（8）有馬　現在の兵庫県の有馬温泉。

広忠の岡崎入城

広忠もすでに出発して、おいそぎになっておられるところへ、「城はとりました。遅うございます。おいそぎください」と途中までいいにきていたので、夢のここちがして、お馬を早めたが、心はひとつのところで踊っているように思われた。鳥なら、ひとっとびにとんで行くだろうにと、体は遠くにありながら心は城へうつっておいでだった。そうこうするうちに、まもなくお着きになり、新八郎はおむかえした。大手の門(1)には弟たち一族を配置していたので、鍵をはずし、かんぬきをとるだけだった。いそいで門を開け、お入れした。新八郎も一族の者と本城の御門を開き、広忠をお入れする。ため息をついて、「今こそ日ごろの本望がかなった」という。そのうちに、番にきていた人びとは、そこここの塀を乗りこえ、狭間《はざま》(2)をぬけて逃げていった。そのあいだに城をかためて「広忠は本望をとげられ、今、城におうつりになった。二、三の丸にいる侍たちで、広忠につこうという心のある者は、二、三の丸をかためて、番にきている者をひとりのこらずとらえよ」といって、鬨の声をあげ、鉄砲を撃ちかけると、事情のわかった者も、わからぬ者も落ちていく。

夜もすでに明けていたが、心ある譜代衆は、「広忠以外にこの城を忍びとるとは思われない。だれかがお入れしたのだろう。それならいそいでまいろう」と大手にいそいでやってきて、「わたしはだれだれ」と名乗りをあげて、はせ集まった。城からの大声は、「みな、早くもやってきたか。次郎三郎（広忠）様がこの暁にご本望をとげられたぞ。ご譜代の人びとはいそいで二、三の丸へ入り、かためられよ。きっと上野より内膳殿（松平定信）が駆けつけるにちがいないゆだんされるな」という。みな、われもわれもと走り入って、二、三の丸をかためたが、内膳殿は攻めよせなかった。

内膳殿がおっしゃるには、「広忠を引き立てたのは、ほかの者とは思われない。大久保であろう。腹を切らせておくべきだったのを、伊賀の御前で、七枚起請を三度書かせたので、ゆだんをして助けたのが残念無念だ」流水あとにかえらず、後悔は先に立たず。大久保は、内膳殿に憎まれても苦とせず、「広忠のご本望をおとげさせたのだから、内膳が憎もうが、起請を破った罰もかまわない。今は、ほんとうにうれしい」という。

広忠十三の御年、清康と死に別れなさってすぐのその年、実のおじ、内膳殿に岡崎を追いだされなさって、御年十三で、伊勢の国でご浪人となる。御年十五の春、駿河の国へおくだりになられ、今川（氏輝）殿をおたのみなさって、その年の秋、今川殿よりの加勢も加わって、三河国牟呂《むろ》の郷（豊橋市）へおうつりになられる。御年十七の春、ご本望を達し、岡崎へお入りになられた。広忠のよろこびをものにたとえるなら、『法華経』の七の巻、薬王品に「寒い者が火をえたように、裸の者が衣服をえたように、商人が買い手をえたように、子が母とあったように、渡ろうとするのに舟があったように、病気をして医師にみてもらったように、貧しいものが宝をえたように、人民が王をえたように、商人が海にでたように、ともしびで闇をのぞくように」と説いているが、心中あふれるよろこびは、それに劣ることがなかった。

広忠はご本望をとげられてうれしい、とおっしゃって、そのごほうびとして新八郎、藤助、甚六郎、左近右衛門尉、又太郎に知行地を十五貫ずつくださった。甚四郎、弥三郎をはじめ、大久保の一族の者にもそれぞれ、ほうびをくださった。新八郎にも一律にくださった。しかし、知行はひとなみの分で、これに加えて、中野郷という領主直轄地で百貫の地の代官を命じられ、のちにはこれを知行としてくださった。

さて、その後内膳殿もあやまられて、家来となった。ご一門がみな、もとどおりにおさまり、おめでたいことで、みなが仕事に精をだした。

広忠は、お慈悲、お情け、おん哀れみ深い方と、みなよろこんでいたところ、ご浪人なさり、人の憂さつらさ、よきあしきをお知りになり、民百姓の歎きかなしみもよくみておかれ、知行のすくない者が田舎の家に世をすごすのをご覧になり、ますますお慈悲、おん哀れみ、お情けをおかけになるようになり、先祖代々のなかでもことにすぐれておいでになった。

注
（1）大手の門　城の表門。（2）狭間　弓を射るために塀などにあけた穴。

広忠の家臣への情

広忠は刈屋《かりや》の水野下野（信元）殿の妹婿になられ、竹千代（家康）様と姫君をもうけられた。その後、奥様を刈屋へ送りかえされたが、その方は久松佐渡（俊勝）殿にふたたび嫁がれてお子さまを多くもうけられた。

そのあと、広忠は田原の戸田少弼《しょうひつ》（康光）殿の婿におなりになり、花嫁のお輿《こし》がやってきて、「本城へお輿を入れん」といわれたが、「本城は竹千代の城だから、新城へ入れよ」という。長らくいざこざがあって、あれこれいいあったが、やむをえず新城にお入れになった。

また、あるとき、鷹狩りにでかけられた。季節は五月だったので、御前にひかえる身分の高い人が、田植えをすると、みずから破れかたびら[1]を尻端折《しりっぱしょ》りに着て、たすきをかけ、自分も早苗を背負って、顔まで泥だらけにして歩いて行くところで、広忠と出あわれた。「あれは近藤ではないか」と広忠はお馬をお止めになる。まちがうはずもないことなので、多くの同僚もみな赤面していると、「みてこい」とおっしゃる。つつしんででかけて行き、口にしたのは、「あなたのごようすは、これはなんとしたことか。主君がご覧になって『近藤か、みてこい』といわれたお使いです。さて、どう申しあげたものか」という。「どうご返事したらいいというのです。『近藤でございます』と申しあげられよ」という。「そうですが、そうとは申しあげられません」というと、「あなたも無理なことをおっしゃる。主君が直接ご覧になって、馬を止められ、お聞きなのをどうまげられましょう。あなたがまげて、また別の人がやってきて、みてありのままにいうなら、そのときはあなたもわたしのために困ったことにおなりでしょう。わたしのために他人に迷惑をかけるのも、たいへん苦しいことです。そのうえ、わたしが不注意で他人にまで迷惑をかけたといわれるのも心外です。そんなことになれば、世間にそんな話がひろがります。ことに、あなたの一族に悪くいわれ、憎まれることは、死んで後までの恥のなかの恥です。そのうえ、主君が直接ご覧になって、馬を止められてのおおせです。あなたが告げ口したのならあなたを恨みもしようが、ここでまげてはなりません。『近藤でございました』と申しあげなさい」というと、「なんともやり遂げにくい使いだ」と赤面して帰っていった。御前へまいり、「近藤か」とのおことばにも、ひかえていた。重ねておたずねになると、「おそれ多いことでございます」と申しあげると、「いそいでつれてこい」とのおことばなので、立ち帰って、『まいれ』とのおことばだ」というと、「おそれ多い」といって御前へまいる。早苗を背負い、ひどく泥にまみれた者が、主君をみつけ、知られまいと思って、早苗を背負って畔《あぜ》につまずいたようすだった。田のなかに頭を下げて伏したので、目も顔もまっ黒に泥にまみれ、御前にかしこまったので、ほんとうに奇妙な生き物のようだ。主君はこれをご覧になり、目に涙をうかべられた。

みなもわれわれも人であれば、あんなようすをしない人はひとりもいないけれど、みなは運がよかったのか、ついに眼に入らなかった。今日近藤が見出されたのは不運だ。今ここで罰せられることのふびんさよ。今日は近藤の身、とにかく、こんなふうに妻子をやしなわなければならないのだから、明日はわれわれの身の上だと、手に汗している。広忠はつくづくとご覧になって、すこしあって、「近藤か、見違えた。おまえたちはそんなひどい仕事をして、妻子一族をやしない、いざ戦となると、馬に乗り、かけだし、先駆けをして一命をすてる。そんなにして、たてた功名は大きい。しかし、わたしの知行がすくないので、ゆたかに暮せる知行もだせずそんなことをさせている。きっとおまえひとりではあるまい。みなもそうであろう。かわいそうで、わたしも相当の知行をあたえたいのだが。おまえたちも知ってのように、あたえる知行もないので、知行をとろうとも思わないで、ひどいすがたをしてまで、奉公してくれるうれしさよ。かえすがえすもうれしいことだ。これというのも、譜代久しい者なので、主君をたいせつに思ってそんなにしてくれる。新参の者ならとても考えられない。人間の宝は、譜代の者だ。けっしておまえの恥ではない。

わたしの恥だから、恥と思わないで、おまえもみなも、そんなにして妻子をやしない、わたしのためによく命をあずけて奉公してくれよ。わたしがおまえたちの働きで、新しい知行をえたなら、十分に知行もあたえよう。今はわたしもできないので、ひどい仕事もして、妻子をやしない、そのうえで、命をすてて戦ってくれ。早く帰って田植えをせよ」とおっしゃると、御前の人びとはもう話の途中で涙をながす。その身はもちろん妻子のこともかえりみず、命をさしあげようと思っていたが、お慈悲、お情けのお言葉ひとつで、みな涙をながし、いっそう、主君をお慕いするようになった。例の者をここで罰せられるなら、みなも恨みに思い、主君を慕い、命をすてようと思う者はひとりもあるまいものを、広忠のお慈悲、お情けのおことばひとつ、これを聞くと「広忠には妻子をかえりみず、一命をさしあげよう」という者ばかりだった。ただ人にとって、慈悲、情けと哀れみ以上のものはない。

注

(1) かたびら　ひとえの着物。

佐久間全孝暗殺

天野孫七郎（賢景《かたかげ》）を召しておっしゃるには、「広瀬の佐久間（全孝）を切ってこい。切ることができたら、大浜の郷で百貫の地をあたえよう。手傷を負わせたら、おなじところで五十貫あたえよう」そこで、佐久間を切るのはとても難しいことだが、ご譜代の主君のおことばにはそむけない。先陣を切って戦死するのもたやすいし、御前に引きだされて首を切られるのもたやすいことだ。死ぬことはおなじだが、佐久間を切ることはどんなに考えても成功しそうにない。そうかといって、譜代の主君のおことばにはそむけない。できるだけねらって、だめなら死ぬまでと決断して、引き受けて、出発する。

道々考えても、これという名案もなかったが、佐久間を切るには、まず佐久間に仕え、事情をのみこんでから切ろう。それで、佐久間に仕えようと行くと、すぐにおいてくれた。それで、くるくると小まめによく働いてお仕えしたので、たいへん気に入られ、その後身近で使われ、寝間のあたりを歩く。うまくいったと思い、今はそのとき、と思い、人が静まったころ寝間に忍びこむと、佐久間は前後不覚に寝ていた。

天野孫七郎は近寄って、目をさましおきあがったら刀があたれば死ぬいきおいに切ろうと思ったが、よく寝ているので、腹を切ろうとした。いやいや、蒲団《ふとん》をたくさん着ていて綿が厚かったら、体につきささらないと思い、首を切ろうと、蒲団のはしを月明かりでたしかめて、握ってめくりあげ切りつけると、切られた佐久間はすこしも動かない。切り殺したと思って逃げだした。早くもあたりからは声がして、城内で騒ぐので、塀を乗りこえて逃げようとして、刀を落としたが、とりに帰ることもできず、すててやってきて、このことをかくかくと広忠に申しあげる。「刀を落としたといっても、それほどの手柄なのだから、とりにもどって死ぬことはない。すこしもかまわない。手柄このうえもない。約束のとおりにしよう」という。

佐久間はおきあがり、傷を手さぐりにすると、ちょうど枕がはずれてそばにあったのを切りつけていて、鼻柱が両耳のところまで切りつけられていた。あごがおちるので、あごをもちあげる。鼻から息をだすと、息がつまるので、また傷を開けて、よく傷口をあわせて、息をだしてみると、息も通るので、帯で頭に縛りつけ療養した。佐久間はかろうじて命は助かった。天野孫七郎には約束通り、大浜で五十貫の地をあたえた。手柄をたててもらった土地なので、この地を異名に佐久間切りという。

松平信定・義春[1]兄弟の不和

内膳(松平信定)殿は兄で、甚太郎(同義春)殿は弟であった。内膳殿は、清康、広忠を裏切られたけれど、甚太郎殿は最後まで裏切ることがなかった。広忠を内膳殿が追いだしたときも、甚太郎は広忠を引きとろうとなさったが、内膳殿が許すことなく伊勢へ送られたので、それもできずにいた。そんなことでもわかるように、内膳殿と甚太郎殿は、仲が良くなかった。広忠が本望をとげられると、甚太郎殿はうれしく思って、人より先に家来におなりになり、前より以上にお仕えになった。内膳殿もあやまられて、家来になられた。甚太郎殿は、「内膳は兄だが、何度も裏切っているので帰り新参だ。わたしは弟だが、いちども裏切ったことがなかったから、上座にすわろう」とおっしゃった。内膳殿は、「どんな理由があろうと、弟より下座にすわれようか」とおっしゃって、おたがいにいいあうので、ご登城の日をおかえになる。道を通るときも、双方とも刀をぬいて、おたがいの家来も反《そり》をなおして[2]お通りになる。もしなにかがおこったら、甚太郎殿側の方が強いであろう。それはなぜかというと、両方へ味方はしないというけれど、内膳殿は主君を追いだされて、方々ご浪人させたのだから、心のなかではよく思っていないだろうからだ。甚太郎殿は、とうとういちども裏切らなかった。主君を大切に思っておいでだから、心のなかではこの人をよくないとお思いになられようか。そのうえ、ご譜代の人びとも、全部、甚太郎殿につくだろう。内膳殿にはひとりもつくまい。そうなれば、甚太郎殿がお勝ちになるだろう。いよいよと思っているときに、両方ともあい前後して病死なさったので、なにごともなかった。

注

（1）信定・義春　長親の子供。信忠の弟。（2）反をなおして　刀の刃を上にむけること。すぐに刀がぬけるように身構えること。

織田信秀の三河攻略

織田弾正之忠（信秀）が出陣して、安城の城を攻めとると、まもなく佐崎《ささき》（岡崎市）の松平三左衛門尉（忠倫）が、弾正之忠と手を握って広忠を裏切り、岡崎に対して、渡理《わたり》、筒針《つつばり》（ともに岡崎市）にとりでをとった。また、酒井左衛門尉（忠次）は、内々に織田弾正之忠と手を握り、そのうえで広忠に難題をいい、うまくゆけば城をとろうと考え、お城に登って直接に「石川安芸守《あきのかみ》（清兼）と酒井雅楽助《うたのすけ》（正親）に腹を切らせないのなら、不満をいわねばなりません」といわれる。「二人の者に、どうして腹を切らせねばならないのか、思いもよらないことだ」とおっしゃる。「左衛門尉が裏切って、お城に入った」とみながお城にやってきたので、左衛門尉は逃げだした。大原左近右衛門尉、近藤伝次郎などもおなじ仲間だった。それで本城の門の脇で、左近右衛門尉がひとりを突き殺し、左衛門尉とつれ立ち、大原左近右衛門尉、近藤伝次郎そのほか数人逃げだし、織田弾正之忠に寝がえった。

そんなおり、松平蔵人（信孝）殿は、弟の十郎三郎（康孝）殿がなくなられたが、その跡をつぐお子がないということなので、その跡をついだ。そして、岩津（親長）殿のご遺領までもおとりになったので、三人分の知行地をひとつに自分の知行地になさり、広忠の知行地にくらべ、はるかに大きくなった。こんなふうに、勝手に知行地をおとりになったので、今でさえごあいさつにやってこないのだから、そこここをおとりになったうえは、もう広忠と対等である。つまらぬもめごともおこせない。そのうえ、内膳殿にこりごりした成り行きもあった。のちのちわざわいとなろう。「前車のくつがえるは、後車のいましめとなす」という。みなが相談して、広忠へこのことを申しあげ、蔵人殿を今川（義元）殿に使いにやり、そのまま岡崎へもどさなかった。

蔵人殿はおどろいて、「これはなにごとだ。わたしは広忠を主君とあおがないなんて、すこしも思ったことがない。どうしたわけだ。すこしも思いあたるところがない」と使いをよこす。みなが「おっしゃる通り、今は、主君とあおがないことはないだろう。広忠をたいせつと思っておられるのも普通以上だろう。今まで、広忠を上におかれたのもその通りだ。それで裏切りなどということはまずないのだろう。広忠を大事に思っておられたこともたしかだろう。十郎三郎殿のご遺領を断りもなくおとりになり、そればかりでなく、岩津殿の遺領もまた断りもなくおとりになったので、広忠の領土にくらべ、あなたの領土がひじょうに大きくなった。広忠とならぶほどになった。もしも、すこしの争いごとでもおきたら、そのときはやっかいなことになる。そこで『前車のくつがえるは、後車のいましめとなす』ということもあり、このあいだは内膳殿でこりたので、今主君によくお仕えしていても、のちのちどうかわからない。とにかく、お近づけしません」という。あれこれ、謝罪をいわれたが、それを信じなかった。「それなら、今川殿にたのんで、今川殿より謝罪してもらおう」と、駿河へくだり、今川殿から謝罪してもらう。みなは、また右のおもむきをいうと、「おまえたちのいうのも将来のことを考えればもっともだ」とそれ以上は謝罪もなかった。

蔵人殿は「広忠には恨みはないが、家来の者たちを恨みに思う。織田弾正之忠と仲間になろう」と、すばやく合戦をいどまれ、広忠の領地に火の手があがった。ご譜代の衆の多くが蔵人殿にあずけられており、それで蔵人殿も合戦をしかけた。ご譜代の衆は、「蔵人殿につこうというのではない。どうしよう」という。大久保甚四郎（忠員）、同弥三郎（忠久）が「あとになって岡崎へ行きたかったといっても、ことが終わったあとでは不可能だ。ことが終わる前に、ともかく離れよ」とみなをそそのかし、信孝の軍から離れさせた。蔵人殿は、この人びとをたよりに思えばこそ、合戦をいどんだのに、大久保の決断で離れていった。「なんとしても大久保一族を子供でもいいからつかまえて、はりつけ、くし刺しにして無念をはらしたい」とおっしゃった。

しかし、そのころは、土呂、針崎、野寺、佐崎(3)は領主も立ち入れない土地であり、また針崎の勝鬘《しようまん》寺へ妻子一族を入れたので、それもならなかった。勝鬘寺の方でも「大久保衆の子供たちをひとりもおだしするな」と人をつけて境内から外にださなかった。それで、蔵人殿はもっと深く憎んで、大久保一族の知行地や大久保一族がみずからつくっている田畑を根を掘りとって、荒らされた。それでこの一族は妻子一門を餓死させたり、たった一枚の着物を質入れし、粟《あわ》、稗《ひえ》、芋などは上等の食べ物、おからやこぬかを買い、一、二年の間をなんとかかろうじて命をつないだ。ご譜代の主君のためと思えば、それも苦と思われなかった。

織田弾正之忠（信秀）は出陣して、上和田にとりでをとり、松平三左衛門尉（忠倫）殿をおかれたので、岡崎は孤立無援となった。そんなおり、岡崎より大原左近右衛門尉、近藤伝次郎ほか七、八人が、上和田へやってきて、弾正之忠の前へでる。弾正之忠は出座して対面し、「みなの忠節はありがたい」とおっしゃる。左近右衛門尉、伝次郎はすすみで、「ご安心ください。岡崎は永くもちますまい。槍を使えるほど(4)の者はみな、広忠のもとを離れましたから、すぐにもとってお目にかけましょう」と申しあげる。弾正之忠は返事に、「そうか、うれしいことだ。しかし、みなはいくども戦いで名をあげた者たちだ。岡崎でもひとかどの武士だった。譜代の主君の先が暗いとみすて、妻子をやしなうため、一命をすてるのを嘆いて、強さをたのみに逃げ落ちるひとかどの者より、人の数にも入らないが、譜代の主君の暗い先行きを助け、妻子一族もかえりみず、一命を主君にさしあげようと、岡崎にとどまった馬鹿者たちこそ、ひとかどの者たちより千倍も万倍も心憎いと思う」とおっしゃると、みなは赤面してかしこまった。

弾正之忠が撤退したので、広忠は筧図書《かけいずしょ》（重忠）を召して、「和田のとりでへ忍び入って、三左衛門尉（忠倫）を切ってこい。切り殺したなら、百貫の地をあたえよう」とおっしゃる。承知して、忍びこみ、三左衛門をみつけると、前後不覚に眠っていた。四、五回も脇差しを突き立てると、声も立てずに死にはてた。図書は忍びこんだことで精根つきはてたのか、そこをでると腰もたたない。弟の筧助太夫（正重）は兄についてそのあたりまで行っていたが、兄の腰が立たないのをみて、背負ってその場を離れた。助太夫という者は有名な勇士で、筧助太夫といえば、人は尻ごみするほどのものだった。兄の図書も弟以上にずばぬけた者だった。助太夫が兄を背負って立ち離れるとき、「あなたがおとりになる知行のうちのすこしをくれないなら、ここにすてて行こう」というと、「さてさて、助太夫はうまくゆするな」と笑いながらほめた。筧図書には、約束通り百貫の地があたえられた。

注

（1）本城　本丸のこと。（2）松平蔵人（信孝）、十郎三郎（康孝）　清康の弟。（3）土呂、針崎、野寺、佐崎　それぞれ本宗寺、勝鬘寺、本証寺、上宮寺の真宗各寺があり、三河一向一揆の拠点となった。（4）槍を使える　一人前の武士をさす表現。一本槍の人。

広忠の苦難

広忠は四方を五つ六つの砦《とりで》でとりかこまれ、孤立無援となられたので、今川（義元）殿をおたのみになり、「加勢をたのむ」と駿河へ使いをやった。今川殿の返事に、「加勢のことはたやすいが、ただし人質をよこせ。そのうえで加勢をしよう」とおっしゃる。「それなら」とおっしゃって、竹千代（家康）様、おん年六歳を人質として駿河へさし向けた。西の郡（蒲郡市）で船に乗り、田原（田原市）へあがられる。田原から駿河へくだる予定だった。田原の戸田少弼《しょうひつ》（康光）殿は、広忠にとってはおしゅうとであり、竹千代様にとっては義理の祖父であった。それなのに、少弼殿は織田弾正之忠（信秀）に永楽銭[1]千貫目で、竹千代様をお売りになった。船で熱田の宮（名古屋市）へ上がられ、大宮司（加藤順盛）のあずかりとなり、翌年までおいでになった。

広忠は「織田方にさしだしたのではないから、どうなりとも思いのままに」と終始信秀からの申し出を断りつづけた。弾正之忠もわけなく、あたりちらすわけにもいかず、時がすぎた。

今川殿がいわれるには、「広忠より人質がきたが、かたわらから盗みとられて、敵方に売られてしまったことはいたしかたない。そのうえでなお、織田方と組まないことで侍の義理がよくわかった。このうえは広忠を助けて加勢しよう」と臨済寺の雪斎長老[2]に命じて、駿河・遠江・東三河三国の兵を集めて加勢する。雪斎は駿府を立ち、藤枝に着く。翌日、藤枝をたって、大井川、小夜《さよ》の山を越え、掛川に陣をとる。翌日、掛川を出発、袋井、見付、天竜川を越え、その日は引間（浜松市）に陣をとる。翌日、引間を出発、二手にわかれて、今切と本坂を越えて吉田（豊橋市）に陣をとる。吉田を出発、下地之御位、小坂井、御油、赤坂をすぎ、山中、藤河に陣をとる。

岡崎ではみなこのことを聞きよろこび、「さあ、駿河衆がやってきたか。みよう」と弓兵三十ばかりが円入坊《えんにゆうぼう》山へ登り眺める。そのとき、岡の城から蔵人（松平信孝）殿、五百ばかりで、岡崎へ向かうとて、まっ黒にかたまって坂を押しあがる。三十人の者は、これをみて、「あれは蔵人殿だ。さあ、この小さな塚に木の葉をさし、そのかげにかくれていて、近くへきたとき一矢ずつ射かけよう。そうしたら、坂を走りおり明大寺《みようだいじ》の町へ走りおり、菅生川へでよう」と待ちかまえていた。近くへくると、走りでて一矢ずつ射かけて、坂を走りおり、明大寺の町へ入り、すぐに菅生の河原へでた。蔵人殿はこれをみて、ひとりずつつかまえては町へ追いこんで町に火をかけ、その勢いで退却したらお手柄というべきで申し分なかったものを、運もつきておいでだったのか、町に火をかけずに一町ばかり退却なさり、陣容をたてなおしておいでになるところへ、また、三十人ばかりの者がもどってきて、二つにわかれて町の上下より矢をとるがはやいか引きつがえて、つぎつぎと射ると、だれの矢があたったかわからないが、蔵人殿がお乗りになる馬の口取り[3]を射殺した。次にきた矢が蔵人殿を馬から射落とした。これをみて走りでて、つぎつぎに射ると、そのまま負け戦になり、蔵人殿は戦死なさった。岡崎からも四、五町しかはなれていなかったので、押しだして待ちかまえていた人びとがこれをみて、ひとりずつつかまえてみな討ちとった。

蔵人殿の首をもってくる。広忠へかくかくしかじかと申しあげると、お聞きになることもできず、涙をながし、「どうして生け捕りにしてくれなかった。日ごろ、蔵人殿はわたしにひとつとしてそむいたことがない。今度敵となったのも、もっともなので、すこしも恨みに思っていなかった。将来のことを疑って、わたしの方から追いだした。いろいろ謝罪なさったが、聞き届けなかったので、怒り、顔を赤くして、心ならずも敵になった。わたしの方から無理に敵にしたのだ。内膳（松平信定）が敵になったのとは大ちがいだ」とはらはらと涙をながしておっしゃる。みなも道理と、鎧の袖をぬらした。

注

（1）永楽銭　永楽通宝のこと。中国明朝の通貨。江戸初期まで標準的通貨のひとつとして流通した。千貫目で売ったとあるが、五百貫とする書もある。（2）雪斎長老　義元の軍師太原崇孚雪斎のこと。家康はのちに軍学を彼に学ぶことになる。（3）馬の口取り　馬の口をもって主人とともに駆ける小者。日ごろは馬の世話をする。

小豆坂の合戦

弾正之忠（織田信秀）は駿河衆が出陣したことを聞いて、清須の城を出発、翌日は笠寺、鳴海に陣をとる。翌日は笠寺を出発、安城に着き、そこより矢作《やはぎ》川の下之瀬を越えて、上和田のとりでにうつる。翌日は馬頭之原へ押しだして、敵とあい対そうと上和田を夜明け前に出発する。藤河と上和田のあいだは一里ある。

山道のことなので、おたがいを見つけられずすすんでいった。小豆坂《あずきざか》（岡崎市）へ駿河衆が登りかけると、織田三郎五郎（信広）殿も先陣として、小豆坂へ登ろうとして、はちあわせした。おたがいにびっくりした。しかしたがいに気をとりなおし、旗をたてて、すぐに合戦がはじまる。しばらく戦っていたが、三郎五郎殿が破れて盗木まで退却する。盗木（所在不明）には織田弾正之忠の本陣があり、盛り返して小豆坂の下まで攻めこんだが、そこからまた押しかえされた。このときの合戦は、五分五分だとはいっても、弾正之忠方は二度追われ、人も多く殺されたので、駿河衆の勝ちといわれた。その後、駿河衆は藤河へ引きあげ、弾正之忠は上和田へ引きあげ、それから安城へ引きあげる。安城に弟の織田三郎五郎殿をおき、弾正之忠は清須へ引きあげられた。三河で小豆坂の合戦と呼び伝えられているのはこのことだ。

大久保忠俊と田中義綱の会話

広忠はその年二十三にて病死なさったので、岡崎へ駿河より番人をやって城を保った。「さて、本城の御番はだれですか」。「大久保新八郎（忠俊）」という。「二の丸の御番はだれですか」という。「田中彦次郎（義綱）です」。「新八郎殿お聞きくだされ。主家代々への忠節といい、わたしもこのように苦労してご奉公申しあげ、主君の領土がひろくなったら、ご譜代の衆が手に手をとって飢え死になどということにならないか」という。新八は「ご安心なさい。こんどの主君はお慈悲が深いから、領土をひろげられても、飢え死にさせるようなことはないが、あなたがいわれるように、これから先はきっとそんなことになるだろう。領土も多くおなりになれば、新参の者たちが多く集まり、一生懸命奉公すれば、それを身近に召し使われるだろう。それだけでなく、かつては裏切った人びとの子孫までがよくお仕えするので気に入られ、おひざもと近くで奉公することになろう。すると信光様よりこのかた、忠節の功をあげ、合戦に走りまわり、親や祖父やおじを戦死させて、ご先祖代々にお仕えした子孫であっても、つめたく召し使われて、奉公に力を入れなかったりすると、譜代のものでもいらないと追いはらわれることになろう。ご譜代長い者は、ちりぢりになり、忠節忠功の家柄はひとりもいなくなり、譜代の衆もいらないと、先々どうなるかわからない者を譜代とおっしゃる時がかならずくるだろう。しかしその代ではいらなくても、いつか必要な代もあるだろう。なぜかというと、ご先祖でも領土がひろがった代もあり、また、ガラリと崩れて領土が狭くなったことも多くあったからで、このことはみなも知っていよう。領土のひろいときは、ご譜代の衆はいらず、また、時がたって領土が狭くなったときに、以前にお慈悲なく追いはらわれていたら、のちにはご譜代の家筋も知らず、ご譜代の衆も主君を知るはずもないので、親身になって主君をもりたてるはずもないので、そのときの主君はふびんというべきだろう。今の主君広忠はお慈悲深い方だから、ご安心ください。こんどの主君の時代に飢え死にするようなことはない」という。

田中彦次郎は、「新八殿のおおせはもっともだ。広忠のお慈悲はいいつくしがたいほどだ。おっしゃる通り、これから先の世で、お慈悲ない主君もでるであろう。が、そんなときが到来したら、先祖代々仕えた永年の家筋はちりぢりになり、ご主君もご譜代の筋をご存じないことはあきらかだ。譜代の衆も、ご譜代のご主君を知るはずがないこともまたあきらかだ。それなら、そのときに信光からこのかた、先祖代々仕えた忠節を積んでおき、河へながすまでだ」

元和《げんな》八年壬戌《みずのえいぬ》四月十一日

子供にこれを譲る。

門外不出である。

　　大久保彦左衛門尉

注

（1）病死なさった　天文十八年（一五四九）三月家臣に暗殺されたとも伝えられる。

後　書(1)

子供よ、これをよく味わい、日にいちどずつとりだしてみて、ご主君の身近にひかえ、よくご奉公申しあげよ。ご譜代衆はいずれもわたしどもにおとらないで、ご忠節、合戦に走りまわったことはおなじようなものだ。この書を世間にだすつもりなら、ご譜代衆のこともよく調べて書くのだろうが、この書物は世間にだすことなく、おまえたちの宝物にしようとしたので、他の人びとのことは書かないで、わが一族のこと、またわたしが苦労したことを書いた。そんな苦労をしたわたしだがいま身過ぎもままならない。しかしそれでも子供はできるかぎりご奉公申しあげて、おとり立てがなくても、それに不足をいわないで、なにごとも前世の因果とあきらめて、不満なく奉公せよ。それで、他の人のことは書かなかった。この書物は門外不出だ。以上。

注

(1) 本段はやや文意不明だが、原文のつづきに難点がある。

三河物語1　終

三河物語2　若き日の家康

九代家康

小豆坂《あずき》（岡崎市）の合戦の翌年、今川（義元）殿は雪斎《せっさい》長老を大将として駿河・遠江・三河三カ国の軍勢を集めて、出陣し、西三河安城へ攻めよせた。安城の城は織田三郎五郎（信広）殿がうつっておいでになった。四方から攻めよせる。鉦太鼓を鳴らし、四方から矢・鉄砲を放ち、天地にひびけと、鬨《とき》の声をあげ、楯をならべ、見張り台を建て、矢蔵(1)を建て、竹束(2)をならべ、昼も夜もすこしのあいだも休むことなく、新手を入れかえ入れかえ、攻めこんだので、二、三の丸を攻めとり本丸だけになった。それで降伏をすすめ、二の丸へおろし、シシ垣(3)を組んで押しこめ、かごのなかの鳥、網代(4)のなかの氷魚のようにとじこめておいた。

そして、織田弾正之忠（信秀）へ雪斎長老から使いをやり、「司三郎五郎殿を二の丸におろし、シシ垣を組んで押しこめた。それで、松平竹千代（家康）殿と人質の交換をしないか、そうされるならよいが、そうでないと、ここで腹をお切らせすることになる」という。平手（政秀）と林（通勝）(5)の二人からの返事に「おっしゃられること納得しました。とりかえましょう」とあって、そのときたがいに交換をした。

それより、竹千代様は駿河の国へくだられ、駿府（静岡市）の少将之宮の町におん年七歳から十九歳までいたが、そのご苦労はいいつくせないほどだった。近くで鷹狩りをなされるようなことにもご苦労があった。

人は情けがありたいものだ。原見石主水《もんど》（元泰）の屋敷へ竹千代の鷹がまちがって入ったとき、そのときどき家の裏の林に入って拾われたが、主水は「三河の小せがれはもううんざりだ」となんどもいった。無念に思っておられたのだろう。三十七、八年のち、遠江の国高天神城《たかてんじんじょう》（掛川市）を甲斐《かい》の国の勝頼（武田）がもっていたのを、押しよせて、シシ垣を組み、塀や柵をつくって、兵糧攻めになさったとき、原見石主水もその城にこもっていたが、兵糧米もつきて切ってでて、生け捕られた。このことを申しあげると「その原見石というやつは、わたしが昔駿府にいたとき、野原へ鷹を使いにでたのだが、林に鷹がそれて入ったときに、拾いに行くと『三河の小せがれはもううんざりだ』となんどもいった。わたしもおぼえている。原見石も知っていよう。ともかくわたしにうんざりした原見石ならすぐに腹を切らせよ」とのおことばだった。

原見石の最期もなかなか立派だった。「いう通りだ。惜しくもない」と南を向いて腹を切ろうとすると「さすがの原見石ほどの者が最期を知らないのか。西に向かって腹を切れ」というと、原見石は「おまえらはものを知らないようだ。仏は『[6]十方仏土中、無二亦《むにやく》無三《むさん》、序仏方便説《じょぶつほうべんせつ》』と説いている。西の方だけに極楽があると思うのか。度胸のない。どこにも極楽はあるものだ」と南を向いて腹を切った。

大河内という者はその当時よく御前に伺い、ご用もたしてさしあげ、ご奉公しているもののようにふるまった者だったので、「城からいつ切ってでてきても、おまえたちは、石河伯耆守《ほうき》（数正）が攻める前方に、石風呂があるからそのなかにいろ」とおっしゃった。おおせの通り、大河内は石風呂のなかにいた。命を助けられ、それだけでなく品物をくだされ、国許《くにもと》へ送りかえされた。親切に接した大河内も、不親切に接した原見石も、おなじとき一緒に高天神の城にこもっていたが、城を一緒にでたのに、心に哀れみをもち、人に親切に接した者は天の恵みで戦死するところを助かり、幼いときに親切に接しておいたなら、なんなく今度も助かったろうに、心中に慈悲をもっていなかったので、戦死すべき場で生け捕られ腹を切った。どちらも、主人への奉公はおなじだが、外聞の悪さといい、本人にとっての迷惑といい、その差ははなはだしいことだ。これをみるにつけても、人は慈悲をもち、人に親切に接すべきだ。

注
（1）矢蔵　文字通り矢の蔵で、武器庫のこと。（2）竹束　鉄砲の弾よけに用いた。（3）シシ垣　鹿垣と書く。竹や枝のついた木で頑丈に高く組んだ垣。（4）網代　魚を獲る一方法。川に竹の簀をならべそのはしに筌（うけ）をつけ魚をつかまえる。宇治川で氷魚を獲ったのが有名で、「網代のなかの氷魚」（意味は「かごのなかの鳥」とおなじ）のことばも生まれた。（5）平手と林　ともに織田ありそれ以外のものはないの意。

の重臣。平手は後に信長の守り役になる。（6）十方…『法華経』の一節で、世はすべて仏の世界であり、それ以外のものはないの意。

三河譜代の人びとの労苦

七歳より十九歳まで、駿河に人質として軟禁されて、そのあいだは食べるだけの扶持《ふち》をあたえられ、三河の産物であってもすこしも使うことを許されず、今川（義元）殿にのこらず横どりされた。

ご譜代の人びとは十年余、年貢米をあたえられるわけもなかった。「せめて山中（岡崎市）三千石あまりの地をわたしていただけないか。譜代の者どもが餓死しそうなようすだ。かれらにせめて食べる分だけでもあたえたい」と主はおっしゃったが、譜代の衆はだれもが、みずから田を耕し、年貢米を納めて、百姓同然に、鎌、くわをとり、妻子を育て、わが身をすごした。

ひどいなりをしていて、駿河衆というと、ごきげんをとり、へいこらへいこらとし、身を小さくして、恐れかしこまって歩いたのも、もしどんなささいなことでもおきて、主君の大事となってはと思って、そのことだけに、ご譜代の人びとはみなひどい気づかいをして、戦にかけまわることが十年以上におよんだ。年に数度ずつ、駿河から尾張へ合戦をいどんだが、「竹千代（家康）殿の家来に先陣を切らせよ」と命令され、竹千代様はおいでにならず、だれを大将に先陣を切ったらよいのかと思ったが、ご主君がどこにおいでになっても、譜代のご主君へのご奉公になるのだからと、わたしたちはみな、ひとりのこらず先陣を切り、親を殺され、子を死なせ、おじ、おい、いとこを戦死させ、自分もたくさんの傷を受けた。そのあいだにも尾張から出陣といえば、でてこれを防ぎ、昼夜心をくばり、身を粉にしてはげんだが、「いまだ竹千代様が岡崎へお帰りになれない悲しさよ」と、みなは悲しみを体に現わして、嘆き悲しんだ。今川殿は竹千代殿の譜代の者さえ殺したなら、竹千代殿が岡崎に帰ろうがどうしようが勝手と思われたのか、あちこちの合戦の先陣を切らせた。

水野信近の死去

そんなおり、今川殿は刈谷の城を忍びとろうと、伊賀衆(1)を呼びよせた。水野藤九郎（信近）殿はしっと深い人だったので、城のなかにたよりになりそうな人をお置きにならず、年とった料理人のような者、人夫、雑役者、そのほか年寄りや小《こ》小姓《ごしょう》(2)のような役に立ちそうもない者を集めて、四、五十人ばかりいた。そのうえ、熊村という郷にめかけをおいていたので、そこに通うために、浜の方は人がすくないのを聞きつけて、浜の方から伊賀衆はやすやすと忍び入り、藤九郎殿を打ちとった。そのほかの者もそこここに追いこんで、みな殺しにして、二の手のくるのを待った。そのとき、岡崎の人びとを二の手にするなら、簡単に城をとっただろうに、水野下野《しもつけ》（信元）殿は竹千代様にとってはほんとうのおじ、藤九郎殿は下野殿には子供、竹千代様にはいとこにあたるというので、そのことを考えてか、岡崎の人びとにはいいつけず、二の手を東三河衆にいいつけたが、気おくれでもしたのだろうか、二の手がかけつけるのが遅くなった。刈谷衆でこれはと思う人がみな、家老の牛田玄蕃《げんば》（近長）のところへかけつけ、「ここはどうか」というと、玄蕃は「『どうか』とは、あわてふためいているぞ」とすぐに城に攻めよせてそのまま城をとり返して、伊賀衆を八十余人殺した。しかし藤九郎殿の首はすでに羽織につつまれ、床においてあった。駿河衆は城をとりかえされて、手がかりを失い、小河から下野殿がかけつけられたので、ばらばらに退却した。そうこうするうち織田弾正之忠（信秀）は死に、信長に代がかわる。竹千代様もご元服なさって、義元の元の字をおとりになって、次郎三郎元康《もとやす》と名乗られた。

注

（1）伊賀衆　伊賀忍者のこと。（2）小小姓　元服前の年の若い小姓。

大高城の兵糧入れ

永禄元年(1)(一五五八)御年十七歳で、大高(名古屋市緑区)への兵糧入れを命じられて、お入れになる。敵のすがたがみえたので、物見をだされた。鳥居四郎左衛門尉(忠広)、杉浦藤次郎(時勝)、内藤甚五左衛門尉(忠郷)、同四郎左衛門尉(正茂)、石河十郎左衛門尉などがみてきて、「きょうの兵糧入れはいかがなものでしょうか、敵はなかなか優勢ですが」と申しあげると、杉浦八郎五郎(勝吉)がきて、「はやく、お入れなされよ」と申しあげる。みなは「八郎五郎はなにをいうのか、敵はひじょうに優勢なのだ」という。八郎五郎は「いやいや敵は優勢でない。旗をみて、山にいた敵が下へ降りたなら、敵は優勢だが、数の多い優勢な敵であっても、旗をみて、下にいた敵が山の上に登ったのだから、敵はこれという強者《つわもの》ではない。はやく入られよ」と申しあげる。その通りになって、退却する。大高の兵糧入れといって、家康様にとって一生の大事のひとつだ。

それで信長も清須へ引きあげた。次郎三郎(元康)様の戦功のはじめである。そこから岡崎へもどられ、寺部の城へ押しよせ、外曲輪《そとぐるわ》(2)を破り放火して岡崎へお入りになる。つぎに梅が坪の城へ押しよせると、城から討ってでて防ぎ戦ったがどうしてたちうちできようか。敵の退却について城に入り、外構《そとがまえ》へ追い込み、二、三の丸を焼きはらい、多くの人を殺し、そして岡崎に引く。つぎには広瀬の城、挙母《ころも》（豊田市の旧名）の城へ押しよせて、多くの人を殺し、構をこわし、放火して引く。また岡崎へもどる。しばらくして駿河へお帰りになった。ご譜代衆のよろこびはいいつくせないほどだった。「苦しいなかでとにかくお育ちになり、軍略もどうかと朝夕心配しておりましたが、清康の威勢によくまあそっくりになられたことのめでたさよ」といい、みな涙をながしてよろこんだ。

注

（1）永禄元年　高城の兵糧入れは桶狭間の合戦の一環であり、次節に「大高城に多く兵糧米を運んで」とあるのがそれ、ここに入るのはおかしい。永禄元年ではなく三年が正しい。（2）外曲輪　城の外構。

桶狭間の戦い

義元が尾張の国へ出陣のとき、次郎三郎元康（家康）殿もおともして出発した。義元は駿河、遠江、三河三カ国の兵を集めて、駿府を出発、その日藤枝に着いた。先手の衆は島田、金谷、日坂《にっさか》、掛川《かけがわ》に着く。翌日藤枝を出発、掛川に着く。先手は原河・袋井・見付・池田に着く。翌日掛川を出発、引間に着く。軍勢は本坂と今切に両手にわかれてすすみ、府、御油《ごい》、赤坂で合流する。義元は引間を出発、吉田に着く。先手は下地之御位、小坂井、国府、御油、赤坂に陣をとる。翌日義元も知立《ちりゅう》に到着。

この以前に沓懸《くつかけ》、鳴海、大高をとっていたので、沓懸城には駿河衆の番兵がいた。鳴海の城には岡部五郎兵衛（元信）がいた。大高には鵜殿長勿《うどのながもち》（長照）が番をしていた。信長方では大高にとりでをつくり、棒山《ぼうやま》のとりでを佐久間大学（盛重）という者が守って、敵にあけわたすことなくいた。永禄三年（一五六〇）五月十九日に、義元は知立より軍を順々にすすめ、大高へ行く。棒山のとりでをよくみて、諸大名をよこし、すこし長く相談して「それなら攻めとろう。そうするなら元康攻めろ」とおことばがあった。生まれつき、気のはやる殿のことなので、すぐに攻めよせると、まもなく防ぎきれなくなって佐久間は切ってでたが、運がつきていなかったのか、殺されずに、逃げ落ちた。家の子郎党はほとんどを殺す。そのとき松平善四郎（正親）殿、筧《かけい》又蔵（正則）そのほかの人びとが戦死した。それから大高城に兵糧米を多く運んで、そのうえでまた長い軍議となった。

そのうちに信長は清須から兵をくりだす。軍議では「鵜殿長勿に永いあいだ、番をさせた。だれをかわりにおこうか」ということで、あれがよいこれがいい、といううちに、すこし長い時間だれという声もあがらなくなった。「それなら元康をおけ」と次郎三郎（元康）様をおく。次郎三郎様を岡崎に送りおき、本陣へ帰ったりしているうちに、信長は思い通りにかけつけた。駿河衆はこれをみて、石河六左衛門尉という者を呼びだした。この六左衛門尉という者はたいへんなつわ者で、伊田合戦のときも顔を十文字に切られ、首を半分切られ、体中つづいているところがないほどの傷を身にうけた者だった。それを呼んで、「こんどの敵には古つわ者がいるかいないか」という。「みなのおっしゃるまでもなく、あれほど若々しくみえる敵に、これという者がいないはずがない。敵は古つわ者をわたしたちの倍ももっていよう」という。「それなら敵の人数はすくなく見積っても五千はある」という。そのときみなが笑って「どうして五千もあろうか」という。そのとき六左衛門尉笑って、「みなさまは人の数のみかたをご存じない。高いところにいる敵を下から見上げたときはすくない軍勢も多くにみえるものだし、また下にいる敵を高いところから見下ろすと多くの軍勢もすくなくみえるものだ。みなさまはどんなつもりで五千よりすくないといわれるのか。一般にこんな永評定は無用だ。よいことがおこることがない。棒山を攻めようか、攻めまいかの評定を長いあいだし、こんどは城の番をかえる相談で時間をつぶす。けっしてよいことはない」といったが、その通りになった。「ここに押しよせたなら、すぐに棒山を攻め落とし、番手を早く入れかえ、いったん退却しなくてはならなかったのを、あまりにぐずぐずしていて、決断が遅れた。よい結果にはなるまい。すぐに帰陣せよ」と六左衛門尉がいうので、歩みを早めてすすむとき、敵の徒歩の兵は早くも数人ずつ山に登りはじめるので、義元軍はわれ先にと逃げだした。

義元はそんなことも知らずに弁当を食べていた。ゆだんをしておいでになるうえに、どしゃ降りの雨であった。永禄三年五月十九日に信長は三千ほどで攻めかかると、われもわれもと敗退するなかで、義元を毛利新助（良晴）がその場を逃がさず討ちとった。松井（宗信）をはじめ十人余りの人が枕をならべて戦死した。そのほかにも敗退するところを追い討ちをかけられ、多く殺された。そのまま押しよせたなら駿河までもおとりになることができたであろうのに、信長は勝ちに調子づく人ではなかったので、そこから清須に引きかえした。

そうであっても元康が尻《しり》払い(1)をしておいでなら、これほどのことにはならなかったろうが、大高の城の番を命ぜられていたのが、義元の運のつきだった。義元が戦死し、そのうえ沓懸の番の兵が逃げ落ちたが、岡部五郎兵衛（元信）は鳴海の城を守っていた。信長とまともに戦い、ひと攻め攻められてから、降参して、城をあけわたした。そのうえ信長にいって義元の首をいただき、駿河へおともしてくだった。死骸はおいて、首だけのおともをして国もとに帰ることは珍しいことだったが、立派なことだ。この五郎兵衛の話を昔の物語のようにいうなら、武芸といい、侍の義理といい、譜代の主君への奉公といい、異国のことは知らないが、本朝にはかつてなかった。尾張の国から東では岡部五郎兵衛を知らぬ者はないといったところか。

注

(1) 尻払い　敗退する味方の最後尾で、敵の追撃を防いで戦うこと。危険がともない、非常に困難な仕事とされる。

元康、岡崎城に入る

義元が戦死なさったことを聞き、「それならここを早くお引きはらいになるのがよいでしょう」とみながいう。元康は「たとえ義元が戦死なさったとしても、そのことについてどこからも確実なことをいってこない。城をあけて退却し、もしそのことがうそであったりしたら、ふたたび義元に顔をあわせることができようか。そのうえ、人の内緒話の笑いのタネになる。それなら、生きのびてもしかたない。だから、どこかからでも確実な情報がないうちは、ぜったいに退却しない」とおっしゃっておいでになった。小河の水野四郎右衛門尉（信元）殿から浅井六之助（道忠）を使いによこして、「あなたはうかつだ。義元は戦死した。明日にも信長がここへ押しよせるだろう。今夜のうちにしたくして、はやく退却されよ。そうされるなら、わたしどもが行って、案内してさしあげます」といってきた。六之助が主君の使いとしてやってきていうには「わたしに『ご案内をして、あわただしくおともせよ。信長が押しよせたらなにかとややこしい』と四郎右衛門がいっておられましたが、わたしに三百貫くださるなら、おともしましょう」と知行地をゆすりとって、案内をした。水野四郎右衛門尉殿は、腹をたてて、「にくいやつだ。罰してやろう」とおっしゃったけれど、いまや敵と味方になったので、罰することもできなかった。大高の城を退却された。岡崎はまだ駿河衆が守っていたが、はやくわたして、退却したいと思っていた。しかし（今川）氏真に義理をたてて、辞退して引き受けなかったが、大樹寺《だいじゅじ》にやってくると、駿河衆は岡崎の城を明け放って退却する。そうなってから、「捨て城ならば拾おう」とおっしゃって、城におうつりになる。

ご譜代の衆は「さてさてめでたいことだ。十年以上も譜代のご主君を遠くにおおきして、いちどでも岡崎にお入れして、せっかくの戦ぶりを、目のまえでおみせしたいと願い、異国でも聞いたことのない、獅子猿《ししざる》(1)のようなやつに腰をひくくし、はいつくばい、ごきげんをとることも、いちどは主君をここにお入れしたいためだった。六歳のとき、この城をでられ、永禄三年庚申《かのえさる》五月二十三日、十九歳のとき、岡崎の城にお入りになることのめでたいことよ」といって、よろこぶことはこのうえもなかった。そこで駿河と手を切り、元康の名をかえて、家康になられた。

注

（1）獅子猿　獅子はライオンのことで、この時代には想像上の動物。こわいもののたとえ。猿はおもしろいもののたとえ。

三河の平定

さて、板倉弾正（重定）を中島之郷で松平主殿之助《とものすけ》（伊忠）殿に命じて討たせたが、討ちもらした。（弾正は）岡の城にきて、岡の城を守った。それで、岡崎から押しよせ、攻め落としたので、板倉弾正は東三河へ行った。それ以外にも岡崎から方々へ出兵なさった。（家康は）あるときは広瀬の城へ攻撃をしかけ、城壁ではげしく戦い、追いこみ、城郭をこわして多くの人を殺した。またあるときは、沓懸《くつかけ》の城に押しよせ、町を打ちこわし、放火して引きあげる。またあるときは挙母《ころも》の城へ押しよせ、多くを殺す。あるときは梅が坪の城へ戦いをしかけ町を打ちこわす。あるときは小河へ戦いをしかけた。そのときは小河方からも石が瀬まででて戦った。そのときは鳥居四郎左衛門尉（忠宏）、大原左近衛門尉（惟宗）、矢田作十郎（助吉）、蜂屋半之丞《はんのじょう》（貞次）、大久保七郎右衛門（忠世）、同治右衛門尉（忠佐）、高木九助（広正）などが戦った。そして退却。またあるときは、寺部の城に戦いをしかけ、押しかけて城を乗っとった。またあるときは刈谷へ戦いをしかけた。刈谷からも十八町へでて戦った。十八町では、大久保五郎右衛門尉（忠勝）、同七郎右衛門尉、石河新九郎（親綱）、杉浦八十郎（勝重）が戦った。杉浦八十郎はここで戦死した。

そして退却。

またあるときは、長沢へ戦いをしかけた。鳥屋が根の城へ押しかけて、はげしく攻めたてた。そのとき、榊原弥平兵衛之《やへいひょうえの》助《すけ》（忠政）を「あれはだれだ。早い」とおっしゃった。「榊原弥平兵衛之助でございます」と申しあげると、「す早く城内に押し入った。早之助とつけよ」とおっしゃったので、榊原早之助といった。

またあるときは、西尾の城に戦いをしかけられ、ここでも合戦。またあるときは、東条の城へ戦いをしかけられ、みなが合戦する。またあるときは挙母の城へ攻めよせて合戦。越前の柴田（勝家）と大久保治右衛門尉（忠佐）と一騎討ち。あるときは小河へ合戦をいどむ。小河衆も石が瀬までむかえでて合戦をする。石河伯耆守《ほうきのかみ》（数正）と高木主水《もんど》（清秀）が合戦をする。またあるときは、梅が坪へ戦いをしかけ、ここでもたがいに合戦をする。この城々へはたびたび、二、三年の間は一時として休むときなく、月に三回から五回ゆだんせずに戦いをしかけた。

そののち、信長と和議を結び、この城々との戦いはなかった。西尾の城と東条の城は駿河方だったので、たびたび戦いをしかけた。吉良（義堯）殿も長男の義藤は清康にとっては妹むこなので家康にとっては大姑婿にあたったので、駿河の国へくだらせ、藪田の村に置く。弟の義諦《よしあきら》（吉良義昭）を西尾の城においておいたが、東条の城へ義諦をうつし、西尾の城へは牛久保の牧野新次郎（貞成）を留守番におく。

そんなおり、松平主殿之助《とものすけ》（伊忠）殿は、中島の城で、東条に対しておいでになり、日々の戦いに、合戦物見[1]とすこしのひまもなかった。東条より中島へ戦をしかけた。引きぎわに主殿之助殿があまりに深追いされたので、敵はとってかえし、大混乱のまま主殿助殿は戦死なさった。それに気をよくして、敵は引きあげた。

注

(1) 物見　偵察のこと。

三河一向一揆

荒川（義広）殿は義諦を裏切って、家康と手を結び、酒井雅楽助《うたのすけ》（正親）を荒河に入れて、西尾の城と日々夜々戦った。牧野新次郎もこらえきれず、城をわたして牛久保へ行く。そして、西尾の城には酒井雅楽之助をおおきになる。東条の城へ押しよせて、とりでをつくり、小牧のとりでを本多豊後守《ぶんごのかみ》（広孝）が守る。糟塚《かすづか》のとりでを小笠原三九郎が守る。友国のとりでを松井左近（忠次）が守る。本多豊後守の軍勢で藤浪畷《なわて》で、九月十三日、はげしい戦いがあり、義諦の家老富永半五郎（忠元）を討ちとる。味方の大久保大八郎（忠包）、鳥居半六郎などが戦死する。義諦も半五郎を失ってからはどうにもならなくなって、すぐに降参をして城をおりて、家来となった。半五郎はその年二十五になったが、勇者だったので、敵も味方もともに「半五郎が死んだら、落城は近い」といった。若いにもかかわらず、こういわれたのは、半五郎の名誉だ。

ようやく一段落ついた永禄五年（一五六二）に、野寺の寺内に悪者[1]がいたのを、酒井雅楽助が押しこんでつかまえた。永禄六年正月に、あちこちの門徒衆が集まって、土呂、針崎、野寺、佐崎にこもって一揆をおこし、家康の敵となる。そのとき、義諦をそそのかして、主君とするというと、（義諦は）その話に乗って、敵となり、東条の城へいそぎこもって戦いをしかけた。荒河（義広）殿もはじめ味方であったときは、家康の妹婿になられたが、今度は裏切られて、義諦とひとつになった。それだけでなく、桜井の松平監物《けんもつ》（家次）殿も荒川殿としめしあわせて、裏切られた。上野の酒井将監（忠尚）殿も裏切る。東三河は長沢、御油、赤坂を境として、東はのこらず駿河方だった。

上様（家康）の味方は、竹之谷の松平玄蕃（清善）殿、形之原の松平紀伊守（家忠）殿。深溝《ふこうず》の松平主殿之助（伊忠）殿、この方々は土呂、針崎、東三河衆にはさまれながらの忠節だった。西尾の城は、酒井雅楽之助（正親）がいて、野寺の荒河様と戦っていた。本多豊後守（広孝）は、土井の城にいて、土呂、針崎に対抗して、忠節をつくす。松平勘四郎（信一）殿も松平右京（親俊）殿も、野寺、桜井に対抗して忠節をつくす。以上にのべた松平一門の人びとと、本多豊後守は、最後までいちども裏切ることはなかった。岡崎の南は土呂、針崎で、そのあいだは一里たらず。西南は野寺、佐崎、桜井でそのあいだ一里。北西は上野の城があり、そのあいだ一里半。東は長沢からむこう残るところなく駿河まで敵だ。なかでも土呂、針崎には家康の精鋭があたっていたので、一揆の衆もここがたいせつと思って、槍を一人前にふるえるほどの人びとはみな、われもわれもとこの二つのところにこもっていた。野寺から一揆はおこったのだが、そこは岡崎から遠かったので、張本人ではあったが、岡崎とのあいだにあった佐崎と桜井の二つを対抗させて、野寺は後詰めとなった。土呂、針崎、佐崎の三カ寺はみずからくわだてたことではないが、ひとつ宗派の寺なので仲間となった。この三カ寺は岡崎に近いので逆に先陣を切ることになった。これはと思うほどの人びとはみな、土呂、針崎、佐崎の三カ所にたてこもった。

そのうえ、野寺側には「なにかことがおこればたてこもろう」という、吉良の人びと、また寺側に近い衆、大津半右衛門尉をはじめ、犬塚甚左衛門尉、犬塚八兵衛、犬塚又内、犬塚善兵衛、小見三右衛門尉、中河太左衛門尉、牧吉蔵そのほか石河党、加藤党、本多党、手島党、さらにこれはと思う人が百人余。小侍は数知らずいたが、これは記しとめるまでもあるまい。

佐崎の寺にたてこもった人びとには、倉地平左衛門尉、小谷甚左衛門尉、太田弥太夫、安藤金助(家次)、山田八蔵、安藤太郎左衛門尉、太田善太夫、太田彦六郎、安藤次右衛門尉(定次)、鳥居又右衛門尉(重正)、加藤無手之助、矢田作十郎(助吉)、戸田三郎右衛門尉（忠次）、そのほかこれらの人にまさるとも劣らぬ人びとが百騎あまりいた。そのほか小侍どもは数限りない。

戸田三郎右衛門尉は家康のきげんをそこない、寺側についていたので、心からの離反というわけではなかった。寺を攻略しようと計略を立てているとき、現われて、外構を焼いてでてきたので、家康のきげんもなおって、ふたたび味方となった。

佐崎では松平三蔵（忠就）殿が城を守っていたが、軍勢をおふやしになった。岡崎へ一里ほどの距離だったが、そのあいだに筒針のとりでがあり、それを小栗の一党が守っていた。これは矢作川の西のことだったが、矢作川の東、六栗の郷中に夏目次郎左衛門尉（吉信）が屋敷城(2)をかまえ、深溝の松平主殿之助（伊忠）殿と戦っていたが、主殿之助殿が押しよせて、外構を破ったので、夏目次郎左衛門尉はやむをえず蔵のなかにとじこもっていた。家康は松平主殿之助殿に使いをおやりになり、「次郎左衛門尉の城を破られたのは立派なことだ。夏目は敵となりわたしに弓を引いたことは憎く思われるけれど、このように閉じこめ、かごのなかの鳥のようになさったのなら、殺したのもおなじだから、助けてやってください」といってやった。主殿之助殿はおおいに腹をたて「敵となって、錆矢《さびや》(3)を射かけた連中をどんなに慈悲が深いからといって、助けおけとは納得できないことだが、おことばならしようがない。どだい処置をお聞きするまでもなかったものを」と後悔した。「許されるはずもない夏目をお許しになる。なんとお慈悲が深いことか」とみな、心に感じ入った。

さて松平七郎（昌久）殿は大草の城を守って、一揆と仲間となり、家康の敵となった。これも土呂とおなじように所領没収になったので、どこへ行くあてもなくなり、お跡をつぐ方もなかったので七郎殿の家筋は絶えた。

また土呂にたてこもる人びとは大橋伝一郎、石河半三郎、佐橋甚兵衛（吉忠）、佐橋甚五郎（吉実）、大見藤六郎、石河源左衛門尉、佐橋乱之助（吉久）、大橋左馬之助、江原孫三郎（利全）、本多甚七郎、石河十郎左衛門尉、石河新九郎（親綱）、石河新七郎（正綱）、石河太八郎、石河右衛門八郎、石河文十郎、佐野与八郎（正吉）、江原又助、内藤弥十郎、山本才蔵、松平半助、小野新平、村井源四郎、山本小次郎、月塊《がっかい》佐五助、黒柳次郎兵衛、成瀬新蔵（正義）、岩堀忠七郎、本多九三郎、三浦平三郎、山本四平、浅見主水、浅見金七郎、加藤小左衛門尉、平井甚五郎、黒柳彦助、野沢四郎次郎、そのほかこれらの人にまさるとも劣らぬ人びと七、八十騎がこもる。そのほか小侍どもが百人あまりいたであろう。

酒井将監（忠尚）殿の城にこもる人びとは足立右馬之助（遠定）、鳥居四郎左衛門尉（忠広）、高木九助（広正）、足立弥一郎、芝山小兵衛（正員）、鳥居金五郎、本多弥八郎（正信）、榊原七郎右衛門尉（清政）、大原左近右衛門尉（惟宗）、近藤伝次郎、酒井作之右衛門尉（重勝）、そのほかこれにまさるとも劣らぬ人びとが多勢いた。

針崎の寺のなかにたてこもった人びとには蜂屋半之丞（貞次）、筧助太夫（正重）、渡辺玄蕃（利綱）、渡辺八右衛門尉、渡辺八郎三郎（秀綱）、渡辺八郎五郎、渡辺源蔵（真綱）、渡辺平六郎（直綱）、渡辺半蔵（守綱）、渡辺半十郎（政綱）、渡辺黒右衛門尉（吉綱）、久世平四郎（長宣）、浅井善三郎、浅井小吉、浅井五郎作、波切孫七郎、近藤新一郎、黒柳孫左衛門尉、黒柳金十郎、本多喜蔵、加藤善蔵、浅間新十郎、加藤次郎左衛門尉、佐野小太夫、加藤源次郎、浅岡新八郎、犬塚七蔵、加藤伝十郎、加藤源蔵、加藤一六郎、加藤又三郎、成瀬新兵衛、坂部又六郎、坂部即齢、坂部勝之助、坂部桐之助、坂部造酒之丞《みきのじょう》（正家）、坂部又蔵、このほかこれにまさるとも劣らぬ人びと七、八十騎もあったろうか。そのほかに小侍どもが多数いた。連夜の戦いだった。

　さて家康側の人びとには、松平和泉守（親乗）は大給《おぎゅう》にいて味方する。酒井雅楽之助（正親）、坂井左衛門丞（忠次）、石川日向守（家成）、石川伯耆守（数正）、内藤三左衛門尉（信成）、内藤喜一郎、本多肥後守（忠真）、本多平八郎（忠勝）、本多豊後守（広孝）、植村出羽守（家存）、植村庄右衛門尉（正勝）、植村十内（氏宗）この人はこのときに戦死、鵜殿十郎三郎（長祐）この人もこのときに戦死、松平弥右衛門尉殿、松平弥九郎（景次）殿、松平次郎右衛門尉（重吉）殿、松平金助殿この人もこのとき戦死、鳥居伊賀守（忠吉）、鳥居又五郎、加藤比禰丞《ひねのじょう》、加藤九郎次郎（正信）、加藤源四郎（景継）、米木津藤蔵（常春）、同小太夫（正信）、小栗大六郎（重常）、小栗弥左衛門尉、上野三郎四郎、粟生長蔵、押鴨（松平親久）殿、中根藤蔵、中根権六郎（忠重）、中根喜蔵（利重）、成瀬藤蔵

（正義）、榊原摂津守（忠直）、榊原早之助（忠政）、榊原小兵衛、山田清七郎、山田曽武右衛門尉、伊奈市左衛門尉、松井左近（忠次）、香村半十郎、中根肥濃《ひの》、中根源次郎（忠元）、中根甚太郎、中根新左衛門尉（正信）、中根弥太郎、中根喜三郎、天野三郎左衛門尉、天野三郎兵衛（康景）、天野助兵衛、天野清兵衛（家次）、天野伝右衛門尉（景房）、天野又太郎（貞久）、山田平一郎（正勝）、柴田七九郎（康忠）、平岩七之助（親吉）、加藤播磨（景元）、渥海《あつみ》太郎兵衛（友勝）、青山喜太夫（忠門）、今村彦兵衛（勝長）、永見新右衛門尉（為重）、青山牛之太夫（忠重）、近藤馬之左衛門尉、青山善四郎（重成）、平岩五左衛門尉（正広）、河澄文助、河上十左衛門尉、久米新四郎、八国《やこう》甚六郎、発知《ほっち》藤三郎、酒井下総（忠域）、細井喜三郎（勝宗）、大竹源太郎（正忠）、小栗助兵衛、小栗仁右衛門尉（吉忠）、安藤九助、池野波之助、池野水之助、吉野助兵衛、遠山平太夫（安政）、鳥居鶴之助、鳥居才一郎、筒井与右衛門尉、筧図書（重忠）、筧牛之助（重成）、土屋甚助（重治）戦死、筒井内蔵（忠正）、土屋甚七郎（重信）、林藤助（政忠）、内藤甚五左衛門尉（忠村）、内藤四郎左衛門尉（正成）、松山山城、杉浦藤次郎（時勝）、山田彦八郎、このほか、多数の人びとが岡崎につめていた。

家康の先鋒隊として、上和田に大久保一族がいた。針崎と対抗する。大久保五郎右衛門尉（忠勝）、大久保甚四郎（忠員）、大久保弥三郎（忠政）、大久保七郎右衛門尉（忠世）、大久保治右衛門尉（忠佐）、大久保八郎右衛門尉（忠重）、大久保三助（忠吉）、大久保喜

六郎（忠豊）、大久保与一郎（忠益）、大久保新蔵（忠寄）、大久保与次郎、大久保九八郎、宇津野京三郎（正勝）、筒井甚六郎（忠光）、杉浦八郎五郎（勝吉）、杉浦弥七郎、杉浦久三（久勝）、松山久内、松山市内、天野孫七郎、市河半兵衛、田中彦次郎（義綱）。

また土井の城は本多豊後守（広孝）がいてご忠節をつくした。

また、深溝《ふこうず》の城は松平主殿之助（伊忠）殿、竹之谷には松平玄蕃（清善）殿、形之原には松平紀伊守（家忠）殿、この三方はみな、ご忠節をつくした。

また、矢作川の西には、藤井の松平勘四郎（信一）殿、福岡の松平右京（親俊）殿、この両人はご忠節をつくした。

また、佐崎には、松平三蔵（信重）殿は、加勢をえてご忠節をつくす。

また、筒針には小栗助兵衛、小栗仁右衛門尉（吉忠）、小栗大六郎（重常）その他小栗党がいてご忠節をつくす。

また岡崎より上和田へは二十町ほどある。土呂より上和田へも二十町ほどある。

また針崎より上和田へは十二町ほどあったが、大久保一族の者が集まって、日夜ゆだんなく防ぎ戦い、ついに、そこより岡崎へ入れることはなかった。

針崎より上和田へ戦いをしかけると、矢蔵にのぼって、竹の筒の貝を吹く。岡崎では「上和田に貝がひびく」とおっしゃって、みはり番をつけておいたので「それ、上和田に貝がなります」と申しあげると、日ごろからいいつけてあるので、そうそうに馬に鞍をおいてひっぱってくると、すぐにとび乗り、いつも人びとの先頭にたってかけつけた。敵はこれを遠くからみて「家康がかけつけた。はやく引け」と、バラバラに退却する。ほんの五町十町のことなので、主君をみかけては、すぐに寺内にひきあげる。また、何度の合戦にも、貝を吹くといつもおなじようにかけつけてくださった。そのときにともをしてかけつけた人びとは、植村庄右衛門尉（正勝）、黒田半平。敵では蜂屋《はちや》半之丞（貞次）と植村庄右衛門尉が槍をあわせた。そのとき黒田半平を渡辺源蔵がつきたおした。

かけつける人が多くなったので、蜂屋半之丞も渡辺源蔵も戦いの場を離れ、それぞれに退却した。蜂屋半之丞は細畷《ほそなわて》(4)に入って退却していくところに、水野藤十郎（忠重）殿がかけつけ「半之丞か、ぜったいにのがれられぬ。もどれ」という。蜂屋は立ちどまり、ニコリと笑い、「藤十郎か、わたしの相手はとてもつとまるまい」といいながら、槍を立て、手につばをし、手ぐすねをひく。藤十郎殿がもういちど「ぜったい逃がさない」とおっしゃると、蜂屋は「とてもわたしの相手はできないが、受けとめてみろ」と槍をとり、前かがみになって突きかかる。藤十郎殿はわきによけられる。半之丞は大声で「そんなことだと思った。わたしの相手はとてもではないか」とののしった。

半之丞は背が高く、力も強かったので、白樫《しろがし》の三間柄(5)を真ん中が太くなるようにつくらせて長吉(6)の刃の四寸ほどのを研ぎすまして、紙を投げて、それを突くと(7)、サッサッと通るほどの槍先をはめこんでもっていた。それで、長柄の槍はすこしも錆《さび》がうくなどということはなかった。

「半之丞の槍先に、だれが向かってこようか」とひとりごとをいうほどの者だった。半之丞はよこから野にあがって退却するところへ、家康がかけつけて、「蜂屋め、もどれ」とおっしゃる。わかったともどると、家康様だったのでふりむき槍を引きずり、前かがみになって、一目散に逃げだす。松平金助殿がかけつけて「ぜひ半之丞もどれ」というと、「家康様なればこそ逃げたけれど、おまえたちだったか」ととってかえす。金助殿と蜂屋がたがいに槍をつきあわせる。五度六度あわせられたが、力の強いものが樫《かし》の三間柄を石突(8)をもって突きたてるので、かなわないとお思いになり、槍をおさめて後へおさがりになる。そこへ、ふみこんで投げて、金助殿の後から前へ、鯨にもりをたてるように槍をつき立てた。走りよって、槍をひきぬいたところへ、家康様がかけつけて「蜂屋め」とおっしゃるのを聞き、また槍をひきずり、後もみずに逃げた。家康様はお帰りになって「蜂屋めは自分から逃げだすようなやつではないが、わたしをみて逃げだした」とおっしゃって、ことのほか上きげんだった。

上和田から大久保一族が伊内の郷へ行き、針崎の寺域で激しく戦った。そのとき大久保七郎右衛門尉（忠世）と本多三弥（正重）がともに相手を鉄砲でねらったが、七郎右衛門が早く撃って三弥を倒した。しかしその場では死ななかった。そのうち一揆方では、「ここをはげしく攻めて、柱之郷を通り、妙国寺へでて、後方を遮断するなら、大久保は、上和田へ入ることはできまい。そうしておいて、正面からも切ってで、後方からも攻めるなら、土井をさして逃げるであろう。そうなったら土井の水田に追いこんで殺そう」という。半之丞は、大久保常源（忠利）の婿だったので、あるいは、小じゅうと、あるいはおじ、いとこにあたる人びとのことを思って手に汗した。

やはり、みなを討たせるのは忍びなく「寺方は討ちでて、後方を遮断しようとしている」といいながら柱之郷中之原へでて、馬をかけてまわる。「妙国寺前を遮断されるようだ。半之丞が教えるため走りまわっている。いそいでここを退け」と退却した。予定通り、敵は打ちでたが、退却したあとだったので、とほうにくれたようすだった。蜂屋が走りまわって知らせなかったなら、大久保一族はひとりのこらず戦死したであろうから、一揆はますます勢力をましたけれど、こう助かったのは、家康様の運が強かったからだ。

佐崎の寺のなかに、一揆方はとりでをつくった。水野下野守（信元）殿は刈谷から、戦《いくさ》装束《しようぞく》で、佐崎のとりでに陣中見舞いにやってきた。土呂にこもっていた一揆の人びとは、佐崎のとりでの後方部隊として、作岡、大平へ攻めよせてとりでを焼きはらった。佐崎ではこれをみて、下野殿《しもつけ》に「あなたは、ここからお帰りください。わたしたちは今すぐ上和田を攻めてのこらず殺そうと思います」とおっしゃると、下野殿はただひとこと「ご無用」とおっしゃる。「ともかくお帰りなされよ。わたしたちはいそぎますから」と早くも馬に乗ると、「これをみすててどうして帰れようか。それならおともをしよう」と一緒にかけだす。家康様には幸運であり、敵のためには不運となった。渡里で河を越して、大久保一族を針崎の防備におき、大久保弥三郎（忠政）だけを案内人にして、盗木をまっすぐに小豆坂《あずき》にあがり、馬頭の小道へおでになり、作岡、大平より帰る。敵軍と鼻あわせして動転する。石河新九郎（親綱）は「道をほかにとって退却すれば、たとえ生きのびてもおもしろくない。また道をほかにとって山のなかで殺されたなら『新九郎はわき道へ逃げてしかも殺された』と人のうわさになるのは、死んでの恥だ」と本道をまっすぐに退却した。金の団扇の指物《さしもの》(9)をしていたので、新九郎と見分けて、われもわれもと追いかけた。水野藤十郎（忠重）が走りついて、突き落として討ちとった。そして佐橋甚五郎（吉実）、大見藤六郎の兄弟もそこで殺される。波切《なみきり》孫七郎はそこを逃れて、大谷坂へあがったところを家康様が走りついて、二度槍を突かれたが、馬がよく走って今すこし槍が届かず逃げ去った。「孫七郎を二度突いたが逃げた」とおっしゃると、波切《なみきり》孫七郎は有名な勇士だがちょっと気の狂った者だったので、この話を聞き「わたしは家康様には突かれなかった。別の人に突かれた」という。「上様に突かれた」というなら名誉申し分なく、本人のためにもよいものをほんとうに家康に突かれたのに「家康様に突かれなかった」といったので、お憎みになってその後ついに子供の代まで、御前に召しだされることはなかった。

注

(1) 悪者　普通には武力の強い者の意だが、ここでは文字通り犯罪者をいうと思われる。(2) 屋敷城　普通の家屋敷に、堀を掘ったり、土手を築いたりして、城砦化したもの。(3) 鏑矢を射かけた信義にもとる戦いをたとえていう表現。(4) 細畷　畷はあぜ道のこと。細いあぜ道。(5) 三間柄三間の長さの柄、三間は約一・八メートル。(6) 長吉　山城の刀工の名。(7) 錆がうく　威力がにぶること。(8) 石突　槍の柄の先につける金具。地面につけて槍をたてるので石突という。長い槍のその端の石突の近くをもっての意。(9) 指物　旗指物。武士が戦いの場で背中につける旗印。

一揆降伏

蜂屋半之丞(貞次)は大久保治右衛門尉(忠佐)を呼びだして「和議を結びたい」という。大久保新八郎(忠勝)を同道して、治右衛門尉は二人で御前にやってきて、このことを申しあげると、「それなら、はやくせよ」とのおことばだった。蜂屋半之丞、石河源左衛門尉、石河半三郎、本多甚七郎そのほか数人の者が「『どうともお考えのままでございます。しかし、それぞれ敵対したことをお許しいただけるなら、過分のお慈悲と存じます。そうなりますなら、つぎにとてもご無理なお願いですが、寺を前のようにおいてください。それに一揆をくわだてた者をお許しくださったならこのうえなくありがたく存じます。こうは申しましたがみなの意見を聞いたわけではございませんが、とりあえず申したわけです。みなにこのことをいったなら、大勢のことですから反対するものもないとはかぎりません。ひとりでもなにかという者がいれば、それに味方する者もでましょうし、この和議も成立しなくなります。そのときはわたしたちがこれほど考慮していても力およばないこととなり、不忠を思わないのに不忠になるのでしょう。そのときは二つの罪をおかした者とお思いくだささい。それでこのことを他言せず、わたしたちだけで土呂へ撤退しますからわたしたちの命、一揆をくわだてた者の命を助け、寺を前のようにおいてください』とたのんでくれ」といったのをそのまま申しあげると、「もっともだ。おまえたちがいうように和議を結ぼうとする人びとの命は助け、寺も前のままにおくが、一揆をくわだてた者はやむなく処罰することになろう」とのおことばだった。先の者たちはまた恐る恐る「寺をもとのままにし、わたしたちの命をお助けくださるのはこのうえなくありがたいのですが、どうせならほかの者もお助けください」と申しあげた。それで和議がすすまなくなった。

大久保常源（忠俊）は「おいや子供は家康様の先陣として、日夜の戦いに休む間もありません。そのうえ一月十一日には、土呂、針崎、野寺三カ所の一揆方がひとつになって、上和田へ攻めよせたので、一族の者が出陣して、防ぎ戦いました。その日はせがれの新八郎（忠勝）は眼を射ぬかれ、おいの新十郎（忠世）も眼を射ぬかれ、そのほか、子供で傷を受けないものはなく、もうこれでしまいかと思うところに、家康様みずからがおかけつけくださった。敵はそのおすがたをみて、われ先にと逃げだしましたので、一族は勝利をえることができました。そのとき血をしたたかにながしておりますのを上様もご覧になったと思います。そのときのおいや子供の辛労の分とお思いになって、一揆をくわだてた者たちの命を助けてください。この一揆と和議を結ぶことができ、彼らに先陣を切らせるなら、上野にいる酒井将監（忠尚）も、すぐにふみつぶせましょうし、まして吉良（義昭）殿、松平監物（家次）殿も荒河（義広）殿も、その日のうちに押しつぶせましょう。いろいろなご不満は、おすてになって、なんなりと相手の望みをかなえさせ、和議を結ばれよ。軍勢が増えさえすれば、そのときはどうともお考えの通りになりましょう。あれこれおっしゃっている場ではございません」と申しあげる。「それなら常源をたてて許そう。起請《きしょう》を書こう」と上和田の浄珠院《じょうじゅいん》へおいでなさって、ご起請をお書きになり、一揆方の者をお許しになったのでこれをいただく。それならばと石川日向守《ひゅうがのかみ》（家成）を高須の口から土呂の寺領内八帖《はっちょう》へ引き入れたので一揆方の人々は驚き騒いだけれどもすばやく乱入した。それで、対抗できないと、われもわれもと手をあわせ許しを乞うたので、お許しになった。それ以後方々への先陣をつとめるようになった。

松平監物殿も、はやくも降参するのをお許しになる。それといっしょに荒河殿も降参したが、この方は許されなかったので、大坂の方へ流れて行き河内の国で病死した。酒井将監殿も上野をあけて駿河へ落ちて行った。筆頭家老だったので、「ご主君様か将監様か」といわれるほどの威勢だったが、主人に勝つことはできなかった。それ以後将監殿の家筋は絶えてしまった。

義諦（吉良義昭）もどうすることもできず謝罪をして東条の城をあけわたしたが、配下に食べ物をあたえることもできず、上方へながれて行った。承禎《じょうてい》(1)の配下となったが、芥河《あくたがわ》で戦死した。

その後、家康様は土呂、針崎、佐崎、野寺の堂塔をこわされ、一向宗の人びとに宗旨を変える起請を書かせようとすると、「以前とおなじようにする」と家康様のご起請文があることを申しあげる。「以前は野原だったのだから、以前のように野原にせよ」とおっしゃって堂塔を破却した。坊主たちはそこここへ逃げていった。敵となったが許された人びともあった。

鳥居四郎左衛門尉（忠広）、渡辺八郎三郎（秀綱）、波切孫七郎、渡辺源蔵（真綱）、本多佐渡（正信）、同三弥（正重）など、三河の国ではなく東へ行く人びともあり、西国へ行く人びともあり、北国へ行く人びともいた。大草の松平七郎（昌久）殿はどこへ行ったのかわからない。去るものこるも敵となった人びとをお助けになったのは、お慈悲の深さ、と感動しないものはなかった。

注
(1) 承禎　六角義賢《ろっかくよしかた》。近江観音寺城主。

東三河平定

それから東三河に軍隊を向けられる。西之郡の城をこっそりと忍びよってとり、鵜殿長持（長照）を討ちとり、二人の子供を生け捕った。

（家康様は）竹千代（信康）様を駿河に人質としてあずけておられたが、敵とおなりになったので、「竹千代様をすぐに殺せ」「あとで殺せ」「今日殺せ」「明日殺せ」と声があったが、関口刑部之少輔（親永）の孫なので、すぐに殺されることもなかった。そんななかで、石川伯耆守《ほうきのかみ》（数正）は「幼い若君おひとりを殺させるなら、おともする者もない。人の目にもさびしくうつるであろう。わたしたちがまいってお最期のおともをしよう」といって駿河へくだった。身分高い者も、いやしい者も感動しないものはなかった。

そんなおり「鵜殿長持の子供と人質がえにしよう」といってよこしたので、人はみなよろこぶことこのうえなく、それならとおかえになった。そのとき、石川伯耆守もおともして、岡崎へおもどりになる。人びとがぞくぞくとおむかえにでるのを、石川伯耆守は大きな八の字のひげをピンとそらし、若君を自分の鞍《くら》の前に乗せて念じ原をお通りになるみごとさはないほどであった。「（今川）氏真は、さてさて阿呆か。竹千代様を鵜殿とかえるなどというばか者か」といわれた。それ以後家康様は気にかかることなく、戦われて牛久保、吉田へ攻めよせる。たびたびの合戦にたがいに死力をつくした。はやくも長沢の城をとり、野田、牛久保に向かいあって、一の宮にとりでをとった。駿河方からも佐脇と八幡にとりでをつくり、吉田、牛久保を本拠の城とした。

氏真は、駿河、遠江の人びとを集めて、本陣を牛久保にとり、一万ほどの軍勢を誇った。一の宮を五千余の軍勢で攻め、三千ほどで後詰めとした。家康は「氏真も男なら、出陣して戦え」と三千ほどの軍勢で八幡と佐脇のあいだへ出陣した。本野が原へでて、氏真の本陣を押し通られ、一の宮を攻めていたものを追いはらい、その夜はとりでに陣をとった。翌日、もとの道におでになって、お通りになったけれど、氏真は、ご出陣なさることができなかった。「一の宮の撤退」と三河でいうのはこのことである。

（家康様は）その後、八幡、牛久保、御油《ごい》へ攻めよせた。御油の東の丘で戦をし、討ちつ討たれつ、火花散らして戦った。御油の軍勢が落ちようとするとき、家康様がちょうどおかけつけになり敵を討ち破って多くの人びとを討ちとり、八幡まで押し入って、放火をしてお引きになった。家康様は、敵が最後の合戦をいどんで城をでたのをご存じなく、佐脇へ攻めよせようと出陣されていたのは幸運ということだった。八幡へ攻めよせ、それから、二連木、牛久保、佐脇、八幡から、カタ坂へ回り合戦をされる。それも討ち破り、板倉弾正（重定）とむこの板倉主水《もんど》を討ちとった。そんなふうで八幡のとりでも、佐脇のとりでもとった。小坂井、吉田、牛久保に対して、とりでをおとりになると、牛久保の牧野新次郎（貞成）が内通してきた。設楽（貞通）は東三河衆がだれも内通することがない先に、一番に家来となることを申しでた。四方は敵で、岡崎からは遠いので、その居城を去って、妻子を引きつれて、岡崎に住んでいた。東三河の国侍で、設楽は一番、つぎに西郷（正勝）が家来となり、つぎに野田の菅沼新八郎（定盈）、下条の白井（麦右衛門）が味方となった。

二連木の戸田丹波守《たんばのかみ》（重貞）は内通する旨をいってきた。人質を盗みとるために二連木から再々吉田へ行って城代と双六《すごろく》を打った。ゆだんをさせておいて、その後、大唐びつを背負ってなかに色々な物を入れて、吉田の門に入り「番の人、これをご覧なされ、なにも疑わしいものはない」と開けてみせると「いや、それにはおよびません」という。「それなら、この唐びつをおかえししますので、通してやってください。しかし疑いがあるのなら、わたしがお城におりますから、いってきてください。やってきて、改めてお目にかけましょう」というと「それにはおよびません。わかりました」というので「この唐びつをよくおぼえておいてください」といいのこしていつものように、城代と双六を打って、さわざ遊ぶうちに、準備をさせ例の唐びつに老母を入れて、背負わせて通る。なんなく盗みだす。合図を決めておいてあったので、小姓がやってきて白洲をしずしずと歩む。すぐに合点して双六を打ち終え立ち去る。

門をでると馬上で長刀をとり、母を先に立てて退く。さきにいいつけておいたので、家来たちはむかえに走ってきた。吉田と二連木のあいだはほんの近くなので、これということもなく、これほど立派な人質の盗みようは類がない。そのうえ、味方をするということで、そのときに、戸田丹波守は松平の姓をいただき、それより松平丹波守と名乗る。

さて（家康様は）吉田に迫って、とりでをお取りになる。喜見寺のとりでには鵜殿八郎三郎（長次）、そのほかの人びと、糟塚《かすづか》のとりでには小笠原新九郎（安元）、二連木口のとりでは丹波守が守っていた。下地を攻めたとき、本多平八郎（忠勝）と牧野惣次郎《そうじろう》（康成）が槍をあわせた。そのとき、蜂屋《はちや》半之丞《はんのじょう》（貞次）は少しおそく出立《しゅったつ》したので「半之丞、槍あわせがはじまるぞ。いそげ」と言われると、蜂屋は聞いて「人が槍あわせをしたら、わたしは切りあいをするだけよ。半之丞が二番槍をしたといわれては、うれしくもない。槍はもってくるな」といってもたせなかった。槍をわきにかまえてもっている者に、走りよって二人を切り殺し、三人目に河井正徳が鉄砲をもっているのに走りよせた。勇敢に切りつけたところを、正徳も勇者だったので、体を引きさかれることもなく、撃ち放つと、蜂屋半之丞のこめかみにあたる。そこを退却したが、その傷で死んだ。正徳という名は、激戦の場で「押しこんでその手負いをとれ」というと、討ちとりもどって「ぜったいに手負いではない。生得のチンバだ」といった。それで「それなら正徳と名乗れ」と氏真（今川）がおつけになった。それ以後、河井正徳といった。当今では、カタワ者では手柄としないが、今はともかく昔はカタワ者も一人前の者としたので、正徳のようなものもでたわけだ。

「半之丞殿が戦死した」と母へ告げがくると、いそいで母は立ちいでて、「なに、半之丞が戦死というか」「おそれいります」という。「それで、最期はどうだった」「ご立派な最期でした」「それで安心した。もし半之丞の最期が悪かったと聞いたなら、長生きしていてもしようがないが、最期が立派だったと聞いて、うれしい。戦死するのは侍のつとめだから、驚いて悔むことはない」という。「女には珍しい。さすが半之丞の母だ」と人びとはいった。

はやくも吉田をあけわたして退却する。長篠、作手《つくで》、段嶺《だみね》の領主も降参して、家来となる。

遠江出陣

さて、甲斐の国の武田信玄と連絡をとって「家康は遠江《とおとうみ》を大井川までとれ、わたしは駿河をとろう」と申しあわせて、駿河・遠江の両国へ出陣した。菅沼次郎右衛門尉（忠久）、鈴木岩見（重時）、近藤登（康用）、この三人に案内させて、永禄十一年戊辰《つちのえたつ》十一月のある日、遠江へ出陣した。

（今川）氏真は信玄に駿河をとられて、掛川《かけがわ》へ逃げてこられた。家康様が伊野谷まででられると二俣《ふたまた》（城主鵜殿氏長）は早くも案内に加わる。小笠原新九郎（安元）を召して「おまえたちの一族のことだから、馬伏塚《まむしづか》へ行って、小笠原与八郎（長忠）に味方になるようにいえ」とおっしゃる。かしこまってうけたまわる。馬伏塚に行くと与八郎が人質をつれて、秋山（信友）のもとに行くのに道であう。「あなたはどこからどこへ行かれるのか」という。「わたしたちはあなた方のことを心配してまいりました。あなたがたは多くの軍勢を引きつれて、どちらへ行かれるのか」。「わたしたちは秋山方の家来となり、人質をわたそうと思ってここまでやってきた」というと、「そのことなら、まずお帰りください。内密な相談があります」と押し返した。「当国は家康の手に入った。あなたも秋山方の家来になるのをやめ、すぐに家康の家来となれ。そのためにわたしはまいりました」というと、「どんなことでも、あなたがいわれることに悪いことはあるまい」と秋山方の家来になるのをすぐにやめ、新九郎をつれて家康のもとにやってくる。家康様は掛川に対して不入斗《いりやまぜ》に陣をはっておられた。秋山は信濃から遠江の国阿多古《あたご》にでて、見付に陣をとり国侍を家来にしようとする。

家康は使いをやった。「大井川を境に、駿河を信玄の領分、大井川を境に遠江が（家康の）領分と定まっているのに、秋山が出陣してきたのは横車を押すことになる。すぐに引きかえされよ」とおっしゃった。（秋山は）「わかりました」と山梨へ引きあげ、蛸田《すくもだ》ガ原に入り、原河の谷を通り、蔵見、西郷を通って、小夜《さよ》の山へでて駿河へ行った。「秋山がさからったら、討ち殺せ」といわれたが、秋山はさからうことなく、退いた秋山は老練だといわれたものだ。

永禄十一年、氏真は駿河を信玄に追われ掛川の朝比奈備中守《びっちゅうのかみ》（泰朝）のところへ逃げてきた。備中守は、命を受けて、ここを死に場と思い、戦ったがうまくいかなかった。小原備後守《びんごのかみ》（鎮実）は日ごろ、小笠原与八郎（長忠）の取次役であったので、与八郎をたのんで、馬伏塚へ妻子をつれて、落ちていった。（小笠原は）立ち入らせることもなく、妻子ともにみなひとりのこらず殺す。さてさて、むごくかわいそうなことだった。「小笠原の行く末がよいわけはない」と人びとは思ったものだった。

久野（宗能）の義兄弟、久野佐渡（宗憲）、同日向守（宗茂）、同弾正（宗政）、同淡路（宗益）、本間十右衛門尉（政季）という者は「今こそ出世の機会。さあ家康の敵となって、掛川と挟み撃ちにし、ここから一歩も動かせない。久野が敵となったなら、遠江の侍たちは一騎ものこらず敵となり、家康にたちむかうだろう。そうなれば、一揆も国内のそこここにおこる。すると家康は深く入っているので袋のねずみといったところだ。よし、このことを、主人にきかせよう」と久野三郎左衛門（宗能）にいうと「みながいうのはもっともだが、そうかといっていちど氏真を裏切って、家康にくみして氏真に弓を引くのさえ、侍の義理をちがえたと思うと、夜は寝られず人がうわさをすると面目なく赤面した。まもなく、家康を裏切るならこうもりとなる。きっと人も二股膏薬《こうやく》(1)と後ろ指をさすことだろう。

それまでして生きのびてもしようがない。ひとえに家康にしたがおう」と承諾しなかった。みなはその場を立って、「あととりを、今こそ出世の機会ととり立てているのに、いっこう承知しない。それなら主人に腹を切らせ、義兄弟のなかから、淡路をもりたてて、家康を前後からかこみ、どこへも逃がすまい」と決めた。久野佐渡と本間十右衛門尉両人は、こっそり相談して、「なんといっても、長男であり、主人である。どなたかを主人として、どんなに知行が増え、ゆたかに暮らすことができるようになるにしても腹を切らせるわけにはいかない」と二人は仲間から離れて、このことを申しあげる。三郎左衛門は驚いて「それなら、援軍をたのもう」とこのことを家康様に申しあげる。「よしわかった」とおっしゃって、援軍をさし向けたので、三郎左衛門は二の丸におり、本城を援軍の人びとに譲ったので、なにもおこらなかった。淡路には腹を切らせ、弾正は三郎左衛門尉のおいなので土地から追放する。

そうしておいて、家康様は掛川へ押しよせる。天王山に旗をお立てになると、城からもこれこそはと思われる者がでて、はげしく戦った。そのとき、信長の信任を失い、浪人の身として駿河にくだり、氏真のもとにまいって、今おともして城にこもっていた人びとのなかに、戦死するものがいた。伊藤武兵衛を椋原《むくはら》次右衛門尉が討ちとる。大屋七十郎を大久保治右衛門尉（忠佐）が討ちとる。小坂新助は敵正面の土塁まで押し入って、土塁のところで敵を討ちとって引きあげた。そのほか名をあげた人びとは大勢いた。そのとき、家康様の御前で榑原はもったいぶって「今日組み討ちで打ちとった」と申しあげると、大久保治右衛門尉が「いやいや、今日手柄をたてた人びとに組み討ちはひとりもいません。あなたの討ったのも犀《さい》の皮の具足を着たもので、鉄砲にあたって、死んで倒れている首をとった。今日の手柄はみな死人の首ばかりだ。わたしのとったのも鉄砲にあたって死んでいた死人の首だ」と申しあげているところに、内藤四郎左衛門尉（正成）が手柄をたててやってきて、「手柄をたてたとはいっても、今日の手柄は、わたしをはじめ、全部死人の首でございます」と申しあげると、「内藤四郎左衛門尉と大久保治右衛門尉のいい分はさてもよくあっている。両人の性格そのままだ」とみなが申しあげた。

さて天王山にとりでをおとりになり、久野三郎左衛門尉（宗能）をおおきになる。西にあたっては河田村の山手にとりでをつくられ、みなが順番に守備をする。南は曽我《そが》山にとりでをつくられ、小笠原与八郎（長忠）が守備をする。そうこうするうち永禄十二年一月二十三日に城は落ち氏真は小田原へ落ちて行った。

三月のある日、堀河で一揆がおきたという連絡が入った。（家康様は）とりあえずかけつけられる。前触れもなく押しよせたので、すぐに城壁について乗り越える。そのとき、大久保甚十郎（忠栄）は十七歳で一番はじめに乗り越えたところを、なかから鉄砲で左のほほを撃たれて戦死した。平井甚五郎も戦死した。そのほか、大勢の人たちが戦死する。堀河は、潮が満ちると舟で行く以外に行く方法がなく、潮が引いたときも出口は一方だけだったが、みなは引くことを知らず攻めよせて、男も女も根こそぎ殺した。

右の甚十郎は、この一揆がおこった時、ちょうど通りあわせた。歴戦の勇士の多くがいっしょだった。驚きさわぐ人びともあったが、甚十郎は身近に使われていたので、おぼえがよかったのでいちいちに申しあげた。「だれだれは驚きあわてて、われ先に逃げちり、山へも逃げこみました。だれだれは乱れることなくもの静かでした」という。「若いが、心をおちつけてよくみた」とおことばをかけ、ほめられた。

見付に住まわれた。城をつくり、草原に家を建て屋敷もちの人びとを住まわせたが「ここはその場ではない」と浜松へ引かれて、城をつくりそこに居住なさった。

注

(1) 二股膏薬　二つのどちらにくみするか、態度のはっきりしないこと。

姉川の合戦、信長と結ぶ

さて、信長から「援軍をたのむ。北近江《きたおうみ》へ攻めようと思う」といってよこした。すぐに、お助けしようとご出陣なさった。

元亀《げんき》元年（一五七〇）二月のある日、信長は金ケ崎を攻められた。越前の人びとは強かったので、信長もこれは難しいとお思いになり、家康を前線にのこしたまま、なんの連絡もなく、宵《よい》のうちに退却した。家康は、そのことをご存じなかったのか、夜があけて、木下藤吉に案内させて退却した。金ケ崎の退き口と申して、信長にとっては危険な退却だった。このときの藤吉がのちの世の太閤（豊臣秀吉）だ。

信長は北の郡を攻めようと思われたが、越前の人びとは、あちこちにとりでをつくり、都への行き来を遮断しようと三万余で城をでた。信長もいそいで横山まででむき、家康に「一刻も早く援軍を送ってください。越前の人びとが城をでたので、合戦となると思う」といってよこしたので「わかりました」と即刻出陣する。信長はひじょうによろこばれて、そうそうに出陣する。

「明日の合戦の備えは、一番隊は柴田（勝家）、明智（光秀）、森右近（可成）などに命じたので、家康は二番隊をたのむ」と、毛利新助（良勝）ほか、二名の者を連絡によこした。お返事に「どうせ、加勢をするなら、ぜひ一番隊を、お命じください」といってやる。信長のお返事は「部隊の編成ができているので、かれらに一番隊をやめさせるのもどうかと思う。できるなら二番隊を引き受けてくれないか。それに、一番隊も二番隊もおなじだと思う。二番隊といっても戦況によっては一番隊となることも多いのだから、むりにも二番隊をお願いする」また反論して「部隊の編成がすんで一番隊に決まっているとあった。人に二番隊にとはいいにくいのはよくわかりました。しかし一番隊も二番隊もおなじだといわれるのは納得いきません。もちろん明日の合戦では二番隊が一番隊になるかもしれません。のちの世まで書物にのるかもしれません。それは時の運です。たとえ二番隊が一番隊になったとしても、一番隊は一番隊、二番隊は二番隊と書かれてのこるでしょう。だからむりにも一番隊を命じていただきたい。そのうえ、わたしが年をとっている者なら三番隊、四番隊でも、いわれた通りにいたしますが、三十歳にもならないものが、援軍にやってきて一番隊を命じられず、二番隊だったとのちのちまでいわれるのは、いやです。ぜひ一番隊をお命じください。そうではないなら、明日の合戦には、参戦しません。そうというなら、今日引きはらって帰ります」とお返事する。信長はお聞きになって「家康のおっしゃるのはよくわかった。そんなに思っていてくれるのはありがたいことだ。それなら一番隊をたのもう」とおっしゃって、翌日の合戦では家康が一番隊と決まった。

そこでみなは「ずっと前から一番隊を命じられていたのに、今さら、家康に一番隊をせよとのおことば、とまどってしまいます」と申しあげると、信長は腹を立てられ大きな声で、「でしゃばりども、若僧どもがわけも知らずになにをいうか」とおっしゃる。二度と口をはさむ者もなかったので、家康に一番隊が決まった。

家康は「明日二十八日の合戦に、二十七日にここに着き、一番隊を命ぜられるのは、天が幸運をあたえてくれた」とおっしゃり、このうえなくよろこばれた。

元亀元年庚午《かのえうま》六月二十八日、暁に出撃する。越前方の人びとも三万余でむかえ撃つ。

信長の兵一万余と家康の兵三千余。おたがいに追いつ追われつの激戦となる。家康の軍は敵の陣を討ち破り、追いかけつつ、ここかしこで敵を殺す。信長の軍は、本陣近くまで攻めよせられ、名だたる武将が戦死したが、家康軍が勝利をおさめ、敵陣深く攻め入ったので敵もやむなく敗戦する。それをひとりものこさず討ち殺す。「今日の合戦は、家康の手腕でわたしも名をあげた」と信長もおよろこびになった。

信長はそののち、そこここへ攻めよせられた。近江はいうまでもなく、越前まで攻めとった。一般に信長は「勝って兜の緒を締めよ」という方で、そうしておいて岐阜に帰られた。桶狭間の合戦でも、義元を討ちとられ、そのまま戦をつづけるなら、すぐにも、三河、遠江、駿河までも手にお入れになっただろうが、そのときも桶狭間より清須《きよす》にお帰りになった。しかし、最後には、近江も越前も三河、遠江、駿河も手に入れられた。「勝って兜の緒を締めよ」と、余勢をかっていっきに押されない方だった。

元亀元年十二月、越前の軍は、三万余で比叡山《ひえいざん》に陣をとった。信長は志賀に陣をとる。家康に援軍をいってよこされたので（家康は）石川日向守（家成）をさし向ける。「北国はもう雪も積もっていようから、兵糧米もつきよう。そうだ、敵を兵糧攻めにしよう」と信長がお考えになっていると、比叡山から兵糧米を供給するばかりでなく、裏切って、信長を殺させようとする。比叡山から「越前衆の陣屋に火をかけますから、そのとき攻めこんでください。敵は撤退しましょう。それで夜に比叡山に登ってください」と申したが、信長はさすがに智将で、すぐに山へ登ることはせず、坂本まで押しよせ、火の手があがったなら押しよせようと準備させていたが、思い通り裏切りだった。それに気づいても越前の軍は三万余。おまけに近江の国は大かた越前の領分なので岐阜への道もふさがれ、信長はわずか一万余以下の兵ではとてもたち向かえないと、和議を申しこみ「天下は朝倉（義景）殿がおとりください。わたしは二度とそんなことは望みません」と起請文をお書きになって和睦を結んで岐阜へ引きあげる。

いったん引きあげておいてすぐにも攻めのぼる。また家康から援軍をさし向ける。そのときは、松平勘四郎（信一）殿に、家中からそれ相当の人をつけて、向かわせた。

まず信長は、箕作《みつくり》の城を攻められたがいっこうに落ちない。それで「この小城にかかずらわって、日数をすごしてもしかたがない。これはとりあえず放っておいて、都へ攻めのぼろう」と城の包囲をとく。搦手《からめて》の軍も引き退く。松平勘四郎殿はこれをみて、大手から攻めこむと敵は搦手へ逃げだす。それについて乱入する。松平勘四郎殿の手柄勲功はいうまでもないことだろう。

信長は都へお入りになる。都で略奪しているとき、織田上野守《こうづけのかみ》（信包）殿の者と、三河の者がであって古烏帽子《えぼし》ひとつを奪いあって、上野守殿の者を三河の者がしたたかになぐった。それがけんかとなって、美濃、尾張の人びとがひとつとなり、松平勘四郎殿の陣所に詰めよった。三河の人びとはだれもやむをえない、一戦まじえようとみな町中へ弓、鉄砲、槍をかまえているところに美濃、尾張の人びとが攻めよせた。待ちうけて、討ち向かったのでなかなか近くへよせることもできなかった。信長にこのことを申しあげると信長は、「言語道断の不届きなことをいう者たちだ。家康に援軍をたのんで、その援軍を打ち殺すなどということがあるものか」。粗相をした者はちりぢりになってすがたを消した。

そこで勘四郎を召しておっしゃるには、「勘四郎、このたび箕作での戦でお前の手柄は較べるものがない。今回の喧嘩でもすばらしい活躍だ。勘四郎は背は小さいが、肝は大きな者だ。いやいや勘四郎は熨斗付《のしづけ》の刀(1)を差しているのだから、こうした戦を続けてくれ」と、勘四郎には面目このうえないお言葉だった。

注

(1) 熨斗付の刀　金や銀の延べ板を刀の鞘にはりつけた刀。

比叡山炎上

信長は「朝倉が将軍を支援できず、(そのため将軍が)わたしの住む岐阜へ助けをたのみ、それで二度将軍となれたのに、その情けを忘れ、そのうえ朝倉と一味してわたしの敵となった。恩ということを知らない。腹を切らせたいと思うが、将軍であるので命だけは助けよう」と都から追放した。そのときに「比叡山も僧侶の身で、裏切りをしてわたしを殺そうとした。だから叡山を再興させない」とおっしゃった。それ以後、叡山は破滅して長年再興されなかったが、家康が再興され、今につづいている。

『信長記』をみるとうそが多い。三分の一はあったことだ。三分の一は似たことがあった。三分の一はまったくなかったことだ。『信長記』をつくった者が、自分のひいきの者を、自分の才覚のあるのにまかせて、うまくつくったようだ。その理由は、そこここで合戦のことを書いているが、まずうそというのはその当時十一、十二、十三の西も東もわからない者で、ずっとのちに立派な勇士になった者をそこで参戦させ、たぐいまれな功名をあげたなどとうそをつくっていることが多い。

長篠《ながしの》などの戦いでも、しなかった手柄を組み討ちにしたと書いてあったり、大将となったことなどはその一生にいちどもなかった人を、大将となったと書いてある。このほか、長篠の戦いのことだけでも、うそが多い。たびたびの合戦で、ひけをとり、後ろ指をさされた者を鬼神のように書いてあり、また、たびたび名を上げて国中に知れわたっている勇士の名を書かなかったりする。力のないものを大力と書く。みなうそである。大力と書いてあるなかで一人前の者はひとりもいない。けっきょく、力はないが口先のうまい人びとが多い。いろいろこう書くのは、考えてみれば自分が目をかけた人びとのことを、形もないことを書くとみえる。それなら書く者は知恵があってないようなものだ。それで『信長記』にはうそが多いと評判になった。
家康のご先祖のことをここにあらまし書きとめた。ひとつとしてうそはない。のちの世でも今の世でも、おそらくうそだという人はありますまい。しかし人にみせようと書いたのではない。わたしたちの子供に、御八代、御九代、当相国秀忠様、当将軍家光様以後の何代もよく奉公申しあげよとわたしの子孫に知らせたかったからだ。

元和《げんな》八年壬戌四月十一日
子供にこれを譲る。
門外不出である。
大久保彦左衛門尉

後書

この書物に、ご譜代の人びとの事績は簡単に書いて、わが一族のことを詳しく書いたのは、べつに他意があったわけではなく、おいや子供に、または一族の者に、お仕えすることと長年にわたるご主君のご由来を、時がたてば知るわけもないと思い、知らせるために、わたしの遺言として書いて子供にあたえるものだから、門外不出だ。世間にだすための書物でなく、わたしの一族のことを書物に書きとどめようとするのだから、わたしども以外のご譜代の人びとのことは書かない。どのご譜代の人びとのご忠節もたいへん大きなものだから、子供たちが長年仕えたご主君との関係を忘れぬように、それぞれの家が長年仕えたご主君様の家筋や、長年つかわれてきた自分の家の家筋、またその忠節ぶりを詳しく書いて、みなさんも子供たちにお譲りなさい。わたしもこのようにした。

しかしこの書物は門外不出である。他人がみるようなことはないと思うが、もし万一に漏れて、自家以外の人びとがご覧になったときわかっていただこうと、こう申しそえる。けっして自分たちをひいきして、わが一族と配下、またはわたし自身のことを書きとどめたとお思いになるな。子供への遺言なのだから、わが一族と配下またはわたし自身のことを書かなくては、子供が納得すまいから、こう書いたのだ。

三河物語2　終

三河物語3　江戸開府と家康の死

序

この本を世間にだすつもりなら、多くのご譜代の人びとのご忠節や、戦場での活躍のこともくわしく調べて書くべきだが、この本は門外不出の書として、世間にだすこともなく、子供に譲って、後世に長年お仕えしたご主君様のことを教えたいと書きとめたものだから、他家の人びとの活躍は書かなかった。もし、わが一族またはわたし自身のことを書かなかったなら、子供たちも納得しないだろうから、こんな本になった。門外不出だから、他人はだれひとりとしてみることはないだろうけれども、もし万が一の漏れがあって、人がみるようなこともあるかと、そのときのためにこう書いておく。みなさんご譜代の方々も、家々の忠節や合戦での活躍を書いて、子供たちへお譲りになるとよい。わたしはこんな本を書いて、子供に譲る。以上。

信玄の遠江出撃

元亀《げんき》三年（一五七二）信玄から「天竜川までを、とられよ。川の東はわしがとると約束してあった。それを大井川まで領地だと言うのは納得いかない。いざ合戦」といってよこした。信玄は遠江《とおとうみ》へ出陣し、木原、西島に陣をおく。浜松(1)からもいそいで、見付の原へ出陣する。木原、西島を、偵察していると、敵はこれをみつけて、しゃにむに騎馬で攻めよせた。仲間の人は、「見付の町に火を放って退却するなら、敵は地理に不案内だから、追撃が遅れよう」という。火を放って退却したが、予想ははずれ、敵は地理をよく知ってお り、上の台まで騎馬で追いかけてきた。そのまま一言の坂のおり口で追いつかれた。梅津某《なにがし》は追いつかれて、どうにもならず、岩を道においてかろうじて追撃を逃れた。

そのとき、大久保勘七郎(忠核《ただたね》)は、とって返して、鉄砲を撃ったのだが、一、二間(2)しか離れていないのに、撃ちはずしてしまった。そのとき、家康様は、お声をかけられ「勘七郎は、どうして撃ちはずしたのだ」とおっしゃる。「そのことですか、都筑《つづき》藤一郎が弓をもっていましたので、それを強い味方と思って撃ちました。たった一、二間しかなく、火薬はともかくこめまして、撃とうというちに、わたしに憶病風が吹き、撃ちはずしたのでしょう」と申しあげる。

藤一は「勘七が立ち止まって鉄砲を撃ってくれたので、わたしは見込みもなくその場にとどまることができました」と申しあげる。兄の大久保治右衛門(忠佐)は「藤一、そのようにかばってくれなくてもよい。あなたをたよりにしなかったら、若造がどうして立ちどまれましょう。あなたのおかげだ」と申しあげる。さらに「あなたが弓と弓𢐕《ゆがけ》(3)をはずされたのをみてわたしも馬と弓𢐕をはずしました」と申すと、藤一は「治右、そうじゃない。坂のおりぎわで、あなたが馬と弓碟をはずしたのに気づきわたしも弓碟をはずしました」といいあっていると、上様は、お笑いになり、「そのことはおけ。勘七郎、おまえが憶病だったというわけではない。見付の台から追いたてられて退却したのだから、息があがっていたろう。そんなときは多分、鉄砲のまんなかあたりに手をおいて、火皿の下をもって撃ったのではないか」「おことばの通り、そうしました」と申しあげると「きっとそうだろう」「左手はまんなかあたりをささえて、右手は火皿の下をもって撃ちはなすと、息をすうときは、筒先があがり、でる息では筒先はさがるものだ。ことに追いたてられたときの息づかいは普通のときとちがうから、はずれたのももっともだ。おまえが憶病というわけではない。いつでも、そんなことになったら、両手ともに引き金の下をもって撃つとよい。どんなに息を荒くついてもねらいが狂わない。以後はそう心得よ」とのおことばだった。

遠江の小侍どもは、信玄をたよって逃げていたが、今回はともをしてやってきた、天方《あまがた》(森町)、向笠《むかさ》(磐田市)、一之宮(磐田市)、各輪《かくわ》(袋井市)の古いとりでや近辺の古い城や屋敷城にはいって、守っていた。各輪のとりでを守っていた小侍どもを、久野と掛川《かけがわ》の兵とで攻め落として、多くの兵を殺すと、そのほかのところは、ひとつのこらずあけわたした。ただ天方だけは久野弾正(宗政)ほか、より集めた小侍たちが守っていたが、三方ガ原の合戦ののち、天方の城を家康が攻められ、本城だけのこして、いったん引きあげた、その後、敵は城を放置して逃げた。

信玄は見付の国から合代島《ごうだいじま》（袋井市）へ攻めよせ、まず二俣《ふたまた》の城を攻める。城には青木又四郎、中根平左衛門尉（正照）、そのほかのものがこもっていた。信玄がいっきに「攻め落とそう」とおっしゃる。山県《やまがた》三郎兵衛（昌景）と馬場美濃守（信春）の二人はそこらを馬でまわって「いえいえ、この城は土塁は高く、草原が近い。とてもいっきに攻めることはできません。竹束をもって、攻めよせて、水手をとる(4)ならすぐに落城するでしょう」と申す。「その方がよいなら、そう攻めよ」と一日中すこしの油断もなく、鉦《かね》、太鼓をたいて、鬨《とき》の声をあげて攻めた。

城の西には天竜川、東には小さな川がある。岸辺の高い崖《がけ》に滑車をかけて水を汲んでいた。天竜川の断崖《だんがい》だったので、水の流れもはげしかったが、大綱でいかだを組み上流から何度も何度もながして、釣瓶の縄を切ったので、堪えられず城をわたしした。

信玄が城をつくると、東三河の奥平道文（貞勝）、菅沼伊豆守《いずのかみ》（満直）、同新三郎（定直）、この人びとは、長篠《ながしの》、作手《つくで》（新城市）、段嶺《だみね》の山家三方をもっていたが、裏切って信玄側についた。菅沼次郎右衛門尉（忠久）と同新八郎（定盈）は味方をして裏切りはなかった。

注

(1) 浜松　家康は元亀元年(一五七〇)岡崎の城を嫡子信康に譲り、みずからは引間の城にうつった。その名も浜松城と改め、そこを居城としていた。(2) 一、二間　一間は六尺。約一・八メートル。(3) 弓䩞　弓を射るときに右手につける手袋のようなもの。(4) 水手をとる　水源を奪って、水を汲めないようにすること。

三方ガ原の戦い

信玄は関西に同盟を結ぶ人びとが多くいたので、三河へでて、東美濃へでて、それから京へ攻め上ろうと、三方ガ原(浜松市北区)へ攻めこんだ。井伊谷《いのや》(浜松市北区)に入り、長篠へでようと、祝田《いわいだ》へ丘からくだろうとする。

元亀三年(一五七二)十二月二十二日、家康は敵が浜松から三里のところまでやってきて、出陣する。「一合戦しよう」とおっしゃると、年寄たちが皆「今日の合戦はどうでしょうか。敵の人数は三万あまりと思われます。信玄は熟練の武者でもあり、たびたびの合戦をへた手だれの者です。しかも、味方はわずかに八千ほどでございますから」と申しあげる。

「そのことはしょうがない。多勢が自分の屋敷の裏口をふみ破って通ろうとしているのに、家のなかにいて、でてとがめだてしない者があろうか。負けたら負けたときと、でてとがめるであろう。それと同じで、自分の国をふみ破って通るのに、多勢だからといってどうして、出陣して、とがめないでおかりょうか。ともかく合戦をしないでは、おかれまい。戦さは多勢無勢で結果が決まるわけではない。天運のままだ」とおっしゃると、みなもあれこれいうこともなく、攻めよせた。

敵が祝田へ半分ほどくだったところに攻撃をかけたなら、たやすく勝てただろうが、はやって早くしかけてしまった。信玄はたびたびの合戦に場慣れしていたので、すぐに魚鱗の陣[1]をしき敵に向かった。家康は鶴翼の陣[2]をしいたが、小勢だったので、手薄とみえた。

信玄はまず足軽たちを送り、小石を投げさせた。それを家康の軍は相手にせず、いっせいに切ってかかると、早速一陣二陣を打ち破る。つづいて敵は新手を向けてきたが、その新手も破って、信玄の本陣に殺到した。信玄の本陣からも、いっせいに鬨《とき》の声をあげて攻めかかる。わずか八千の兵だったので、三万余の大敵と、粉骨砕身せりあったが、信玄の本隊に攻めかえされて、敗退した。

家康は、あわてることなく、お小姓たちを討たせまいとお思いになり、馬をあちこち走らせ丸く味方をかたまらせて退却した。馬でおともした人びとは、菅沼藤蔵（定政）、三宅弥次兵衛（正次）、そのほかは馬をおりて、歩いていたのだった。それらのなかで、大久保新十郎（忠隣）をかわいそうに思われて、小栗忠蔵（久次）に「馬をひとつつごうせよ」とおっしゃる。「心得ました」とすぐに敵から奪いとって乗ってきた。忠蔵もけがをしていたが、「その馬を新十郎に貸してやってくれないか」と家康がおっしゃると忠蔵はお言葉を聞くまでもなく承知し、馬より早くとびおり、新十郎を乗せる。自分も内股《うちまた》を槍で突かれていたが、がまんして家康の馬についてお城までおともした。家康様より先に逃げもどった者たちは「上様は戦死なさいました」といっているところへ無事にお帰りになったので、こそこそあちこちへ逃げ隠れた。

上方の浪人で中河土源兄弟は腕におぼえの者だったが、浜松へ退却せず掛川へ逃げていった。水野下野（信元）殿は今切《いまぎれ》（浜松市）を越えてお逃げになった。山田平一郎（正勝）は岡崎まで逃げて行って、次郎三郎（信康）様の御前で「家康様は戦死なさいました」と申しあげたが、上様は無事にお帰りになられ、諸大名もひとりもこれということなく退却した。

ただし信長からの援軍の平手汎秀《ひろひで》と家康軍の青木又四郎殿、中根平左衛門尉（正照）だけが侍大将としては戦死なさった。そのほか若い人びとや家老では、鳥居四郎左衛門（忠広）、本多肥後守（忠真）、加藤比《ひ》禰丞《ねのじょう》、同九郎次郎（正信）、米津小太夫（政信）、大久保新蔵（忠寄）、河井やっと兵衛、杉之原十つと兵衛、榊原摂津守《せっつのかみ》（忠直）、成瀬藤蔵（正義）、石河半三郎（正俊）、夏目次郎左衛門尉（吉信）、河井又五郎、松山宮内、加藤源四郎（景継）、松平弥右衛門尉（忠長）殿、このほかにもこのくらい多勢の人びとがいるが、記しきれない。

信玄は犀ケ崖《さいががけ》（浜松市中区）で首実検をして、そのままそこに陣をおとりになった。大久保七郎右衛門（忠世）が「こんなに、なよなよとしていては、ますます敵が勢いづきます。諸隊の鉄砲を集めてくださ い。わたしがひきいて、夜襲をかけます」と申しあげる。「その通り」ということで諸隊に命じて集めたけれど、申しでる者はなかった。やっと諸隊から二、三十挺《ちよう》(3)ばかり申しでた。自分の鉄砲隊を加えて百挺ばかりをひきいて、犀ケ崖に行き、つるべ撃ちに敵陣に撃ちこんだ。

信玄はこれをご覧になり「さてさて勝つには勝ったが、なかなかの敵だった。これこそはという者を、これほど多く討ちとられた。きっと相手部隊内の規律も乱れているだろうと思ったし、これほどの負け戦ではこんな強襲はむずかしいのに、さてさて今夜の夜襲はすごかった。勝つには勝ったが手ごわい敵だ」とそこを退いて井伊谷《いのや》に入り、長篠へでた。

それから、奥郡《おくごおり》へ攻撃をかけようと進撃なさっている途中に小さな城があった。「あの城の名は」と問われる。「野田の城（新城市）です」と申す。信玄は「うわさに聞いている野田はこれか、それなら通りすがりにふみつぶせ」とおっしゃって、攻め寄せたが、鉄砲を撃たれて、近くへよることもできない。それならと竹束をつくり、盾にして、亀の甲(4)をつくって攻めよせた。昼夜少しの間もなく、鉦、太鼓を打って一日中攻めたが、日数がたった。

城では野田（新城市）の菅沼新八郎（定盈）、松平与一（忠正）殿が援軍に加わっていたので、びくともしなかった。しかし日数も積もると武田軍は、二、三の丸を攻めとり、敵を本丸に閉じこめた。そうしておいて降参をさせた。敵を二の丸へ移してシシ垣《がき》を組んで、そこへ人質として押しこんだ。長篠の菅沼伊豆（満直）の人質、作手《つくで》の奥平道文（貞勝）の人質、それに段嶺《だみね》の菅沼新三郎（定直）の人質と相互交換ということで、松平与一殿も菅沼新八もその場から逃れた。

信玄は野田の城を攻めているあいだに病気となる。野田落城後、攻めのぼることもできず、本国へ引きあげるとちゅう、病いが重くなり平谷波合（長野県の伊那谷）で死亡した。元亀四年、家康は、二俣の城に対するとりでをおつくりになった。ひとつは社山《やしろやま》、ひとつは合代島《ごうだいじま》ひとつは道々(5)。国中をおさえられた。

注

（1）魚鱗の陣　魚の鱗のような陣立。軍を人の字形に展開させるもの。攻撃用の陣。（2）鶴翼の陣　鶴が翼をひろげたような陣立。軍をVの字形に展開させるもの。守備用の陣。（3）つるべ打ち　射手を三段に配置し、火薬込めや弾込めを次々に行い、連続して射撃すること。（4）亀の甲　城を攻撃するときに、兵を入れて城壁まで運ぶ戦車のこと。（5）道々　地名と思われるが所在不明。

譜代の臣はお家の犬

さて一方、家康は浜松から岡崎へ向かわれるとちゅう、元亀四年（一五七三）長篠の城に武力偵察にやってきた。火矢を射させてみたところ、案外なことに本城、端城《はじろ》[1]、蔵屋などがひとつのこらず焼けた。そのまま押しよせ攻めた。勝頼は援軍として、鳳来寺《ほうらいじ》、黒瀬まで、武田典厩《てんきゅう》（信豊）をさし向けた。それにかまわず攻撃する。城には兵糧米もなかったので、すぐに降参を申しでる。それで命を助ける条件で和議を結び、同年七月十九日に城をとった。普請《ふしん》をし、兵糧米を運び込み、奥平九八郎（信昌）に城をわたす。そして帰陣した。そのおり武田はやはり援軍として武田梅雪（穴山信君）も遠江の国へ出撃させた。森に陣をとり、そこここに放火して、田を刈りとり略奪をする。（家康は）長篠を攻め落としていったんは帰陣したが、敵がきて、そこここで放火し、略奪をし、田を刈ると聞き、家康配下の兵がわれ先にとかけつけ、乱暴する敵を追いこんで、そこここで首をとった。

そんなとき、榊原小平太（康政）配下に上方の浪人がいたが、大久保治右衛門尉（忠佐）が手柄をたて、首をさげて帰陣するところへ、その浪人がやってきて、七、八人がかりで後から抱きつき、治右衛門尉が取った首を奪っていった。治右衛門尉は手に汗して握りしめて、腹を立てたけれど、どうしようもなく帰城した。榊原小平太が例の浪人をつれて、家康の御前にでる。戸田三郎右衛門尉（忠次）、これをみて、いそいで治右衛門尉に「治右衛門尉は知らないか。榊原小平太が例の連中をつれて御前にでたぞ」と知らせた。治右衛門尉は「ありがたい。よく知らせてくれた」と、その人びとが御前を退出しないうちにと御前へいそいだ。三郎右衛門尉も、「わたしもお仲間しよう」と二人つれ立って御前にまいる。

「あの者がさしあげた首は、多くの人が証人におりますが、わたしが討ち取ったものです。引っさげて帰陣するとき、七、八人がやってきて、ひったくって行きました。わたしにかぎらず多くのご奉公ひさしい人びとは、これという知行をなされなくても、長年来のご主君なので、われわれは、妻や子のことを思わず、一命をすてて、合戦にはげみました。あのような者に十分すぎる知行をおあたえになり、人を多くもつようになったので、いつもこんなふうに、他人の手柄を奪います。知行のすくないわたしのような者はどうはげみましても、ご奉公したことになりません。そのうえ、彼らは時運のよいときには味方となりますが、時運が悪くなると逃げだします。ご譜代の人びとは時運がよいときも悪いときも、お家の犬となり、逃げだすことをしないのに、しもしなかった手柄をお認めになるのは、まことにこまったものです」と申しあげる。

榊原小平太は「治右、いわれのないことを申しあげるな。わたしの配下の者の手柄ははっきりしている。けしからぬ」と申す。治右衛門尉は「だれがよいか悪いかは尊い方ならどうして知らないことがあろう。その近くへさえこなかったのに、よぶんなことはいうものではない。みもせぬ都の話(2)はしないものだ。どんなに配下の者をかばおうとしても、なかったことはしょうがない」と申す。そのときの家康のお言葉は「治右衛門尉いらないことをいうな。わたしの家中におまえの武勇にけちをつける者はあるまい。わたしの存分にまかせておけ」だった。胸中を察して、恐縮して御前を引きさがった。例の浪人たちは、その場にいられなくなり、どこかへ消えた。

注

(1)本城、端城、蔵屋　城の建物の名で、本城は本丸、端城は二、三の丸、蔵屋は武器庫、貯蔵庫などをさす。(2)みもせぬ都の話　みなかったことをあたかもみてきたように話すのをたとえる慣用表現。

からしばり(1)

元亀四年(一五七三)暮、勝頼は遠江《とおとうみ》に出陣した。久野、掛川に対し、出陣しあたり一面放火する。それから、天竜川の上の瀬を越え、浜松を攻める。馬《ま》込川《ごめがわ》を前にして、足軽に敵地を荒させる。そして引きあげ、神増《かんぞう》の瀬を越え、社山《やしろやま》を越え、山梨へでて、螬田《すくもだ》ヶ原に陣をとった。

そんなおり、池田喜平次郎という者は福引師《ほうびきし》(2)の賭博打ちだった。しかし、世にもまれな素《す》寒貧《かんぴん》だったので、博奕《ばくち》はとても打ちたいのだけれど、賭博に賭ける物がなかったので、「とる物がない」と相手にしてもらえなかった。打ちたさはやるせなく「そうだ、勝頼が蟫田ヶ原に陣をとっていると聞いた。忍びこんで馬を盗みだし、それを賭けて賭博を打とう」とでかけてみた。みつけられて、あちこち追いまわされ、(池田は)とうとう生け捕られ、うしろ手にきつく縛られて、勝頼の前に引っぱりだされた。勝頼はご覧になって「敵のようすはどうだ」とおっしゃると、弱点はひとつもいわず、強さばかりを強調したので、牢に引ったてられた。「番をしっかりと、逃がすな。そのうち殺してくれる」と(勝頼は)座をたたれた。それで、ますます強く縛られた。

勝頼は諏訪の原へ本陣をうつした。うつられて、測量をし、城をつくる。そんなとき、瀬名(氏明)殿、喜平次をご覧になり「あいつは、わたしの昔の知りあいです。駿河へ奉公(3)にまいりましたとき、わたしが目をかけた者です。どうかわたしにおあずけください」と申された。「そうならあずけよ」とおっしゃって、瀬名殿へわたした。

瀬名殿は「おまえは昔からの知人なのであずかった。さて知人なのに縄をかけておくのはあずかったかいもない。縄をとくから、わたしの伴をしてわたしの陣内を気楽に歩かれよ。他の人の陣へはお行きになるな。昔目をかけたので、あずかり気楽においている。だが、それを承知で、国へもどるならもどられよ。知人に裏切られ、わたしの知行を勝頼にさしあげるのは、すこしもかまわない。行きたければ、行きなさい」とおっしゃる。

喜平次は「瀬名殿のお情けを忘れ、逃げて行くなら、わたしの恥などともかく、国の恥となりましょう」という。心のなかでは、前のように縄で縛られているならなんとかして、縄抜けして逃げるのだが、瀬名殿に縄をほどかれたので、逆に逃げることができない。瀬名殿に縄の上からまた縄をかけられたようだと思われた。

そこへ「勝頼様からのご命令です。あずけておいた捕虜に縄をかけてわたせ」と使者がやってきた。喜平次は口にはださなかったが、「ああ、すこしは命がのびた。それに、瀬名殿に空縛《からしば》りというものをかけられた。そのうれしさよ」と心中思った。

瀬名殿は「あずかりのあいだ逃げもしないでいたのに、『捕虜をわたせ』との勝頼のおことばにはこまったことですが、したがわねばならない」と喜平次におっしゃって引きわたした。喜平次も、名の高い勇士だったので、驚く気配もなく、一礼して去った。番の兵は追い立てて行って、縄を強く縛って留置した。

寝ずの番の者が六人いて、交代で番をしていたが、喜平次は、「おまえたちはあまりにおおげさだ。捕虜というのは敵方にはちがいないのだが、主人に奉公しようとしておたがい敵味方となったのだから、本人が憎いわけではないはず。こんなにきつく縛られて、そのうえ、縄に塩水を吹き(4)、足が地面につかないように縛り、またそのうえに、寝ずの番をする。とても人間わざでは逃げられまい。ゆっくり寝られよ」というと、番の兵は「なるほどもっともだ。たとえ逃げたとしても、すぐに殺せばよい。よし寝よう」と横になり、大いびきをかく。喜平次はうまくいった、と縛られていた縄をはずし、番の兵をまたぎ越えて、走りだし栗が岳へ登り、蔵見、西郷へで、浜松へ帰ってきた。「りっぱな逃げだしかただ」との家康のおことばだった。

勝頼は諏訪の原に城をつくり、引きこもった。東美濃岩村の城（恵那市）を信長の叔母(5)が守っていた。信長の子(6)を養子としていたが、信長を裏切って、勝頼と手を組んだ。秋山（信友）と夫婦になり、信長の子を甲斐《かい》の国に送った。勝頼は足助《あすけ》（豊田市）近くまで出兵したというので、家康様は足助に陣をしいた。ところが勝頼はそのまま引きあげてしまった。信長は腹を立て、岩村へ押しよせなさって、城を攻め落とす。秋山は生け捕りなさり、はりつけにする。兵士は二の丸に追い入れて、シシ垣《がき》を組んでかこみ、火をつけて焼き殺す。叔母は小牧山で手討ちになさった。

注

（1）からしばり　金縛りのこと。縛られていないのに縛られたように身動きのとれなくなること。
（2）福引師　博奕打ちのこと。（3）駿河へ奉公　今川氏につかえること。（4）縄に塩水を吹き…きつくしまるようにしたもの。（5）信長の叔母　岩村城主遠山友通の妻。友通の死後、秋山信友を夫とする。（6）信長の子　末子坊丸。のち勝長。

犬居城攻撃

天正二年（一五七四）四月、家康は犬居《いぬい》（浜松市天竜区）へ十分な兵糧も準備せず攻撃をしかけた。瑞雲《ずいうん》に本陣をしく。諸隊は領家《りょうけ》（以下犬居の西南）、堀之内、和田之谷に陣をとる。そのとき、大雨が降り、大水となった。一日二日は兵糧もなく動きもとれなかった。しかし水もまもなく引いたので、六日目に陣を引きあげられ、本隊は見蔵《みくら》まで引きあげられた。

そのとき天野宮内右衛門尉（景貫）が気多（気田《けた》）之郷から追ってきて、後方の軍をしきりに追走する。樽山《たるやま》の城、光明《こうみょう》の城から、後方の軍の先へまわって、田能《たの》、大窪《おおくぼ》村に出て、郷人(1)を加えて、こちらの谷間あちらの山すその木や萱のなかから、しかりげ(2)や猿皮空《さるかわうつ》穂《ぼ》(3)をつけ、しし矢(4)をはめた五人、十人、二十人、三十人が、思わぬところから鉄砲を撃ち、大声をあげるのだが、視界のよくない山深いところなので防ぐこともできない。ことに上は雲にそびえる山、下はけわしい岩の細道、軍勢(5)のどの部分から崩れたということもないが、田能、大窪村で、もどれば深山で視界をさえぎられ、すすめばまた追走される。

それで、田能、大窪村でその年の四月六日敗退した(6)。多くの人びとが戦死した。堀小太郎（正信）、鵜殿藤五郎、大久保勘七郎（忠核）、小原金内、これらの人びとがはじめに戦死して、その後でその他多勢の人びとが戦死した。本隊の決死隊は後方にのこって戦死した。家康様は見蔵で、このことをお聞きになる。後方で鉄砲が聞こえるが、どんな状勢かと心配しているところ、後方の軍が敗退したとお聞きになり、驚いて引きかえした。敵はちりぢりに山深く逃げ入った。どうすることもできずに、お馬は天方まで引きあげる。

そのとき、大久保七郎右衛門尉（忠世）は配下の杉浦久蔵（久勝）が負傷しているのをみつけて、近くによって馬をおり「久蔵、傷をしたか。これに乗れ」と引きおこすと、久蔵は、「ばかげた馬のおり場所だ。わたしなんぞが、何人死んでもたいしたことはない。大将となっている者が、そんなふうに馬を離れるものではない。ぜったいに乗らない」という。「遠慮はその時と場合による。早く乗れ」という。久蔵は「あなたを馬からおろし、あなたが殺されでもし、わたしがこの馬に乗って生きながらえたら、どう申し開きしたらよいのだ。とても乗れない」といって乗らない。時がたってはまずいと、七郎右衛門尉は「乗るなら乗れ。いやなら馬をすてよ」と、いい放って退却した。児玉甚内《こだまじんない》がもどってきて「七郎右衛門尉は退却した。早く乗れ」と、手をとって、引きおこして馬に乗せ、自分はまた走って、七郎右衛門尉につきしたがった。

七郎右衛門尉には兵藤弥惣、児玉甚内と犬若という小者の三人がしたがっていた。細い道で片側が崖になっているところを退却しているとき、後から逃げる者が先へ追い越そうとして、七郎右衛門尉を崖に突き落とす。三人の者もそれについて飛びおりた。犬若が揚羽の蝶の羽の指物《さしもの》をもっていたのをそのときすてたが、敵がこれをとった。兵藤弥惣がそれをみつけて走りついて奪いとろうとする。わきにいた敵が弥惣を袈裟懸《けさがけ》に斬りたおした。七郎右衛門尉がもどってきて、敵を二人とも斬り殺した。犬若に指物をまたもたせて退却した。

奥平道文（貞勝）の子作州《さくしゅう》（貞能）は勝頼と手を切って、家康様の配下となることを申しでたので、作州に長篠の城をあたえ、「九八郎（奥平信昌）をいずれ婿にむかえよう」とおっしゃる。信康のおっしゃるには、「考えられない。私の妹婿にどうして九八郎殿をいただこうか」とのことなので、さすがにむり押しすることもできず、信長へお伺いした。信長から「なるほど信康の申すのはもっともである。しかし、忠節をちかったのだし、また大事な国境をあずけておられるのだから、次郎三郎（信康）殿は不満を押えて、家康の意向にまかせる方がよいと思う」とおっしゃったので、「親たちがそういうなら、思いのままに」とおっしゃって、奥平九八郎方へ姫の輿《こし》は入った。

天正二年勝頼が出陣する。高天神《たかてんじん》の城に押しよせて攻撃する。信長も援軍として出陣した。しかし小笠原与八郎（長忠）は寝がえって、在城のまま敵にくらがえしたので、信長は陣をしく理由もなくなって、吉田から引きあげた。

注

（1）郷人　在地の農民。足軽。当時の農民はなかば武士でもあった。（2）しかりげ　いのししの毛皮。背や腰につけた。（3）猿皮空穂　猿の皮でつくった、矢を入れて背に負う道具。（4）しし矢　動物を射るのに用いる矢。丈夫な矢。（5）軍勢の…　軍隊が敗れるときにはどこか一部が突破され、横の連絡を失って崩れることが多いが、この場合はゲリラ作戦に一人二人と殺されていっての意。（6）敗退した　ここでは軍の体制を整えることができなくなり、バラバラになって、逃げ出すこと。

大賀弥四郎の謀反

天正三年（一五七五）に、家康の譜代ひさしい中間《ちゅうげん》に大賀弥四郎という者がいた。奥郡二十余郷の代官を家康様から引き受け、なにかにつけてたらないことなく、ゆたかに暮していたが、あまりの栄華におごったか、道義にもとる謀反をくわだて、ご譜代の主君を討ち、岡崎の城を自分の城にしようと思った。

小谷甚左衛門尉、倉地平左衛門尉、山田八蔵（重英）を仲間に引きいれる。たやすく岡崎の城がとれる計画をよく相談のうえ、考え出した。勝頼に申しいれた書状には「ぜひとも、今度岡崎へお引きいれしたい。岡崎をとり、家康親子が腹を切ることになるのははっきりしている。どうするかというと、家康が岡崎にお入りになるときは、わたしがお馬の前に立って『家康様がお越しになった。御門をお開けせよ。わたしは大賀弥四郎だ』というと、疑いなく御門は開けられる。それで作手《つくで》までご出陣くださって、先陣として二、三人をさし向けてください。家康の先に立って岡崎へおともして、城へやすやすと入ったなら、お城のなかで、次郎三郎信康様を討ちとる。すると兵はみな家康にそむき、勝頼に降参を願いでて、配下となるでしょう。そんなときに家康につきしたがう者たちは、たいした人物はおりません。二、三百人がしたがっていても、いざ戦おうとする者はありますまい。たとえいても、その人びとは岡崎に妻や子をおいているので、その妻や子を人質にとるなら、やはり降参を申しでるでしょう。大久保一族だけが、家康を敵としない家筋ですから、家康にしたがうことになるでしょう。しかしこれも多くの部下がいるわけではありませんから、とくに手柄をたてるほどにもなりますまい。女や子供は矢作《やはぎ》川を越えて尾張を目指して逃げて行きましょうから、河岸に小谷甚左衛門尉と山田八蔵がいて、それを一人ものこさず、つかまえるとすれば、大久保一族も仲間にはいるかもしれません。まあそれはともかく、家康にしたがう者は百騎ほどでありましょう。それで浜松を逃げだし、舟で伊勢へお逃げになるか、そうでなかったら、吉良まで逃げて、舟で尾張へ逃げようとされるかでしょう。そこへ押しよせて攻撃をしかけ、家康・信康親子の首を、念じ原へもってまいりましょう」と墨黒々と書かれ、大賀弥四郎、倉地平左衛門尉、山田八蔵、小谷甚左衛門尉判と書きとめてあった。勝頼にさしあげると、勝頼はおよろこびになり、「よし、この計画いそげ」と、作手にお馬をすすめた。

山田八蔵はよくよく考えて、この計画で主君家康をお討ちできそうだが、もし、家康様を討てなくなったとき、仲間となっていることはふつごうだ。仲間とならない方がよさそうだと、このことを家康に申しあげる。「もしこのことをご不信にお思いになられるなら、わたしの寝所へ一人二人さし向けてください。計画を内密に申しあげます」と申しあげると「なるほど」とおっしゃって、一人二人をさし向けてお聞きになる。まさにその通りだった。

大賀弥四郎は夢にも知らず、女房に向かって「わたしは謀反して、主君を討とうと思う」というと、女房は本気にしないで、「ざれごと[1]をいうよ。そんなことはいまいましくて聞きたくもない」とそっぽを向く。弥四部は重ねて「けっしてうそではない」と真顔でいうと、そのとき女房は驚いて「ほんとうにそんな計画をお立てになったのか。さてさて天運のお尽きになったことだ。家康様のたいへんなおかげで、なにひとつ不自由なく身をすごすことができるのに。天運はおそろしいものだ。そんな身にあまる光栄にそむいたら例外なく罰があたると考えれば、ご主君様をおろそかに思うことはなかったはずだ。多くのご譜代ひさしいお侍たちさえわたしたちのようなことはなされないのに、ましてあなたは中間の身分で、このように奥郡二十余郷の代官を命じられている。なにが不足で謀反をくわだてるのか。その計画思いとどまりなさい。そうでなかったらわたしと子供を刺し殺してからそのうえで謀反をしてください。まちがいなくあなたはご主君の罰を受け、このさき世間から責められ、辛い思いで死ぬことになりましょう。わたしの身も火あぶり、はりつけになって、つまらぬ名を世にながすのもあきらかです。それなら、たった今殺してください」という。

そのとき弥四郎は「女の身だから、わけのわからぬことをいうのか。おまえをこの城にうつし、御台《みだい》といわれるようにしたいのだ」というと、女房は「もしも御台といわれたならば、よろこばしいことだが、いわれなかったときの不幸はどうだ。あなたよく聞いてください。稲は実れば頭を下げるという。人は年をとると反《そ》りかえるというのはあなたのことです」とその後はものもいわなくなった。

そうこうするうち、大賀弥四郎をお城でつかまえる。倉地平左衛門尉は、計画の露見に気づき、逃げるところを斬り殺される。小谷甚左衛門尉は遠江の国国領の郷で、服部半蔵が生け捕りにしようとしたところ、天竜川へ飛びこみ、泳いで二俣城へ逃げ、それから甲斐の国へ行った。

弥四郎をきびしく縛って、足かせをつけ、大久保七郎右衛門尉（忠世）に命じて、馬に後向きに乗せ、首金《くびがね》(2)をはめて、後輪《しずわ》(3)に結びつけ、足かせを両方の鞍骨《くらぼね》(4)にからみつけて、謀反のときのためにとつくっておいた指物を指させて、楽《がく》(5)、鉦《かね》、笛、太鼓ではやしながら浜松へ連れて行った。

そのおり念じ原に女房子供五人がはりつけになっていた。その前を弥四郎を引っぱって通してみせた。ひじょうにわるびれたようすであったが、なにを思ったのか、顔をすこしあげて、五人の者をみ「おまえたちは先にあの世へ行くか、めでたいことだ。わたしもあとから行く」というと、見物していた人びとは笑った。道々はやしたてられて、人に憎まれる。浜松の街中を引きまわし、岡崎へもどって、牢《ろう》につないでおいた。

勝頼は出陣していたけれど、この計画が露見して、計画倒れになったので、そこから二《に》連木《れんぎ》へ攻撃をかけた。そのとき、信康の軍は山中の法蔵寺にいて、陣をしいていた。家康の本陣は吉田にあった。薑原《はじかみ》（不明）ではげしい足軽の争いがあって、勝頼はそこから退去して、長篠へ攻めよせた。すでに城の攻撃にかかる。家康、信康は両本陣で野田へ押しよせた。

そのあいだ、大賀弥四郎を、岡崎の街の辻に穴を掘り、首板をはめ、十の指を切り、目の先にならべ、足の大筋を切って、生き埋めにした。そのそばに竹のこぎりと鉄《かね》のこぎりを二つおいておいた。通りを行く人が「さてさて、ご主君を裏切るなど罰あたりなやつだ。憎いやつめ」と、竹のこぎりと鉄のこぎりをとりかえとりかえ引いたので、一日のうちに殺された。

注
（1）ざれごと　冗談。（2）首金　首輪。（3）後輪　鞍の後のせりあがった部分。（4）鞍骨　鞍の中央部。（5）楽　音楽のこと。鳴り物つきでの意。

鳥居強右衛門のこと

信長も出陣する。先鋒の人びとは早くも八幡（以下豊川市）、一の宮、本野が原に陣をとる。城介《じょうのすけ》（織田信忠）殿は岡崎へお着きになり、信長は池鯉鮒《ちりゅう》（知立市）へお着きになる。しかし、長篠の城ははげしく武田方に攻められて、はやくも窮地に立った。家康はひそかに鳥居強右衛門尉《すねえもん》（勝商）という者を「信長はご出陣か、みてこい」と城から忍びださせた。城からはたやすく逃げだすことができた。

信長の陣地で家康の所からきたと言うと、信長のもとにつれて行く。信長はおよろこびになってご出陣のことをおっしゃった。強右衛門尉はお言葉を聞く。武田逍遥軒《しょうようけん》（信綱）が攻めているところへ行き、竹束《たけたば》(1)を背負って城へ走り入ろうと状況をみているとき、みつけられ、つかまり、勝頼の御前に引きだされた。勝頼は「わたしのいう通りにするなら、おまえの命を助け、国へつれて行き、十分な知行地をやる。まず、はりつけにして城にみせるから、そのとき、知る人を呼んで『信長は出陣していない。城をわたせ』といえ。そのときおまえを下におろす」というと、強右衛門尉は「ありがとうございます。命をお助けいただけるならなんでもいたしますが、その上知行地をくださるとのおことば、ありがたきことこれ以上のものがありましょうか。長篠の城近くに早くはりつけにしてください」というので、その通りに城近くにはりつけにした。「城のなかの人びと、でてきて聞いてください。鳥居強右衛門尉はひそかにもどろうとしてつかまり、このざまだ」というと、人びとはみなでて「強右衛門尉か」と聞き耳をたてる。そのとき、強右衛門尉が「『信長は出陣していないといえ。命を助け、そのうえ知行地をくれる』とはいわれたが、信長は岡崎まで出陣、城介殿は八幡まで出陣。先鋒は一の宮、本野が原にみちみちて陣をとっている。家康・信康は野田へおうつりになり、城をかためている。三日のうちに運は開けると奥平作州（貞能）と同九八郎（信昌）殿親子へいえ」というと「敵の強みをいうやつだ。早くとどめをさせ」と武田方にとどめをさされた。

酒井左衛門尉（忠次）は信長の御前にまいって「長篠の上手《かみて》に鳶巣《とびのす》（新城市）というところがあります。南の方へ遠まわりをして城をせめるなら城に攻めいるのは簡単です。そんなお考えがおありなら、三河の国の人びとを引きつれて、わたしがまいりましょう」と申すと、信長はおよろこびになり、「なるほど。さっそくかかれ。左衛門尉は日ごろその武名を耳にしていたが、なるほどその通りの人物だ。眼が十ついているようだ」とおっしゃった。左衛門尉はその場を立ち、家康にこのことを申し、面々の人びとを引き連れて鳶巣へまわり、やがて追い崩した。そのとき、松平紀伊守《きいのかみ》（家忠）、天野惣次郎、戸田半平（重元）、その他多くの人びとが活躍をした。世間では戸田半平の活躍が評判となったが、半平は指物をさしていたからで、天野惣次郎は半平より先陣を切ったのだが、指物をささないずんぼう武者(2)だったので、世間では半平ほど評判にならなかった。けれど先陣を切ったのは半平ではなく惣次郎だった。

注

（1）竹束　鉄砲の弾を防ぐためのもの。（2）ずんぼう武者　具足はつけているが、指物をさしていない武者。「ずんぼう」は「ずんべらぼう」の意か。

長篠の戦い

天正三年（一五七五）五月二十一日、信長・城介（信忠）親子を両大将、家康・信康親子も両大将で、十万余で有海原《あるみ》（新城市）へ進撃し、谷を前に丈夫な柵をつくって待ちかまえていた。勝頼はわずか二万余名の兵で、滝川にひとつしか橋のない難所を越え、そのうえ、橋を越えてから、一騎ずつしかすすめない細い道を一里半（約七百五十メートル）もすすんで、押し寄せる合戦だった。

しかし、十万余の人びとは柵の外へでることなく、足軽だけをだして戦いをした。信長の軍は柵際まで押しよせられ、柵のなかに引きあげていた。家康の軍は、大久保七郎右衛門尉（忠世）、同治右衛門尉（忠佐）の兄弟を出陣させた。兄弟は敵味方のあいだに乱入して、敵が攻めよせれば引きあげ、敵が退却すると攻撃する。多勢の人びとを二人の采配でみごとに動かす。信長はこれをご覧になり「家康の軍の前方で金の揚羽の蝶の羽と浅黄《あさぎ》の石餅《こくもち》(1)の指物は敵かとみていると味方、味方とみていると敵だ。行って、敵か味方かみてこい」とおっしゃったので、家康の所へきてこのことを申しあげる。家康は「いやいや敵ではない。譜代久しい者だ。金の揚羽は大久保七郎右衛門尉と申して、石餅の兄だ。浅黄の石餅は、大久保治右衛門尉と申して、蝶の羽の弟だ」とおっしゃる。いそいで立ち帰って、このことを申すと、信長はお聞きになり「さて家康はよい者を配下にもっている。わたしは彼らほどの者をもっていない。彼ら兄弟はよい膏薬《こうやく》だ。敵にべったりとついて離れぬ」とおっしゃった。

勝頼も、土屋平八郎（昌次）、内藤修理（昌豊）、山県三郎兵衛（昌景）、馬場美濃守（信春）、真田源太左衛門尉（信綱）などのたびたびの合戦で名をはせた人びとを入れかえ入れかえ、ひたすら攻めよせて、退却することもなかったが、これらの人びとは雨脚のような鉄砲にあたって、その場で戦死をした。勝頼はこれをご覧になり、「あれこれいうまい。馬場美濃と山県三郎兵衛が戦死したからには、合戦の結果はみえた」とお思いになるところに、そのほかの主だった将兵が戦死をしたので、隊陣は乱れて敗退した。しかし勝頼は無事に退却した。

ここで攻めよせたならば甲斐の国までとることができるところだったが、家康は奥平作州（貞能）、同九八郎（信昌）をお召しになり「今度の合戦で、大切な城をよく守ってくれたことは、すでに人の口にのぼっている。そのほまれはたいへんなものだ」とたいへんよろこばれた。大久保七郎右衛門尉、同治右衛門兄弟を召しだしなさって、「さてさて、今度の兵の指揮ぶりは立派なものだった。おまえたちが指揮してくれたので、戦に勝った。おまえたちほどの者は家中にもほかにいない」とおっしゃって、よろこばれた。

注

（1）石餅　紋所の名。

松平信康の成長

長篠を撤収した家康は、すぐに今度のお礼のために安土へまいる。そのときおともの人びとが白洲《しらす》にひかえているところに、信長が立ちいでて、「髭《ひげ》はきていないか」とおっしゃる。そのとき江原孫三郎（利全）が前にでると信長は「いやいや、長篠にての髭のことだ」とおっしゃる。七郎右衛門尉（忠世）はおともしてきていなかったので、大久保治右衛門尉（忠佐）が前にすすみでた。そのとき「さておまえのことだ。さてさて長篠での奮戦ぶり、手柄はいうまでもない。おまえたちほどの者は、わたしの配下にいない。今度はよくがんばってくれた」とおっしゃり、着物をくださった。治右衛門尉は面目この上なく、その場をさがった。

家康はそこからお帰りになると同年、二俣（以下浜松市天竜区）へ押しよせた。毘沙門《びしゃもん》堂、鳥羽山、蜷原《になはら》、和田が島にとりでをつくる。二俣攻撃の責任者に大久保七郎右衛門尉をあてられたので、七郎右衛門尉は蜷原のとりでにいた。

また、光明の城へ押しよせなさる。大手の仁王堂口へ本多平八（忠勝）、榊原小平太（康政）そのほかの人びとが押しよせた。ご本陣は横川に進出、鏡山へ攻めあがり、そこから城へ攻めこむ。城には朝比奈又太郎（泰方）がいたが、降参を願ったので、命を助けてやる。同年、二俣城も落城。

天正四年（一五七六）七月ごろ、犬居を攻めようと、まず樽山《たるやま》の城をくだす。それから勝坂（天竜区）へ押しよせる。武田方は潮坂《しおざか》で防衛線をはり、近よせないので、大久保七郎右衛門尉に「石が嶺《みね》に登り、上から追い崩せ」とおっしゃる。引きうけて七郎右衛門尉、石きりへ移動する。天野宮内右衛門尉（景貫）は敵対できないと思い、潮坂を明けわたして、鹿鼻《ししがはな》へと退却した。

天正五年、家康は諏訪の原の城（島田市）を攻められて、すぐにくだす。それから小山の城（吉田町）へ押しよせになる。勝頼は後陣として、長篠で戦死したものの跡つぎで十二、三より上の者や、還俗者《げんぞく》などを引きつれて、出陣した。はやくも、大井川を一番隊・二番隊が越えたので、家康側は城の包囲をといて、引きあげる。井籠崎《いろうざき》までは敵に向かう格好になるので、信康はなんとも思わなかったが、井籠崎からは敵を後にする格好になる。信康は「これまでは敵に向かっていたのでわたしが先にすすみましたが、これからは敵を後にして引きあげることになる。まず、上様お引きあげください。どこに親を後において先に引きあげる子がいましょうか」とおっしゃる。大殿のおことばは「せがれはわけのわからぬことをいう。早々引きあげよ」だった。何度も何度も、押し問答をされたけれど、とうとう信康は退却をしなかったので、大殿はおれて、引きあげる。信康もそのあとを整然と隊伍を組んで引きあげた。勝頼も川を越すこともなく、川を越した者も引きあげさせる。家康様も諏訪の原の城にいったん入城して、帰陣した。

松平信康の切腹

丑の年[1]、信康の奥方様[2]は、信康の中傷を十二カ条書き、酒井左衛門督（忠次）にもたせて、信長へ送った。信長は、左衛門督を近づけて、巻物を開き、ひとつひとつ「これはどうか」とおたずねになる。左衛門督は「その通りです」と申しあげる。また「これは」とおっしゃる。「それもその通りです」と申しあげる。信長はひとつひとつを指しておたずねになる。十カ所とも「その通りです」と申しあげたので、信長は二つはお聞きになることもなく、徳川家中の老臣がすべてその通りというのなら疑いない。それなら、とても放置しておけぬ。切腹させよと家康に申せ」とおっしゃる。

左衛門督は承知して、岡崎へよることなく、直接浜松へ行き、家康にこのことを申しあげる。家康はご利発な殿であったので、そのことをお聞きになると、すぐに納得され「あれこれいうまでもない。信長を恨みはすまい。身分高き人も卑しい人も、子を可愛いと思うことはみなおなじだ。十カ所まで指さされ、いちいちおたずねになり、知らぬと申しあげたなら、信長もこうはおっしゃるまい。いちいちその通りと申しあげたから、こうおっしゃったのだろう。ほかの理由ではない。三郎（信康）は左衛門督の中傷で腹を切らせることになっただけだ。わたしも大敵に直面し、背後に信長がいては信長にそむきがたい。あれこれいうまでもない」とおっしゃる。

平岩七之助（親吉）がすすみでて「かるがるしく腹を切らせては、きっと後悔されるでしょう。それで、わたしを守役につけていたのですから、万事わたしの不行届となさって、わたしの首を切り、さしあげそのときだれかをおたのみになり『家康のたったひとりの子でございます。かわいそうにお思いになって』と申しあげ、信長もわたしの首が来たとお聞きになったなら、疑いもとけることでありましょう。ともかくわたしの首をいっときも早くさしあげよ」と思いつめて、いっきに申しあげる。「七之助のいうのももっともだ。よく考えてみよ。わたしも国におさまりかねないほどの器量のひとり息子をもち、わたしの跡をつがせようと思っていたのに、このように、先立たせることは、わたしのこのうえもない恥であり、どれほどか残念なことではある。しかし、勝頼という大敵と戦っている最中だ。信長を後陣としなければ、とても対抗できない。信長を裏切ってはどうにもならぬ。それで、おまえを切って首をもたせてやり、三郎の命が助かるならば、おまえの命をもらいもするが、左衛門督の中傷ではどうにもならぬ。おまえまで失っては、恥の上塗りだ。それで、かわいそうではあるが、三郎を岡崎からだせ」とおっしゃった。

岡崎をださせて大浜へでる。そこから堀江の城にうつり、またそこから二俣の城へお越しになり、天方山城（通綱）と服部半蔵（正成）に命じられ、天正六年、生年二十歳でご切腹なさった。

これという悪い点もなかったのだが、奥方様が信長の娘でいらっしゃった。二人のあいだに二人の姫君もおできになっていたけれど、仲がよくなかったのであろうか。そうだとしても子供ももうけた仲といい、夫婦なのだから、子供のためといい、人のうわさといい、あれこれ考えたら、こんな中傷はすべきではないのに「ともかくもひどいなされようだ」といわぬ人はなかった。それのみでなく「酒井左衛門督は、徳川家中の重臣であり、ご譜代ひさしいご主君のことを、奥方に心をうつして、奥方と仲間になり、口裏をあわせて中傷をしたものだ」と、多くの上下の人びとが口にして憎んだけれども、信長の威勢を恐れて、仇《あだ》を討つということはならなかった。

さて残念なことだ。これほどの殿はまたでることはない。昼夜武勇にたけた者を近くにおよせになって、合戦の話ばかりをなさる。そのほかには馬と鷹《たか》が趣味だった。よくよく器の大きな方だったのだろう。年もおとりになっていたわけではないのに、おっしゃったことを、のちのちまで、「三郎様がこうおっしゃった」とうわさしたものだ。人びとも残念なこととおうわさした。家康も、自分の子ながら器といい、親みずからおもちになっている勇敢さはのこすところなくおもちになっておいでだったので、惜しくお思いになるのは山々だったけれど、信長にしたがわねばいたしかたないときだったので、あれこれいうこともなく腹を切らせた。上下みなが、声をあげて泣き悲しんだ。信康には二人の娘がいた。

注

（1）丑の年　天正七年（一五七九）のこと。（2）奥方様　信長の五女。五徳。

勝頼の遠江再攻

天正五年（一五七七）に勝頼は、横須賀（掛川市）を攻撃した。家康は芝原（袋井市）へでて陣をはっていたが、勝頼が攻撃をしかけたとお聞きになって、横須賀へ本陣をうつす。いよいよ合戦かと思われたけれど、勝頼はとりでを設けることなく引きあげたので、合戦にはならなかった。家康様も芝原へ引きあげられ、陣をしいた。「勝頼はまわり道をして、掛川《かけがわ》のあたりへくるのだろう」と、大久保七郎右衛門尉（忠世）と本多豊後守（広孝）を沓部《くつべ》（袋井市久津部）へ行かせ、陣をとらせた。しかし、勝頼は横須賀より引きあげてしまった。

同年、家康は田中（藤枝市）へ攻撃をしかけるため、遠目《とおべ》（焼津市、岡当目《おかとうめ》・浜当目《はまとうめ》）の手前に陣をとらせた。勝頼は黄瀬川《きせ》へでて、北条氏政と相対し陣をとったが、家康が遠目近くに陣をとったとお聞きになり「これは家康を思う壺《つぼ》に誘いこんだ。それなら宇津《うつ》の谷《や》（静岡市駿河区）を行き、田中の城へうつり、退路を断って、一合戦しよう」と氏政に使いを立てて「家康が山西に攻撃をしかけ、遠目に陣をとっていると聞いた。明日はここをはらって家康に向かおうと思う。追尾しようというのなら覚悟して追走されるがよい。また合戦をしようとお考えならそれもけっこう、してごらんにいれます」といってやり、陣をはらって黄瀬川より富士川へ押しよせなさった。富士川が予想外に増水していたので、川を越すこともならないでいた。これを夢にも知らない家康のもとに、大久保七郎右衛門尉（忠世）の家臣で島孫左衛門という者のおいに越後という僧がいた。が、その僧が府中《ふちゅう》より走ってきてこのことを申しあげる。家康様はとりあえず引きあげられる。石河伯耆《ほうき》（数正）に尻払《しっぱら》いを命じた。持舟《もちふね》から出撃して追走してきた敵を逆にとってかえして、山へ追いあげ全部殺した。そのとき、松平石見《いわみ》（康安）、酒井備後《びんご》（忠利）などが手柄をたてた。そのほかにもいたけれど、まず彼らの名をあげておけばよいであろう。

それから大井川を越えて退却し、諏訪の原に逃げこんだ。勝頼も追っつけ田中の城におうつりになったけれど、遅かったので、なにごともおこらなかった。そのとき高天神に攻撃をかけ、大坂山にとりでをとった。小笠山のとりでと二つあったが、小笠山のとりでは以前におとりになったものだった。

天正七年春、家康様は田中へ攻撃をしかけ、苗を刈りとって引きあげる。同年、高天神に対するとりでを中村に二つ、鹿鼻《ししがはな》、なふが坂につくった。それで小笠、大坂、中村に二つ、鹿鼻、なふが坂、以上六つのとりでをつくったことになる。

家康、勝頼をほろぼす

天正八年（一五八〇）八月より、家康様は高天神（掛川市）に総攻撃を開始したが、四方に深くひろく堀を掘り、高い土塁を築き、高い板塀《いたべい》をならべ、その塀に付もがり[1]を結び、堀の向こうには七重八重に大きな柵をつくり、一間《けん》に侍ひとりずつ番をさせ、攻撃をしかけると、それにまた兵を増すという準備をしており、城中からは蟻一匹はいでるすきもないほどだった。

後方は、後陣がわりにと、ひろく深く大きな堀を掘らせたので、城のようになっていた。どんな方法でこもったのかしれないが、匂坂《さぎさか》甚太夫という者が、柵にはいり、またでてきたという。そうではあるけれど、林之谷（高天神城西方の谷）というところは山が高くて、そこをでるなどむずかしい。たとえでたとしても行く先は国のなか。そのほか小笠、掛川、諏訪の原。南は大坂（掛川市）、横須賀には家康様の軍がおいでになるので、行くところがないはずだ。

それほど厳しく包囲していたので、陣をとる余地もなかったほどで、大久保七郎右衛門（忠世）は命令を受けてはいたけれども、はるか遠くに離れて陣をとっていた。家康様は「とても林之谷へでることはないから、番兵を常時六人ずつおいておけ」とのおことばだった。

天正九年三月二十三日夜十時ごろ、ふた手に分かれて、城から攻撃にでてきた。足助《あすけ》、尾原、石河長門守《ながとのかみ》（康通）の守備するところが入江のようになっていたので、城からはそこが弱点と思って攻撃をかけたのであろう。城とのあいだが堀だったが、それへみながかけこんだ。三方よりこれをかこんで堀いっぱい敵を殺した。夜があけて首をとった。岡部丹波（長教）と横田甚五郎（尹松）は林之谷の、大久保七郎右衛門尉の兵に攻撃してきた。「番の者六人をおいておけ」とのおことばではあったが、七郎右衛門尉は大久保平助（彦左衛門尉忠教）に加えてこれはという者を十九騎さし向けていた。

城の大将だった岡部丹波を、平助の太刀で傷つけておいて、配下の本多主水《もんど》に討たせた。丹波と名乗ったなら、配下の者には討たせなかっただろうが、名乗らなかったのでそうしたのだ。その場で数人の者は殺したのだけれど、精もつきてみなを討ち殺すことはできなかった。七郎右衛門尉が、そのとき助けに来てくれたけれども、ことは終わったあとだった。

石川長門守、足助、尾原の軍に殺されなかった者たちが、一団となって水野日向守（勝成）の軍を討ち破る。そのとき日向守はまだ年若く、名代として水野太郎作（正重）と村越与惣左衛門尉がいたが、本陣近くまで攻めよせられても、切ってでて防がなかった。七郎右衛門尉の隣の陣だったので、助太刀の者がよせ集まってこれを防ぎ、おおかたを殺した。

天正十年春、木曽（義昌）は勝頼を裏切って、信長の道案内をした。それで信長親子は高遠《たかとお》へ出陣して、高遠の城を攻めとった。勝頼は諏訪に出陣したが、高遠が落城したと聞いて、諏訪より甲斐の国へ引きあげなさった。もはや譜代の人びともみな、配下を離れてしまい、どうしようと思案なされている。そばでまだのこっていた人びとも「おともすべきか」「どうしよう」とひそひそ話をするしまつだった。

小見山内膳《ないぜん》はおそばに召し仕えていたが、ごきげんをそこねて謹慎していた。小山田将監も内膳と奥むきでは勢力伯仲していた。この方はずっと勝頼に近侍して要務にたずさわっていたが、勝頼をみすてて早くも逃げ落ちた。そのとき、小見山は弟に「わたしはお怒りにふれて謹慎の身だが、わが先祖は武田家代々に仕えた家柄だ。今度おともして腹を切ることにしよう」というと、弟の又七郎も「わたしもぜひおともしよう」という。内膳は「勝頼のお情けがありがたくておともを申しあげるのではない。わたしの先祖の忠節を考え、またご譜代の家筋を考え、祖父や親や先祖の名を朽ちさせまいとおともをするのだ。おまえは生きのびて、親をやしない、わたしの妻子をやしない、死してのちまでわたしが恥をさらすようなことがないようにたのむ」といい、親や妻子を弟にあずけて、勝頼の御前にまいり、「わたしは日ごろ、お怒りにふれて謹慎しておりましたが、ぜひともおともをさせていただきたく存じます。お許しください。こう申しましても、わたしの五尺に足らぬ体が自由にならぬことがございます。それはなぜかと申しますに、君のご機嫌がよいようにと考えますと、わたしの先祖のご忠節やご譜代配下でありましたことが意味もなくなります。また先祖のご忠節を立て、長年のご主君のご用に立っておともすると、君のご機嫌にたがうことになります。それはどうしてかと申しますに、おなじように召し使われていた二人のうち、わたしは役に立つまいとおひまをくださり、小山田将監を信任なさって、身近におおきになった。ところがその将監は逃げ失せてしまい、お役に立つまいとお思いになった内膳めが最期のおともをする。恐れながら直接にお話をして、勘当赦免《かんどうしやめん》の釈明《しやくめい》を申しあげておともして、腹を切ります。これをみても主君の眼力はちがっていたのではないでしょうか。しかし、先祖の忠節を立て、ご譜代のご主君のお最期のおともができますのはなによりです」とおともをなさった。

武田梅雪（穴山信君）は勝頼にとっては姉むこだったが、府中（静岡市葵区）より奥方を盗みだし、下山（身延町）へ引きあげて勝頼を裏切ったので、いよいよだれもが勝頼をすてて逃げ落ちた。

家康は駿河から甲斐の国へ攻め入ったので、田中の城は依田右衛門督（信蕃）が守る。丸子の城を屋代《やしろ》左衛門が守る。遠目の城を朝比奈が守る。久能《くのう》の城（静岡市駿河区）は共同で守っていた。穴山（信君）は味方になったとはいっても、いまだ江尻の城（静岡市清水区）をもっていたので、家康様はこの城々を配下の者でかためておいて、蒲原《かんばら》（静岡市清水区）で穴山と対面なさる。穴山を先立たせになり、市河（西八代郡《にしやつしろぐん》市川三郷《いちかわみさと》町）へお着きになり陣をしかれる。信長は諏訪に陣をおとりになる。先陣は新府（韮崎市）に着く。家康は通り道の城を落とすのにひまがかかった。それのみでなく、道程も岐阜からと浜松からでは浜松からの方が三日分ほど遠いので、すこし遅れて甲斐におはいりになった。

勝頼は、はやくも配下の者たちが、ちりぢりに主君をすてて逃げ落ちたので、わずか数十騎ほどになっていた。新府に天正十年三月三日に奥方をつれておいでになり、同郡内の小山田（信茂）方へおうつりになる。小山田八左衛門尉という者を前もって連絡にやったが、小山田も心がわりして、勝頼を近づけない。八左衛門も帰ってこなかった。そこでまた、ここまでおともをしていた者たちもちりぢりになり、もはや五騎十騎の人びととともに天目山《てんもくざん》（甲州市大和町）へ入ろうとなさった。ところが天目山にはご譜代ひさしい甘利甚五郎と大熊新右衛門尉のむこしゅうとが先に入って、寝がえって、矢、鉄砲を向けて射かけ撃ちかける。どうにもならずに、奥方、お子（信勝）をともなって、河原に敷皮を敷かせて休んでおいでになった。あとからまもなく敵が追いつき切りかかった。土屋惣蔵（昌恒）は、立ち向かい戦ったが、跡部尾張守はそこを逃れて、落ちていった。惣蔵はこれをみて「尾張は今になってどこへ逃げ落ちようというのだ」と、弓をよく引きしぼって射る。尾張も運がつきていたのであろう。土屋の矢が空をとんで、胴のまんなかを射通した。馬より落ちた跡部の首を攻めよせてきた者がとった。

どうせあの世へ行くならば、華々しく勝頼のおともをし、土屋と同様その名をあげて、名をのちの世にのこしたらよかったのに、あの世へ行くといいながら、譜代の主君の大事のせとぎわをみすてて、その場を逃げ落ちて、土屋に殺されたのを憎く思わぬ人はなかった。

土屋はそれから矢束をといて、ぱらりと投げ、とってはつがえ、とってはつがえて、さんざんに馬に乗って射てまわり、多くの敵を殺してから、もどる。奥方とおそばの女房たちにお別れをなさり、勝頼とお子様の介錯《かいしゃく》をして、みずからも腹を十文字に切って、あの世への三途《さんず》の川のおともをした土屋惣蔵のありさま、「昔も今もまれである」とほめぬ者はいなかった。

その後、勝頼親子の首を信長の目にかける。信長はご覧になり、「日本にまたとない武人であったが、運がおつきになり、こうなられたことよ」とおっしゃった。

信長は知行地を沙汰《さた》される。上野《こうずけ》を滝川伊予守《いよのかみ》（一益）にくださる。甲斐の国を河尻《かわじり》与兵衛（秀隆）にくださる。駿河を家康にくだされて、「富士をひとめみよう」とおっしゃって、女坂（甲府市）、柏坂（甲府市、柏尾坂）をお越えになり、駿河にでて、根堅《ねかた》をお通りになり、遠江、三河へでてご帰国なさる。

そんなことがあって家康は、今度のお礼として安土《あづち》においでになる。信長は家康とつれだって、都へおのぼりになる。信長が「家康、堺へ行って、堺を見物なされよ」とおっしやった。それで堺へ行かれた。

注

(1) 付もがり　竹を交差して組んだ柵。

本能寺の変

明智日向守《ひゅうがのかみ》(光秀)は信長がとり立てた者で、丹波をあたえられていたが、突然裏切った。光秀は丹波の国より夜襲をかけ、本能寺(京都市中京区)へ押しよせ、信長に腹を切らせた。信長も表にでて「城の介(信忠)の裏切りか」とおっしゃると、森お蘭《らん》(長定)が「明智の裏切りのようでございます」と申す。「うん、明智の変心か」とおっしゃっているところに、明智の配下の者に、一槍つかれると、奥に引っこまれた。お蘭は槍を突いて戦った。またとない働きをして戦死をし、おともする。館《やかた》に火を放って、信長は焼け死んだ。

織田九右衛門尉、福富《ふくづみ》(秀勝)をはじめとして配下の者がかけつけたが、一戦もできなかった。それで、城の介殿(信忠)の二条の館にこもった。野々村三十郎(正成)はこもることができずに、後を追って腹を切った。

信長に腹を切らせた明智は、また城の介殿の館へ押しよせた。織田九右衛門尉、福富をはじめとし、これはという者どもが百余名こもっていたので、城の介殿の館では火花をちらして戦いが行われた。城の介殿をはじめ、ほとんどが戦死をとげた。織田の源五（長益）殿と山内修理《しゆり》（康豊）はかろうじて窮地を脱し、それより源五殿は、織田有楽《うらく》と名を変えた。

家康はこのことを堺でお聞きになり、もはや都へ行くことはならず、伊賀の国を通って引きあげた。そのおり、信長がかつて、伊賀の国を攻めとられたとき、国の者をみな殺しにした。他国へ逃げた者も、つかまえて殺した。三河へ落ちて家康をたのんだ人びとを、家康はひとりも殺すことなく、生活の世話をなさったが、伊賀の国に討ちもらされていた者が、そのときのことをありがたく思っていて、「こんなときにご恩をお返ししなくては」と家康をお送りした。

穴山梅雪（信君）は家康を疑って、家康からすこし離れておいでになったために、盗賊どもに殺された。家康について引きあげられたなら、なにごともなかったものを、ご同道なさらなかったことが不運である。伊賀路をぬけて白子（鈴鹿市）から舟に乗り、知多の大野（常滑市）へ上陸なさったと連絡がはいると、多くの人びとがおむかえにきて、岡崎までおともをする。

甲州一揆

そののち[1]、本多百助（信俊）は河尻与兵衛（秀隆）と知りあいだったので、いそいでやってきて、「あなたの知行地で一揆がおこったなら、援軍をさし向ける」といってよこした。河尻も、「ありがたい」といったが、百助が一揆をおこして、それに乗じて自分たちを討とうとしてきたものと河尻は思って、ごちそうをして、そののち蚊帳《かや》をつって寝かせた。河尻は長刀をもってやってきて、蚊帳の釣り手を切って落とし、そのまま突き殺した。一揆の者はこのことを聞くと四方から押しよせて、河尻を殺した。

それで、家康は大須賀五郎左衛門尉（康高）と岡部の次郎右衛門尉（正綱）と穴山の家来たちをさし向けた。穴山配下の人びとと岡部次郎右衛門尉は、古府中に着く。大須賀五郎左衛門尉は市川にいた。しかし、ここかしこにおこった一揆はいっこうに鎮《しず》まらないところに、大久保七郎右衛門尉（忠世）は婆口《うばぐち》（甲府市右左口《うばぐち》）に着いた。五郎左衛門尉はこのことをお聞きになり、「なに、七郎右衛門尉が着いたか、もう大船に乗ったようなものだ」と大きな息をついているところに、「石川長門（康道）、本多豊後親子（広孝・康重）も着いた」と家来がいいにくる。これでたいがいは一揆も鎮まったというものだった。

大須賀五郎左、大久保七郎右衛門尉、本多豊後親子、石川長門、岡部次郎右衛門尉、穴

山配下の人びとは、若神子《わかみこ》（北杜市）まで出陣した。そんなおり七郎右衛門尉のところまで、武川《むかわ》、小尾、津金の人びとが先駆けをする。

そうこうするあいだ、家康のご出馬が近いので、この五、六隊の人びとは諏訪へ押しよせた。大久保七郎右衛門尉は、その才覚で諏訪（頼忠）を味方にする。伊奈《いな》へでて大草（休斎）と知久《ちく》（頼久）を、これも七郎右衛門尉が家康の承認を得て、領地を安堵して、味方とする。また下条（頼安）も七郎右衛門尉が味方とした。

依田右衛門尉（信蕃）は、二俣の城を七郎右衛門尉にわたしたことがあった。そうした過去のこともあるので、「田中の城も大久保七郎右衛門尉にわたそう」といって七郎右衛門尉にわたして信濃へ行ったが、信濃も一揆で乱れていて、信濃に安住の地をえることができず、二度の因縁《いんねん》を恨み、七郎右衛門尉をたのんで人目を忍んで逃げ二俣に落ちた。また七郎右衛門尉が家康のおことばをたずねると、「信長には隠しておけ」とのおことばだったので、二俣に隠しておいた。七郎右衛門尉が「こんなときこそお役に立ちましょう。依田右衛門尉に知行をあたえられるなら、他の譜代の者たちも全部仕えようとするでしょう。諸軍からも五騎十騎とすこしずつ加え、甲州の先鋒に加え、そのうえ、怒りに触れた柴田七九郎（康忠）をお許しになり、この者たちの大将となさるなら、佐久の郡はまちがいなく手に入りましょう。そのうえ、よいとりでをもっていると聞きます。その小屋に譜代の者たちがいると聞いている」と申しあげると、「なるほどその通りだ。それなら七九堅固に守った。から、行き向かい、とりでに入った。譜代の者たちは夢のここちがしてよろこび、小屋を郎を大将とし、諸軍からも兵を集め、そうそうに出発せよ」とのおことばだった。若神子

注

(1)そののち　武田勝頼死してのちの意。

北条氏直の来攻

北条氏直は神流川《かんながわ》で滝川伊予守(一益)と合戦し、討ち破り、信濃の碓氷《うすい》峠を越えて、佐久の郡にでる。すると真田安房守《あわのかみ》(昌幸)も氏直の軍に加わった。酒井左衛門督(忠次)は東三河の国の人びとを引きつれて、三千ばかりで伊那《いな》郡へでて、諏訪へきて「信濃をわたしにくださるなら、諏訪(頼忠)も手なずけよう」という。それを聞いて諏訪はきげんをそこねて「それなら家康へはつかない。氏直につこう」と、家康と手を切って、氏直へ連絡をとった。氏直はこのことをお聞きになり、諏訪の頼忠を蘆田《あしだ》小屋に備えさせて、そこより役の行者(青木村)にでて、柏原《かじかはら》(飯綱町)に陣をとった。酒井左衛門督は三千ばかりで諏訪を引きあげ、乙骨《おっこつ》(富士見町乙事《おっこと》)に陣をとった。お

なじく大須賀五郎左衛門尉（康高）、大久保七郎右衛門尉（忠世）、石川長門守（康通）、本多豊後守親子（広孝・康重）、岡部次郎右衛門尉（正綱）、穴山、これらの人びとも乙骨に陣をとった。氏直は道一里ほどのところに四万三千で陣をおとりになっていたが、そんなことは徳川軍のだれも気づいていなかった。七郎右衛門尉の配下に石上菟角《とかく》という者、蓮田の小屋より、「氏直が諏訪へ出陣したが、乙骨に陣をとっている人びとが心配だ」と八ガ岳を忍んでやってきて、「氏直は柏原に四万三千の人数で陣をとっている。わずかここから一里ほどのところだが、ごぞんじか」と菟角が申しあげる。「それなら、見にだれかを行かせ」とて、そのとき、乙骨の名主太郎左衛門という者、七郎右衛門尉の本陣にいて、あれこれと世話していた。地元の者だから、太郎左衛門に命じて、見に行かせた。太郎左衛門は帰ってきて、「向こうの原の繁みのかげにみちみちて陣をとっている。明日はきっとここへ押しよせてくるだろう」と申す。「そうか、それなら退却だ」とみながいっているところに、諏訪の七郎右衛門尉が「諏訪を引きこんで味方にするところを、左衛門督殿の口がわざわいして、ふたたび敵とした」といって、左衛門督殿と七郎右衛門尉と口げんかをしたのを根にもって、酒井左衛門督殿は「七郎右、まず引きあげろ。七郎右が引きあげなかったら、わたしは引きあげない」とおっしゃる。七郎右は「左衛門督引きあげよ。左衛門督殿が引きあげないなら、どうあっても引きあげない」といいはっていた。そのあいだに敵は沢を越えて、われ人に遅れじと向こうの原へ押しあげたけれども、この問答はまだ終わっていなかった。「それなら」と左衛門督殿が引きあげる。左衛門督殿もこの問答に腹を立てていたので、十時ごろになって、引きあげられた。本陣に火をかけて陣を撤収した。敵はこれをみつけるとすぐに攻めよせる。左衛門督はそれより後をみることもなく退却なさった。

この戦さのはじめより、ひとつの部隊となって攻撃してきたことなので、六つの部隊の人びとはひとつとなって退却した。最後尾をかためるのが岡崎次郎右衛門尉、二の手が穴山衆、三が大久保七郎右衛門尉、四が本多豊後親子、五が石川長門守、六が大須賀五郎左衛門尉。これら六つの部隊がひとつとなり、五郎左衛門尉を先頭に立てて、順々に退却した。氏直は四万三千の人数で、山手の道をすすみ、敵を下にみ、進路をふさがんとすすむ。

六つの部隊の人びとは、あれこれとりまぜて雑兵が三千ばかり、敵を山の手にみつけても、おどろくことなく引きあげていたが、やがて氏直方が進路をふさごうとしたので、六つの部隊がいちどに立ちどまる。旗を立ててすすむと、敵も押しもどされて、なんとか気勢をそいだと思ったので、なおすすんで足軽をだし、鉄砲を撃つ。その勢いにあわててバラバラになることなく、整然と引きあげる。敵がぼう然としているあいだに十町ほど引きあげる。そこで旗を立てて敵を待ちうける。待ちかまえていると、敵も横に散開する。そこへ石川伯耆守をはじめとして、その他の人びとが助けにきた。坂井左衛門督もそこに足をふみとどめた。

それで氏直もそこより若神子へ進み陣をしいた。徳川の主力の人びとは新府に入って陣をとったので、陣が向かいあうことになった。

六つの部隊の大将が臆病な者たちだったら敗戦しかなかったが、それぞれ幾度の合戦にも場慣れした人びとだったし、また三千の兵のうち千ほどの人びとは、たびたび手柄を立てて名を世にうたわれた、これこそという者だった。十万騎二十万騎が攻めよせてきても、六部隊とも一合戦華やかにしないではすまない部隊だった。四万三千の兵に、わずか三千ばかりの兵がせめられ、七里の道を逃げ切り、人ひとり戦死させなかったなど、今も昔も聞いたことがない。

家康は古府中においでになったが、翌日には、はやくも新府中におうつりになる。そうは申すとたいそうだが、家康がおうつりになっても、その兵員は八千以上にはみえなかったけれど、日夜の戦いで四万三千の敵にいちども高慢な態度を許さなかった。それで氏直は「ここから古府中に軍をすすめ、郡内に入って引きあげよう」とおっしゃる。家康はそれをお聞きになる。「それなら前面の野原にとりでをつくり、氏直が押しすすむなら、とりでに人数をうつして合戦をしよう」と若神子の前面の野原にも、新府の前面の野原にもとりでをつくった。

その日は土塁だけをつくって、夕方松平上野《こうずけ》（康忠）と大久保七郎右衛門尉（忠世）を指名して、「大事な番だ。ゆだんするな」といってよこした。松平上野守からは、松平孫三郎（信重）が指名される。七郎右衛門尉の家中からは、大久保平助（忠教）が指名され、さし向けられた。

つぎの日、普請をじょうぶになさる。それで諸隊からは、松平と大久保が一昼夜交替で番をした。そのあいだ大久保七郎右衛門尉から蘆田《あしだ》（依田信蕃）へ「どうか知恵を働かし、真田を仲間に引きいれてくれ」と申しいれ、蘆田があれこれ努力をした。「家康ご自身の才覚で真田安房守《あわのかみ》（昌幸）のところへ、こと細かにおっしゃってください」と蘆田からいってよこした。御判形《はんぎょう》をとる。(1)七郎右衛門尉のほうからもくわしいことを杉浦久蔵（久勝）にいって聞かせて、久蔵をひそかに使いに立てる。安房守は味方となり、蘆田の小屋へ兵糧米を入れた。このころには小屋は兵糧米に困窮し、牛馬を食って命をつないでいたが、真田に助けられて、生きながらえることができた。

そして、真田と蘆田とひとつになって碓氷の道を遮断しようとする。そうなっては氏直が壊滅すると氏政もお思いになったのか、弟の北条左衛門助（氏忠）殿に命じて、一万余で郡内へでて、御坂《みさか》（笛吹市）を越えて東郡へでて、そこここに分散して、放火して、略奪をし、敵陣を乱した。

鳥居彦右衛門尉（元忠）と三宅惣右衛門尉（康忠）のおじ、おいは、古府中の留守番役としておかれていたが、このことを聞くと、いそいでかけつけた。急な敵の出現におどろく北条軍をそこここに追いつめて殺すと、全軍総敗退となり、御坂を目指して逃げて行く。

左衛門助殿もかろうじて命は助かり、御坂を目指して逃げ落ちて行った。

そんなふうで、彦右衛門尉、惣右衛門尉二人の手柄はいうまでもない。首を新府中へ雑兵《ぞうひよう》五百ほどの槍につけてよこした。それをさらし首場にかけならべておく。敵方はこれをみて、「なにをしているのだろう。より集まって、走りまわっている」とみていると、首をかけて引きあげた。敵の兵がみていそぎもどって氏直にこのことを「なんの首か知りませんが、おおげさにかけならべてあるのがみえます」と申しあげる。氏直は「なんの首かみてまいれ」とおっしゃる。配下の者がやってきてみて、「これはわたしの親。これはわたしの兄、おい、いとこ。これはわがおじ、兄弟」といって、生半可《なまはんか》な興味も失せて、首を抱いて泣き叫んだ。

注

(1) 御判形　家康のみずから署名した誓約書。

氏直から和議の申し入れ

氏直もこのことには相当驚いて「それなら和議を結んでおたがいに引きあげよう」と和議を結んだ。「郡内《ぐんない》と佐久《さく》の郡をわたしますから、沼田をわたしの方へかえすということで和議を結びたい」と申し入れると「けっこうだ」ということで、すぐに和議が成立する。まず郡内から部隊を引きあげる。氏直は野辺《のべ》山を通って佐久の郡へでて、碓氷《うすい》峠を越え、上野の山へおでになって引きあげられた。

　家康も甲斐の国を手に収めた。そこで、大久保七郎右衛門尉（忠世）に命じて、佐久の郡へおもむかせ、みずからは帰陣された。七郎右衛門尉は命を引き受け、午《うま》の年（天正十年）の九月、新府を立って、柏原では諏訪（頼忠）に使者をだし、諏訪を仲間にし、役《えん》の行者《ぎょうじゃ》へでる。そこから蘆田《あしだ》の小屋へ行くと、武田側は野沢の城をあけわたし、前山の城は焼きはらって、引きあげる。蘆田の城にうつり住む。その四方一里二里のなかに、小城や屋敷城が十二、三あった。小諸《こもろ》の城、根津小屋、望月の穴小屋、内山の城、岩尾の城、耳取の城、柏木の城、平原の城、田の口の城、岩村田の城、海の口、平尾の屋敷城、荒子《あらこ》の屋敷城、この城々のなかに割りこんで、四方へ攻めかけ、そのうちそここを配下におさめた。

　まず、岩村田を仲間に引き入れてから、午の年の内におおかたおさめた。未《ひつじ》の年（天正十一年）、依田右衛門（信蕃）は、岩尾の城を奪いとろうと押しよせて、馬に乗り、攻め入った。そのとき、右衛門は鉄砲にあたって戦死する。弟の源八郎（信幸）も鉄砲にあたって息絶える。兄弟が戦死したので、そのまま退却した。しかし、敵に兄弟の首をわたすことはしなかった。また、七郎右衛門尉が未の年にほとんどの城をとって配下におき、天正十三年上田の城を七郎右衛門尉がとり、それを真田（昌幸）にわたした。

小牧長久手の戦い

天正十二年（一五八四）申《さる》の年、関白（秀吉）殿はご本所（織田信雄）に腹を切らせようとした。そのときご本所は「家康にたのもう」とおっしゃったので、家康様は「もっともなことだ。ぜひとも援助しよう。それにしても関白殿はむごいことをおっしゃるものだ。柴田（勝家）が三七（織田信孝）殿と同盟を結ぶと、柴田と賤《しず》が岳《たけ》で合戦して柴田を絶やす。また、三七殿は野間の内海（南知多町）においでになったが、当時自分の主人にあたる人だったのに、昔の長田《おさだ》(1)（忠致）のように、三七殿を野間の内海で殺した。本所を関白殿がもりたてようとおっしゃったので、世は戦いもなくなり静かになるかと思っていたのに、本所に腹を切らせるとおっしゃっていると聞く。ぜひともお助けいたそう」とおっしゃる。はやくも関白殿は十万余騎を引きつれて、宇留間《うるま》（各務原市鵜沼）を越えて、犬山へでて、小牧山をとろうとなさった。家康はそれよりはやくかけつけなさって、小牧山に登りなさったので、関白殿も行く手を失って、小口《おぐち》（大口町）、楽田《がくでん》（犬山市）に諸軍は陣をとった。一丈（一・八メートル）ほどに高い土手を築き、そのなかに陣をおいた。小牧山では柵をめぐらすことをせず、無防備な陣をおとりになり、敵の土手まで幾度もかけつけ、敵の自由にさせなかった。

すると「岡崎へ押しよせて城を奪うなら、小牧山をもちつづけることはなるまい」と三好孫七郎（豊臣秀次）殿を大将として、池田勝入（恒興）、森勝蔵（長可）、長谷河藤五郎（秀一）、堀久太郎《ほりのきゅうたろう》（秀政）、そのほか三万余の兵で、天正十二年四月八日に、小口、楽田を出発、岩崎へでる。瞬時に岩崎城を攻めとり、鬨の声をあげる。家康は三河へ敵がまわったとお聞きになり「それなら兵をさし向けよう」とおっしゃって、水野惣兵衛（忠重）殿、榊原式部太夫（康政）、大須賀五郎左衛門（康高）、本多豊後守親子（広孝・康重）、その他の人びとをさし向けた。まもなく三好孫七郎殿の軍に遭遇し、合戦をしかけて切り崩し、岩崎（小牧市）を目指して敗走する敵を追い、そこここで討ち殺した。

堀久太郎、長谷河藤五郎は岩崎の城を攻めとって、勢いづいたまま追いかけた。しかも軍列を整えず、バラバラに乱れて追走したので、そこからまた逆に追いかえされて、小幡《おばた》（名古屋市守山区）まで攻めかえされた。

小牧山には、本所（織田信雄）と酒井左衛門督（忠次）、石川伯耆守（数正）、本多中務（忠勝）、その他の人びとが、留守番としておかれていて、家康は旗本衆と井伊兵部少輔（直政）他雑兵三千ほどで、後陣としてひかえていたが、みながみな小幡を目指して逃げるのをご覧になって、押しよせなさる。池田勝入（恒興）と森勝蔵（長可）が家康に向かってきて、正面からぶつかりあっての合戦となった。

そのとき、平松金次郎と鳥居金次郎と二人の槍合戦を最後に、まもなく秀吉は敗退した。池田勝入を永井右近（直勝）が討ちとる。森勝蔵は本多八蔵が討ったということだが、異論もあり、たしかというわけではない。それから三万余の人びとを切り崩して、ほとんどを追撃して殺すと、いそいで軍を引きあげ、小幡の城に引きあげた。関白殿は、小口、楽田でこのことをお聞きになり、急きょ竜泉寺（名古屋市守山区）まで押しだしたが、家康は目はしのきく武勇にたけた名将だったので、そのことを予想していて、テキパキと軍を展開させて、手早く小幡の城に引きあげたので、関白殿も攻撃の目標を失ってしまった。

小牧山にのこっていた酒井左衛門督が「関白殿が出撃なさり、小幡あたりが心配だ。ここから、二重の堀を押し破って、関白殿のすべての陣屋に火をかけ焼きはらうなら、関白殿も敗退するであろう」と進撃しようとしたが、その当時から石川伯耆守は関白殿に心をよせていたので、「そんなことはすべきでない」といっこうに進撃しないので、そのままとなった。

本多中務も左衛門督と同意見だったので、伯耆守が進撃しないとみて、「それならわたしは小幡へおむかえにまいりましょう」と五百ほどの兵で、関白殿の陣の前方を押し破って、小幡の城へ行き、おともをして小牧山へやってきた。敵も味方も本多中務の勇敢をほめた。それで、関白殿も小口、楽田へ引きあげる。小口、楽田を引きはらって、墨俣《すのまた》を越えて今尾へ攻撃をしかける。家康はしげんし(2)へ押しよせて、それから清須へ帰陣した。

関白殿は今尾の城（海津市）を水責めで攻撃しているとき、蟹江の城（蟹江町）の前田与十郎が家康を裏切って滝川（一益）を城に引き入れた。家康はこのことをお聞きになり、「時がたってはどうにもならぬ」とおっしゃって、そのままとりあえずかけだすと、兵も家康に遅れまいとかけだす。蟹江というのは、潮の干満するところにあるので、細い道が一筋だけで、わきへ行くことができないところだったが、家康の軍勢だけが兵を引っぱって、まもなく押しよせた。

滝川はとても対抗できないと、城中から舟に乗って、命ひとつを助かり河口を指して逃げだした。前田与十郎も一戦は戦ってみたけれども、敵の強襲にとてもこらえ切れぬと、妻子とひとつの舟に乗り、河口を目指して逃げて行ったが、逃がしてやる理由もなく、河口で女房子供とともにひとりのこらず殺されて、潮に浮かんでいた。

関白殿は今尾の城を水責めにして、それから伊勢へまわり、桑名の山の手に陣をとった。家康は清須から桑名へ移動し、松が島へ服部半蔵（正成）をさし向け、白子《しろこ》へでて、浜田と四日市場（四日市市）に城をとらせて、帰陣した。関白殿もそこから帰陣した。

注

（1）長田　平治の乱に敗れた源義朝は家臣、長田忠致をたのんで野間に逃げ落ちたが、長田は主君を裏切り暗殺した。（2）しげんし　地名と思われるが所在不明。

上田城攻め

氏直《うじなお》と対陣していたときの講和の条件は、氏直からは郡内《ぐんない》と佐久《さく》の郡、諏訪の郡をわたす、ということで家康様はこれをわたす。家康からは沼田をわたす、ということだったので、「氏直からは約束通りにわたされたので、沼田を小田原にわたせ」と命令がきたとき、真田（昌幸）が「沼田というのは主君からいただいたものではない。わたしが自分の力でとった沼田だ。また、今回の合戦で配下に加わったら恩賞をくださると約束があったのに、それを実施されないことを恨みに思っておりました。そのうえわたしがもっている沼田をわたせとおっしゃるのは、とうてい納得がまいりません。そのうえ「ご主君として仕えることができない」と関白殿に近づいた。

そんなわけで、天正十三年（一五八五）八月、家康は真田へ軍勢をさし向けた。鳥居彦右衛門尉（元忠）、平岩主計《かずえ》（親吉）、大久保七郎右衛門尉（忠世）、諏訪祝《ほうり》（諏訪頼忠）、柴田七九郎（康忠）、保科弾正《ほしなだんじょう》親子（正直・正光）、下条（頼安）、知久《ちく》（頼氏）、遠山（一行）、大草（松平康安）、甲州先鋒の衆[1]、蘆田（松平康国）、岡部次郎右衛門尉（長盛）、三枝《さえ》平右衛門尉（昌吉）、屋代越中《やしろえっちゅう》（秀正）、これらの人びとがつかわされた。上田城へ押しよせ、二の丸まで乱入して、火を放とうとしたところ、柴田七九郎が走りよって「火を放ったら、なかに入っている者がでることができなくなる。火をつけるまでもない」と止めたが、これは七九郎若気《わかげ》のいたりか、戦いの経験が浅かったためか、火を放たなければならなかったところで火をつけなかった。そしてそこより引きあげると、予想通り、火を放って、火攻めにすればでることのできなかった敵が、火を放たなかったので、城からあとを追ってでてきた。すばやく執拗《しつよう》に追走する。多くの者たちのなかから弓、鉄砲を後方に下げていたが、大久保七郎右衛門尉の配下、本多主水《もんど》が平岩主計の配下尾崎左門に「左門どうしたことだ。おまえの部隊のようすはとても隊列が乱れているようにみえるが、どうしたことだ」というと、左門答えて「主水はよくみている。今までは昔からの鉄砲隊の者たちがいたので、よく事情をわかっていて、命令をよく聞き、下知《げち》をすれば、隊列がピタリと決まったものだが、その者たちが朝から一生懸命、合戦をし、かわりに今は西も東も知らない経験のすくない者をよこしたので、あわてふためいて、命令をくだしても耳に入らず、よそ目にもこっけいにあわててしまい、よけいに命令通り動かない。わたしたちの部隊はあなたがみた通り、今、逃げちるところだ。左門はここで死ぬまで戦うから、もしあなたが生きのびて、引きあげることができたら、左門がいったことを主計によく話してくれ」といい終わらないうちに敗北した。左門はことば通りその場を去ることなく討ち死にした。

鳥居彦右衛門尉の配下の者たちは、一段と高いところへ引きあげたが、戸石の城（上田市）から兵がでて追撃した。はげしく追走されたので、どうにもならなくなった。小見孫七郎は勇敢に走りだし、槍をかまえているところへ、敵が多勢で押しよせた。そこにふんばって、多勢の者どもとはなばなしく槍を突きあったが、その場で戦死した。そのあいだに彦右衛門尉の人びとは退却した。

七郎右衛門尉は、乙部藤吉、本多主水両人の弓と黒柳孫左衛門尉の鉄砲で、まっこうからわたりあって退却する。このほか十二、三人の人びとがいたが、それらの人びとが最後尾について退却した。乙部藤吉は一の矢を放ったが、射はずし、二の矢をつがえようとしたとき、突き殺された。黒柳孫左衛門尉が、立ちはだかって、鉄砲で藤吉を殺した者にぶっ放して、引きあげる。それ以後は総崩れとなり、諸部隊の人びとが、四、五町逃げるうちに、三百余人が殺された。

注

（1）甲州先鋒の衆　武田の家臣で、先鋒隊として活躍していた人びと。

彦左衛門（忠教）の奮戦

大久保七郎右衛門尉は加賀川（上田市の神川）まで退却してきたが、鳥居彦右衛門尉の配下の者が隊列を乱してくるのをみて、その方へ一騎返した。それについて、大久保平助（忠教）、馬よりとびおりて、槍をつかんでかえす。七郎右衛門尉は金の揚羽《あげは》の蝶の羽の指物を指してかけまわったので、指物をみて、やがて旗持ちもやってくる。逃げちっていた者も走りよって、河原でふみとどまった。平助は銀の揚羽の蝶の羽の九尺もある指物をして敵に向かった。黒い具足《ぐそく》で槍をもち、突きすすんで来る者を突き殺す。首をとることなく、よせてくる敵を待ちかまえていると、指物をみかけて松平十郎左衛門尉（忠勝）がくる。つぎに足立《あだち》善一郎（政定）がくる。つぎに木下隼人《はやと》がくる。それ以後大田源蔵、松井弥四郎（忠行）、天野小八郎、戸塚久助、後藤惣平、気多《けた》甚六郎、江坂茂助、天方喜三郎、これらの人びとが平助のいるところへきたので、これらの人を引きつれて、山手の台地の上へ押しあげる。敵もそれを防ごうとしたが、ことともしないで押しあげる。右手は真田が本陣、左手は五、六間のあいだはすべて敵がひかえていた。真田《さなだ》の配下の日置五右衛門尉が、左手の方からこれらの者がならんでいるなかを、敵と知らないで通る。平助がみつけて「あれは三つ巻をしていないから敵だ。突き落せ」というと「日置五右衛門だ。絶対に敵ではない」という。平助は「日置五右衛門だからこそ突き落とせ」という。足立善一郎が走りよって突いたが、鞍の後輪《しずわ》(1)にあたる。五右衛門のともについていた者が槍をもちなおして、善一郎をすこし突く。

ところで、大久保平助は眼の前にきたのを胴のまんなかと思って突いた。五右衛門につきしたがっていたともが、槍を四、五本もっていたが、二、三本の槍で平助の槍をからめて、はねのける。もちなおして突こうとするあいだに通りすぎた。気多甚六郎のまえにきたとき、また平助が「甚六郎、突け」という。走りよって突いた。これも後からになったけれど、肘《ひじ》をはずれて腰の横にあたったらしい。

そのとき、日置五右衛門尉が「川中島の人びとが早くも助けにきてくれたかと思い、味方と思って敵の中を通ったところを大久保七郎右衛門尉の弟平助に突かれた」という。平助は「いやいや、わたしも突くには突いたが、わたしの突いた槍はからまれて、五右衛門尉にはあたらなかった」といった。五右衛門尉は「平助に突かれた」といえば、名誉になると思っていったのだけれども、平助は「突かぬ」といった。

そのうちに敵のなかに入りこんだ味方が帰ってくるかとみていると、十七、八歳の子供が一人、敵と知らないでやってきた。天野小八郎が突こうとしたのを、平助がみて「子供だ。かわいそうだ、許してやれ」と許してやった。

今考えてみれば、これほどの格好の手柄はなかったのに、平助も若気のいたりで討たせなかった。酒井与九郎（重勝）の手柄も、そのときの手柄も、旗本であれば崩口《くずれぐち》の高名[2]といって、このうえないようにいうけれども、おなじときの高名ではあるが、与九郎の手柄は、七郎右衛門尉の旗が立っているのに気がつかないでかけこんだ者だったので、味方の中での手柄だった。小八郎に平助が「やるな」といった場では、与九郎高名の場より一町ほども敵の中に入って、敵の中での事柄だったので、手柄を立てないでも、この者たちに、手柄を立てた者たちは大口はたたけなかったものをと思うと、そのとき討たしておくべきだった。

敵のなかへ味方が攻めかえすかとみているところに、どうしたわけか二十騎ばかりが、本街道を石橋の方へ帰ってくる。平助はそれより向こうの敵に向かって、もどってきた人びとといっしょになろうと思って押しすすんだが、いっしょに行った者たちでそのときはひとりもくる者がなく、天方喜三郎だけがやってきた。

帰ってくる馬の馬乗りたちをみると、ひとりも見知っている者はない。そのとき喜三郎は「これから先は行ってはなりません。見知っている者はひとりもおりません。今にもこの者たちは逃げるでしょう」というも終わらないうちに、われ先にと逃げだした。もともと敵は五、六間のあいだにひかえていたのだから、まもなく馬に乗って攻めよせてきた。石橋のあるところで、天野金太夫と小笠原越中（広朝）と波切孫惣など二、三人の人がことばをかわしていうには、「平助がここを引きあげる。みすてることはできない」と平助にことばを孫惣がかける。「みすてない」というけれど、三人は馬に乗っているし、平助は馬からおりて徒歩だった。「よけいな、おかしいことはいうな」といって、引きあげる。

　大久保七郎右衛門尉（忠世）は平岩主計《かずえ》の部隊のなかに乗りつけて「あなたの部隊を川を越させて、わたしたちの部隊のあとへつけてください。敵の人数のまとまらないうちに、わたしが切ってかかろうと思う。そうなればひとりも逃がさない」というと、とんでもないことと主計は返事もしない。七郎右衛門尉が重ねて「川を越すことができないと思われるなら、河岸まで部隊をおろしてください。わたしたちが攻撃するから」といったけれども、それも聞き入れようとしない。七郎右衛門は腹を立てて、「日ごろから、そんな料簡《りようけん》のやつだから役に立たぬ。あさましいことだ」と馬を乗りかえして、こんどは鳥居彦右衛門尉（元忠）の部隊へ行って、「平岩主計に『部隊を河岸までおろしてくれ。そうしたら、わたしたちが攻撃をしかける』といったのに、震えるばかりで、ものもいわない。それで、彦右の部隊をわたしの部隊のあとから前進させてくれ。敵の兵がまとまらないうちに、わたしたちが攻撃をしかけよう」といったけれど、鳥居彦右も返事をしなかった。「そうか、川を越えることがいやなら、河岸まで部隊をおろしてくれないか。わたしたちだけで攻撃をしかけるから、せめて背後をかためてくれ」といったが、返事もない。「どいつも下戸《げこ》に酒をしいるようだ。役に立たぬ。日ごろの料簡のままだ」ともどる。保科弾正《ほしなだんじよう》（正直）の部隊へ乗りつけて「あなたの部隊を河岸までおろしてください。そうすれば敵のまとまらないうちに、わたしが攻撃をしかける」というと、これは前二人以上に震えていて、返事もない。「おしい知行《ちぎょう》だ」といいすてて自分の部隊へもどるところで、平助（忠教）と会う。平助が「川の向こうの敵が川を越したなら、この体勢では敗退すると思える。鉄砲を河岸におだしになれ」というと、七郎右衛門尉はなにもいわずに手をふる。「手をふっていてもしようがない。早く鉄砲隊を河岸まで出撃させよ」というと、そのとき七郎右衛門尉は「玉薬《たまぐすり》がない」という。「玉薬がないなんてことはないはず。早く出撃させよ」というと、「若僧がなにをいうか。全部が全部腰がぬけて出撃しようという者はひとりもいないぞ。腰がぬけたといえば、いった人が弱みをみせたことになる。それで玉薬がないというんだ」といった。平助はそれならと、河岸へ馬に乗ってもどった。しかし敵も川を越すことなく、引きあげたので、たがいに引きあげた。

注
（1）後輪　鞍の後部の反りあがっている部分。（2）崩口の高名　敵を崩すきっかけとなる手柄。

丸子城攻撃

翌日、丸子の城（上田市）を攻撃しようと筑摩《ちくま》川を越えて、八重原（東御市）へ押しあげた。真田（昌幸）はこれをみて、海野の町（上田市本海野）へ進撃して、八重原の下を一騎ずつ一列に手白塚（上田市）まで攻撃をしかけた。大久保七郎右衛門尉はこれをみて、柴田七九郎（康忠）を使いに立て、鳥居彦右衛門と平岩主計のところへ「両人の本陣を筑摩川の岸まですすめてください。そうすれば、岡部次郎右（長盛）は若いので、依田源十郎と諏訪（頼忠）とわたしが攻撃して、中央で二つに切断し、根津原（東御市）へ追いあげてひとりももらさず討ちとる」といったけれど、両人の兵はいっこうに進撃しなかった。それで七九郎もどうすることもできず、もどってきて七郎右衛門尉に語ると、「そんなことだと思っていた」「よし、河岸へでることができないなら、この山の口まででて、後方をかためてくだされ。ともかくわたしたちは攻撃しますから」と、もう一度いってやった。両人とも七九郎と会おうとはしなかった。七九郎は腹を立て、このことを七郎右衛門尉に聞かせると、七郎右衛門尉は「かごの鳥を逃がした」と方法を失ってしまったが、「もう一度行ってみてくれないか」というと、そのとき七九郎は七郎右衛門尉に輪をかけた表情で「やれやれ、下戸に酒をしいてもだめなように、勇敢さを人にしいてもしいたかいもない。何度も何度も百回も千回も行ったとしても、けりがつくとは思えない。日が暑いといって柿紙《かきがみ》(1)をかぶって、わたしにで会うこともせず、寝ているのに、むだなことをいわれるものだ。あのようすではたとえ出撃したとしても役には立ちますまい。保科弾正親子（正直・正光）と右の二人の存在を無視して、あなたとわたしだけで、出撃するなら出撃しましょう」と申された。「源十郎は若く、岡部内膳（長盛）も若い。あなたと諏訪と私と三人で進撃はむずかしいから、いたしかたない」と放置した。

丸子に攻撃をしかけて、八重原に陣をとったが、真田も押しもどして、対陣した。そのとき岡部内膳が見張り番の時、真田親子（昌幸・信幸）は足軽の中にまじって、激しく戦ったが、岡部内膳には駿河の一番隊でもこれこそはという者どもが集まっていたのでこともしないで応戦した。そのとき七郎右衛門尉、まだ懲《こ》りずに、鳥居彦右衛門と平岩主計のもとへ使いをやった。「真田親子が足軽いくさ(2)の場へ出て、戦っている。思う通りのところへ出てきた。両人の本陣をわたしの陣のあるところまでうつしてほしい。そうすれば内膳の軍の前方から離れることはできなくなる。内膳を一番隊として、その後からわたしが押しよせて合戦をするなら、真田親子を絶対、あの坂をあげることなく討ちとれる」といくども使いをやったけれども、どうしても返事をしなかったので「日ごろから臆病だとは知っていたが、これほどまでとは思わなかった。意外や意外」とあきらめた。

岡部内膳だけでは追い立てることもできず、五分五分でいた。みなが出撃したら手向かいはさせないものを、「千兵は求めやすいが、一将は求めにくい」とは今合点がいった。二人の小心が勝利を失うことになる。ことにどの軍隊も、善い目をみたか悪い目をみたかはともかく、どんなふうにでも実戦に参加しなかった者はいなかったが、保科弾正は、善い目にも悪い目にもあわなかったたぐいまれな戦のへたなやつと思えた。

この人びとが震えていたので、とうとう敵も気をとりもどして、対陣を退却しかねていたのを、さらに加勢を加えて退却して、はつまがそり[3]に城をとる。依田源十郎（松平康国）は天神林（佐久市）に行って敵の進攻を防いでいたので、そのときも大久保平助（忠教）が鉄砲隊を連れて加勢に行った。みなは、はつまがそりより引きあげなさったが、大久保七郎右衛門尉（忠世）は小諸《こもろ》の城にとどまっていた。

注
（1）柿紙　和紙に柿渋を塗ったもの。旅の夜具や雨具、夏のカーペットとして用いた。（2）足軽いくさ　足軽同士の小ぜりあい。（3）はつまがそり　地名と思われるが不詳。

石川伯耆守の裏切り

天正十三年（一五八五）の暮、石川伯耆守《ほうきのかみ》（数正）が裏切って、妻子を引きつれて岡崎より逃げだした。家康は岡崎におうつりになる。大久保七郎右衛門尉にも「早くかえってこい」と小諸へ毎日何度も飛脚《ひきやく》がやってきたけれども「七郎右衛門尉がいそいでのぼると、家康本領で乱が発生して、それでそうそうと七郎右衛門尉も逃げ落ちるということにでもなると、ここらが乱れて、一揆でもおきるなら、真田がすぐによせて、まちがいなくここを奪いとるであろう。そのうえ、越後に信玄の子の正道（信親）殿といって、目のみえない方をお入れしてあるが、この親子を甲州にお入れするといって、これを心がけているかのうわさがながれているが、まあなんの根拠もなくいっているのでしょうが、万が一、そんなことでもおきたなら、甲州までも乱れるであろう。もしそんなことにでもなったら、いよいよ負け戦になるだろう。このあたりをすこしみきわめてからまいります」と申していたけれど、かさねがさねおっしゃったので「それなら一族のだれかをのこしてまいります」という。七郎右衛門尉は「知行《ちぎよう》を願ってやるからだれかのこれ、だれかのこれ」といったけれど、「知行を望むようなときではない。石川伯耆守が裏切った以上は、親や妻子のゆくえもわからず心配だ。ここにのこるところでない」とみなが断わった。「それならもうよい。おまえたちは帰れ。わたしはここにのこる」という。みなは「たとえ親子を人質としてつれ去られていたとしても、わたしたちばかり帰ることはとてもできない。どこへ行くにもあなたの意のまま」と申す。七郎右衛門尉は「だれにいっても承知してくれない。そうだ、平助（彦左衛門）、ここにのこってくれ」といわれた。「わたしもみなもおなじでございます。伯耆守がいたすぐ近くに母と女房がいて、人質になったかどうかもわからずに『ご知行を願ってやろう』といわれて、ここにとどまる者がありましょうか。そのうえ、ここらのようすはご覧の通り、生きながらえて、国に帰り、知行をいただくことなどむずかしい。おまけに、伯耆守が裏切ったからにはきっと、なみたいていのことではない。国にまいっても死に、ここにとどまっても死ぬ。どうせ死ぬなら、殿様の目のまえで戦死したい。おなじ命をさし上げるのに、ここで死にはてたら、人に知られることもないから、見ばえのしない場所での戦死でございます。また母はあなたにとっても母だし、治右衛門尉（忠佐）、権右衛門尉（忠為）にも母でございますから、わたしひとりの母ではございません。わたしがいなくても、二人か三人の方がおいでになったなら、そのことは思いおくことはありませんが、女房のゆくえもわからず、生死もわからない。とても知行を望む場面でありません。その知行は閻魔王《えんま》に捧げるようなもの、なんとおっしゃっても、ここにのこることなどとても考えられません。きっぱりいやでございます」

そのとき、七右衛門尉は「おまえがいうのも、なるほどその通りだ。母のことは子供が多勢いるのだから、心配するにおよばない。妻や子を伯耆守の近くにおいていたので、どうなったかわからない。知行を望む場でないというのもなるほど道理だと思う。その点ではわたしがまちがっていた。こらえてくれ。それならなんの望みもなく、命をすててここにおまえがとどまってくれ。そうしてもらえなければ、わたしはまいることができない。とにかくたのむ」とおっしゃった。「それなら承知しました。知行がからんだなら、けっして承知できなかったけれど、理屈ぬきで『命をすてよ』とおっしゃっていただければ、いやとは申しません。『そうそうに、いっときも早く、いそがれよ』と何度も家康からおことばを受けている。ここのことは心配されるな」といって、「早く早く」といって、別れのあいさつをし、帰国させた。わたしは(1)天正十三年の八月より十四年の正月まで、ここにとどまった。伯耆守はさしたる工作もすることなく引きあげていった。

注

（1）わたしは… 平助、つまり本書の作者大久保彦左衛門のこと。

秀吉と和睦する

天正十四年（一五八三）、尾張内府《おわりだいふ》（織田信雄）は家康にはなんの連絡もなく、関白《かんぱく》（秀吉）殿と和議をお結びになった。関白殿から「尾張の内府とは、はや和議を結んだ。家康も和議を結ばれよ」といってよこした。「もっともでございます。内府がわたしをたのんだからこそ、断交はしたけれども、内府と同盟を結ばれたというなら、当方では異存ありません」といってやる。「そういっていただけるとありがたい。それなら、とくにたいせつな相談をするのだから、わたしの妹をさし上げよう」という。そのおことばを実行なさって、やがて輿《こし》をお入れになり、家康を妹むこ殿になさった。こうなっては上洛《じょうらく》しなくてはならなくなった。「それでは上洛しよう」とおことばがあった。酒井左衛門督（忠次）は「上洛なさるのは、道理にあわないお考えです。ぜひ、お考えなおしてください。

断交することになっても、かまわないではありませんか」としきりに申しあげた。多くの諸大名も「左衛門督が申しあげましたように、断交となるからとしても、上洛するというのは納得いきません。どうあっても、今日の上洛はぜひお考えなおしてください」とさかんに申しあげると家康様は「左衛門督をはじめ、みなはどうしてそういうのか。わたしひとり腹を切って万民を助けるのだ。わたしが上洛しなかったら、断交となる。しかし、百万騎で攻めよせてきても、一合戦に討ち破ってみせるけれど、戦というものはそういうものではない。わたしひとりの決断で、民百姓、諸侍どもを山野にのたれ死にさせるなら、その亡霊のたたりこそおそろしい。わたしひとりが腹を切って、多くの人の命を助ける。おまえたちも、決してなんだかだといわないで、謝罪をして多くの人の命を助けよ」とおっしゃった。左衛門督も「そうお考えでしたら、もっともでございます。ご上洛なさってください」と申しあげると「さすが、重臣の返事らしい」とおっしゃった。

太閤《たいこう》（秀吉）は家康ご上洛と聞いて「そうしていただければありがたい。そうお考えなら、もしもの用心のこともお考えでしょうから、母を岡崎まで人質としてさし上げる」とおっしゃって、ご老母の政所《まんどころ》を岡崎まで行かせた。「それまではおよびませんでしたのに、ありがたい」と家康はおっしゃって、井伊兵部少輔（直政）と大久保七郎右衛門尉（忠世）にあずけられた。人質がきたということで、みなは安心のため息をついてよろこんだ。ご上洛なさるとき、兵部と七郎右衛門を召して、「もしわたしが腹を切ったならば、政所に腹を切らせよ。わたしが腹を切っても、女房は助けて帰せ。『家康は女房を殺して腹を切った』といわれたなら、世間の聞こえもよくない。のちの世までうわさとなって伝わるであろうから、そんなときは政所を殺せ。けっして女房に手をだしてはならぬ」とおっしゃってご上洛になった。なにごともなくご帰国なさったので、それぞれ、上下ともにめでたいといい、ひじょうによろこんだ。政所もおよろこびになってご上洛なさった。しかし、家康を危険だとお思いになったか、その後、毒を飲ませようと、ごちそうのなかに毒を入れた。大和大納言（豊臣秀長）とならんでおいでになったが、上座においでになったのを、ご運が強かったので、ご膳のでるとき、遠慮をなさり大和大納言の下座にまわった。家康の飲むはずだった毒を、大和大納言が飲んで、死にはてなさった。さてそののち、毎年上洛なさったけれど、なにごともなかった。

小田原城攻撃

天正十八年（一五九〇）三月二十八日、小田原合戦がおこった。浮島が原（富士市と沼津市にまたがる湿地帯）に出撃して、総《そう》が原（清水町惣ヶ原）に陣をおとりになる。韮山《にらやま》の城（伊豆の国市）へ兵をさし向けて攻め、それから箱根山を一気に攻めのぼって、山中の城（三島市）を通りがけの駄賃《だちん》に落とし、太閤の本隊は、聖《ひじり》峠（足柄峠）に攻めのぼり、石垣山に陣をとった。

家康は宮城野《みやぎの》へかかって、久野原《くのはら》へでる。それから今井、一色の浜（南足柄市）の方面を持ち場とする大将は思い思いに山々を乗り越えて、城をとりまいた。

関東へは、加賀、越前、能登、越中、越後、信濃の人びとを引きつれて、加賀大納言（前田利家）、上杉景勝が出撃して、関東の城をひとつのこらず攻めとって、小田原城を孤立させた。そうなって、松田尾張（憲秀）は裏切る。皆川《みながわ》山城（広照）も城より逃げ落ちる。城中も、もはやこれまでと、和議を結んで落城する。氏政と奥州（北条氏照）兄弟に腹を切らせ、氏直と安房守《あわのかみ》（氏邦）と美濃守《みののかみ》（氏規）と左衛門助（氏忠）を助けて、高野山にやった。

家康の国替え

さて、「家康、国替えをなされるなら、関東に替えられよ。いやだとお考えならそれでよい。どうなりともお考えのままだ」と秀吉がおっしゃる。「けっこうです。国替えいたします」と家康はおっしゃって、三河、遠江、駿河、甲州、信濃の五カ国を、伊豆、相模、武蔵、上野、下総、上総の六カ国におかえになり、関東へ天正十八年、おうつりになる。

それから太閤は帰陣された。

朝鮮出兵と秀吉の死

天正十九年（一五九一）七月、関白（豊臣秀次）殿を大将として、奥州に戦があった。家康の本隊は岩手沢にあった。そうこうするうち、奥州もすみずみまでおさまった。関白殿は板屋越えをなさって、米沢にお入りになった。家康も米沢へお越しになり、関白殿とそこよりご帰国なさった。

文禄《ぶんろく》元年（一五九二）、高麗《こうらい》の戦といって、太閤は出陣し、名護屋《なごや》（唐津市玄海市）に布陣。家康も名護屋におもむく。諸軍勢は高麗国に出発する。辰《たつ》の年（一五九二）出陣なさり、午《うま》の年（一五九四）の三月ご帰国なさる。

そののち、関白殿がご謀反をくわだてたということで、聚楽《じゅらく》の城から追いだして、高野山に送り腹を切らせた。そののち、関白のお手かけの女房を多勢三条河原に引きだして首をはねて、ひとつの穴に入れて畜生塚《ちくしょうづか》と名をつけて、つきかためた。

そうこうするうち、太閤は慶長《けいちょう》三年（一五九八）八月十八日おん年六十三で、朝の露のように亡くなられた。面々の者がよりあって、七歳になった秀頼を大事にもり立てた。なかでも内大臣家康は、太閤にたのまれていたので、とりわけ大事になさった。

関ガ原の合戦

面々の諸大名がよりあって、「内府(1)が政治をとることは、われわれの希望するところではない」と考え、諸大名が仲間となって「家康に腹を切らせよう」と申しあわせた。伏見《ふしみ》から大坂へおみまいに行かれたとき、よいときと思ってそのことを実行しようと、藤堂佐渡（高虎）が、「今夜はとりあえず、わたしの館にお泊り下さい」と申しあげて、自分の館を厳戒体制にしておいた。伏見にのこっていたご譜代の大名、小名は夜駆けしてかけつけたので、藤堂もとてもできないと知らない顔でいた。家康は城へお入りになって秀頼に対面なさり、伏見に帰られた。しかし、この計画を思いとどまることはなく、また伏見でも早くも大かた敵味方がわかっていたが、攻めよせるわけにもいかなかった。大坂から加賀大納言（前田利家）が大いそぎでやってきて「ともかく向島におうつりください」とおっしゃるので、向島（京都市伏見区）におうつりになる。そうなると皆心がわりして、わたしもわたしもと弁解する。最後に石田治部少輔（三成）ひとりに責任を押しつけて、よりあって治部に腹を切らせようとした。家康は慈悲深かったので、「みな、治部を許されよ」とおっしゃったが、みなは聞かない。「それなら石田を佐和山《さわ》（彦根市）へ撤退させよ」とおっしゃったが、道中に押しよせて腹を切らせようとみなが口にするのを聞いて、

「それなら中納言（結城秀康）送れ」とのおことばだった。越前中納言がお送りになったので、ぶじに石田は佐和山へ着いてそこにいた。しかし、治部少輔は、このご恩をありがたいと思うことなく、心中では謀反をたくらんでいた。

会津の（上杉）景勝は、別れをいって国へくだっていたが、そののち呼びだしてもこなかった。「それなら討ちとろう」と家康が向かわれると、北国、中国、四国、九州、五畿内、関東、出羽、奥州まで、のこるところなく会津《あいづ》の戦にやってきた。

それで都を出発、先陣が那須野《なすの》の原へ押しだしたというのに、後陣のなかにはまだ尾張、三河、遠江、駿河を進撃しているものもあった。古河《こが》、栗橋、小山、宇都の宮に陣をとる。古河には家康の本隊が陣どる。宇都の宮には将軍（秀忠）様の本隊が陣どる。

そんなおり、石田治部少輔が謀反をおこす。安芸《あき》の毛利（輝元）、島津（義弘）、安国寺《あんこくじ》（恵瓊《えけい》）、小西摂津守《せっつのかみ》（行長）、増田右衛門督（長盛）、長束《なつか》大蔵（正家）、大谷刑部少輔（吉継）、丹羽の五郎左衛門尉（長重）、立花左近（宗茂）、金吾中納言（小早川秀秋《こばやかわひであき》）、岐阜中納言（織田秀信）、宇喜多《うきた》中納言（秀家）、長宗我部《ちょうそかべ》（盛親）、織田常真（信雄）、そのほかの大名が、そののち敵となる。伏見の城を攻めとり、松平主殿助《とのものすけ》（家忠）、松平五左衛門尉（近正）、鳥居彦右衛門（元忠）、内藤弥次右衛門尉（家長）を討ちとる。鬨の声をあげて大津の城を攻め、青野が原（大垣市と垂井町に広がる）へ押しだす。東では景勝、佐竹義宣、真田（昌幸）が敵になる。

それで会津の戦をおやめになって、上方へ攻めのぼろうとおっしゃっているところに、本多中務（忠勝）、井伊兵部少輔（直政）がひそかに相談されて、「上方へのぼられるのはどうでございましょう。まず、この地をお鎮《しず》めになって、そのうえで攻められるのが当然かと存じますが、いかがでございましょう」と申しあげると「言語道断のことをいう者たちだ。わたしは若いころから、弓や靫《うつぼ》をつけて、いくどかの戦に慣れているけれど、それほど重要でもないことにかかわりあってどうなろう。本舞台に押しだして、一合戦してやっつけよう。そうそうにおまえたちはのぼれ」とおっしゃって、お先にすべての兵をさし向ける。まず岐阜の城を攻めて血祭りにあげる。その攻撃に加わらなかった人びとは、合《ごう》渡《ど》へ押しよせて、合渡の敵を切り崩して、追撃して討つ。それより青野が原へ攻め入って陣をとった。敵は大垣を本城として、柏原（以下中仙道沿いの地名）、山中、番場、醒《さめ》井《い》、垂井《たるい》、赤坂、佐和山までとっていた。敵は十万余もあったろうか、味方は四、五万もあったろうか、家康が出陣するまでに合戦をしかけたなら、ひょっとして勝つこともあったかもしれないが、しなければならないときを逸してしまった。慶長五年（一六〇〇）九月十四日に家康軍は青野が原へ押しよせた。十五日に合戦をする。金吾中納言（小早川秀秋）の裏切りで切り崩され、敵方はほとんどが大谷刑部少輔をはじめ、のこらず追いつかれて殺された。佐和山の城も攻め落とし、火を放つ。治部少輔の妻や子、一族をひとりものこさず焼き殺した。

石田治部（三成）、安国寺（恵瓊）、小西摂津守（行長）の三人は生け捕り、京、大坂、堺を引きまわす。最後に三条河原で青屋の人びとの手で首をはねさせ、首は三条の橋詰にかけられた。(2)

長束大蔵（正家）をはじめ、その他の諸大名の首を、百姓たちがそこここで斬ってもってくる。宇喜多中納言（秀家）殿を生け捕ってきたので、親子三人、八丈が島へながした。増田右衛門督（長盛）は命を助けられ、岩槻《いわつき》の城（さいたま市岩槻区）にあずけられた。生きのびたというだけで、ひどい暮しをした。安芸《あき》の毛利（輝元）は家老であった吉川《きっかわ》（広家）が夜に内通してきて、十五日には裏切って、参戦しなかったので、命を助けるだけでなく主人の国はまったくそのままに、お慈悲深い方なので毛利には周防《すおう》と長門《ながと》両国をくだされた。

島津（義弘）は薩摩、日向《ひゅうが》、この二国が本領だったのでそれをあたえる。丹羽五郎左衛門尉（長重）は「家康様への不忠ではありません。当面の敵である加賀の肥前（前田利長）の配下になるのがいやさに家康様の敵となったのです」と申したので、命を許され、そののち召しだしてすこしの知行《ちぎょう》をおあたえになった。

立花左近（宗茂）は膳所《ぜぜ》の城（大津市）を攻めて、敵対した者だったが、命を助けるだけでも、大変なご恩なのに、召しだして、多くの知行をくださって、「お役に立つ者」とおことばがあったが、われわれ凡人には理解できなかった。さしあたって、役に立たなかったのは敵対したのだからあたりまえ。ともかくご用に立つとお考えになっても、今度敵対しなかった者が、つぎにお役に立つのは確実なのに、多くのご用に立った人びとより、立花に多くの知行をくだされたのは敵対したほうびであろうか。こんなときには敵対しても知行がとれるのか。

今度の合戦で、池田三左衛門尉（輝政）と福島大夫（正則）と二人が首を横にふったら、関ガ原まででることはできなかったけれども、三左衛門は家康にとってはむこ殿にあたるので、味方しないではいられなかった。福島はさらりと思い切って味方をした。清須《きよす》の城をあけわたすことは、たぐいまれな忠節だった。

将軍（秀忠）様は宇都の宮より出発なさり、中仙道をお通りになり、攻めのぼられたが、真田（昌幸）の城に通りがけに攻撃をしかけた。将軍様はお年が二十二とお若うございましたから、本多佐渡（正信）をつけさせなさって、おともをさせていた。なにかにつけて、他人にまかせず、佐渡ひとりで手配をした。佐渡が真田にだまされて、われこそはといった顔で、数日を送った。「なにごとも面々は佐渡の存分のままにせよ」とおおせつけられていたからだった。佐渡の考えがおよぶのは、はやぶさの使い方までで、合戦の経験は一生にいちどもなかったのだから、いいわけもなかった。

そんなことで、二、三日も遅くお着きになった。いつでもどんなことでも、その道その道の長じた者を指揮にあたらせなかったら、ことがうまくゆくわけもない。佐渡が「わたしのやり方がまずかった」とはいわないで、のちのちそ知らぬ顔をしていたけれども、なにごともみな、佐渡の指揮だった。そのとき、繰引《くりびき》(3)をした。これも佐渡が老練なふりをして、後日自分にいいようにいったけれど、人びとは「佐渡の繰引」と笑った。繰引ということはあったけれども、繰引を実見したものはなかったのに、佐渡が教えてはじめてみなが繰引にであった。実戦で繰引くことはない。敵が城からでてきたら、追いつめ追いつめ城に追い入れ敵について城に入り、城をとろうとしないで、さてさて佐渡は繰引をした。

家康は佐和山で先にすすむ軍隊に追いつきになり、そこより伏見にうつられる。すすんで大坂へおうつりになる。秀頼に腹を切らせなさるのだろうとみなは思っていたが、お慈悲ある家康様、逆にのちになって将軍(秀忠)様の婿殿になさった。

注

(1) 内府　内大臣の中国名。家康のこと。(2) 青屋　藍染業を主に、ときに断罪の手伝いや牢屋の掃除などをする人びと。(3) 繰引　すこしずつ兵を引きあげること。

大坂冬の陣

慶長十九年(一六一四)、秀頼は諸国の浪人を抱え、分銅《ふんどう》(1)を熔かし、竹を割ってそれを鋳型にして、竹流しと名づけて浪人どもにあたえて、十万余の兵をやしなっていると家康はお聞きになり「それなら秀頼のお袋（淀殿）を江戸へくださせよ」と使いをやった。「とんでもない」とご返事があった。「そうされたなら、国もさしあげたのに、大坂をあけて国許へ帰られよ」とおっしゃると、「それもとんでもない」とますます浪人を抱え、普《ふ》請《しん》をし、鉄砲をみがき、矢の根をみがくとお聞きになり、「それなら、裏切りか」とおっしゃってやる。秀頼の守《もり》役[2]の片桐市之正（且元《かつもと》）は意見を申しあげる。「あれこれいっているときではありません。なんなりとも家康のいうままにしたがいなさって、お袋様を江戸へおやりになるのがよい」と申しあげると、大野修理《しゅり》（治長《はるなが》）、同主馬之助《しゅめのすけ》（治房）、同道犬《どうけん》（治胤《はるたね》）、真田左馬之助（信繁）、明石《あかし》掃部《かもん》（全登）、そのほかの浪人がよりあって、「無理にお袋様を江戸におやりになるのは、むちゃなことでございます。市之正は家康に加担をしている。市之正を処罰せよ」と申すので、市之正は吹田に引きあげた。

さて、謀反は疑いなしと東は出羽、奥州、関東八カ国、東海道、五畿内、西は中国、四国、九州、北は加賀、越前、能登、越中、越後、日本中のこるところなく大坂へ押しよせた。大坂方では河内、摂津の国の堤を切って水をながし、道を悪くしたので、家康・秀忠親子様は京都を出陣して、諸勢を奈良から法隆寺（斑鳩町）、道明寺（藤井寺市）、平野（大阪市平野区）へおだしになる。相国（家康）様は住吉《すみよし》に陣をおとりになる。大将軍（秀忠）様は平野に陣をおとりになり、岡山へ陣を攻めすすませる。相国様は住吉より天王山へご陣を攻めすすませる。茶臼山《ちやうすやま》（大阪市天王寺区）に陣をおとりになれば、諸勢は城をとりまいた。

城から天満（大阪市北区）、船場《せんば》（大阪市中央区）、野田（大阪市福島区）、福島（大阪市福島区）、かわ田の城（大阪市西区）へ援軍をさし向けて守っていた。蜂須賀阿波守《はちすかあわのかみ》（至鎮《よししげ》）は、かわ田の城に攻めよせて、戦ったけれども奪うことができなかった。そこに石川主殿頭《とのものかみ》（忠総）が側面から矢を射かけ、はげしく攻撃をしかけた。深い運河や川を脇や首まで水につかりながら、どんどんとびこんで越え攻めると、こらえきれずに城をあけて、船場へ引きあげたので、蜂須賀は城に乗りこむ。翌日、船場をあけわたす。そこに石川主殿頭が乗りこむ。船場橋まで攻めよせて、橋をわたろうとすると、敵は越させまいとする。そんなおり、近くの味方の人びとで主殿頭を助けようとする人びとがひとりもいなかった。敵はこれをみて、近くの鉄砲を集めて、撃ち放った。しかしこれをものともせず、すこし長い時間戦った。相国様はこれをお聞きになって「近くの人びとは助けようとしないで、主殿を見殺しにする気か。主殿はどうして、勝てる見通しもないところへ攻めよせるのか、そうそうに引きあげよ」と何度も使いをやった。それならと、すこし引きあげて橋のたもとをかためていた。天下に名誉の名をあげた。相国様も大将軍様も、二日続きの手柄をおほめになった。

城を四方からとりかこんで、高く山を築いて大砲をすえる。また運河の水のとり入れ口をふさいで、天満、船場の河の水を落とし、天地にひびくほどの鬨の声をあげて攻める。越前少将（松平忠直）様と井伊掃部《かもん》（直孝）が乱入しようと堀にとびこみ、土塁を乗り越え、もうすこしで入りこめそうになったけれど、近くにいた人びとはいっこうに助けることもなく、見物しているようすだった。敵はこれをみて、近くの城の門を放置して、幾重にも重なって、その場を防いだので、乱入することもなく引きあげた。しかし、立派な働きはいうまでもない。

城もこれ以上はこらえられないと、和議を申しこんだ。「このまま、在城を条件にしてほしい」という。相国様が「それなら、城の外郭をとりこわせ。そうするなら在城を許そう」とおっしゃる。「けっこう」と承諾して、講和が結ばれた。大いそぎで乱入して城の外郭の塀、やぐらをこわし、一日のうちに全国の軍勢が集まって、堀を平らに埋めた。次の日は二の丸に入り、二の丸の塀、やぐらをこわし、石垣をこわして堀へ埋め、平らにしてしまった。秀頼も配下の浪人もともに「城の外郭といっていたのに、二の丸までこのようになされるのは約束とちがう」といった。「最初から、城の外郭といった。ただし本丸はこわさないとの約束だったので、本丸はこわさなかった」と、その場にいたっては、ものもいわせず、埋めさせた。相国様は先に京都に帰陣なさったが、大将軍様はあとにのこって、しまつをなさり、数日あとに帰陣なさった。

注

（1）分銅　はかりに使う目方をはかる金属のこと。ここでは分銅の形をした金銀のことか。（2）矢の根　やじりのこと。「矢の根をみがく」で、戦いの準備をする意。

大坂夏の陣

「こうなったら、秀頼《ひでより》がふたたび攻撃をしかけてきても安心だ」とお考えになり、親子ともに元和《げんな》元年（一六一五）正月、駿河、関東へご帰国になった。二月に早くも秀頼が反乱をくわだてたと連絡がきた。手はじめに堺の町を焼いて攻撃を開始する。大野主馬《しゆめ》（治房）、真田左馬頭（信繁）、明石《あかし》掃部《かもん》（全登）そのほかの人びとが「京都を焼きはらい、大津を焼き、瀬田の橋を焼き落とし、それから宇治橋を焼き落とし、奈良を焼こう」といっているところにはやくも相国様の部隊が京都に着く。それにつづいて、江戸からも夜に日をついで、進軍して、大将軍様も伏見にお着きになったので、秀頼のご計画が実行にうつせなくなった。

古田《ふるた》織部《おりべ》（重然）は「京都を焼きはらおう」と申して、秀頼と内通していたのがバレる。その一味の者どもまで判明し、東寺ではりつけにされた。古田織部は処刑されたし、そのほか多くの人びとが処刑された。

慶長八年[1]五月五日、京都を出発なさる。翌六日城側から道明寺方面へ後藤又兵衛（基次）をはじめとして、面々の人びとが進撃してきた。竜田（斑鳩町）方面から進撃していた越後の上総守（松平忠輝）様、（伊達）政宗、松平下総守（忠明）、水野日向守（勝成）、これらの人びとと遭遇する。松平下総守、水野日向守はひとつになり、両軍のまえで又兵衛と合戦をする。後藤又兵衛は戦に敗れ、殺される。そのほかの軍も敗退し、追走を受けて、大坂を目指して逃げ帰る。

平野方面には木村長門（重成）が出撃してきたが、井伊掃部（直孝）と藤堂和泉（高虎）とひとつになり、両軍で攻撃をかけ、木村長門を討ちとると、配下の兵は大坂を指して敗退する。それを追走して殺す。のこった人びとは大坂に逃げこむ。鴫野《しぎの》（大阪市城東区）方面へは、榊原遠江（康勝）が追走した。翌七日には、両本陣が攻めよせる。真田左馬之助（信繁）は天王寺へ出撃する。これに大将軍（秀忠）が攻めよせて、本隊の攻撃で討ち破る。その大将軍のお手柄はたいへんなものだ。

そして、城に火がつき、大坂のなかが、市街まで、すこしものこらず焼けてしまったのは、思いがけないことだった。そんなことで、戦いののち、同士討ちもおこった。

一方、秀頼は、天守に火がうつり、千畳敷《せんじようじき》[2]も焼けたので、山里曲輪《ぐるわ》[3]へお袋（淀殿）や女房たちを引きつれてうつろうとした。そこで家康は井伊掃部に命じて降伏をすすめ、女性や子供を外にだすようにいってやった。大野修理《しゆり》（治長）がすすみでて「乗物を二、三挺ください。城からおだしする」と申しあげると「お袋だけは乗物ででられよ。そのほかは馬や徒歩で」などとおっしゃる。つまらぬことをいいあって城をでないので、そのまま鉄砲を撃ちこむと、もうこれまでと思われたのか、火を城に放って焼け死なれた。おともをしたのは大野修理、真野蔵人（助宗）、速水《はやみ》甲斐守（守久）、これらの人びとは秀頼のともとして、腹を切り焼け死んだ。立派な最期だった。

野々村伊予守（雅春）はゆくえ知れず。伊東丹後守（長次）は秀頼の最期を見届けることなく、窮地を脱して逃げて行く。大野主馬（治房）、仙石惣弥（秀範）はゆくえ知れず。長宗我部（盛親）と大野道犬（治胤）は逃げ落ち、そこここさまよい歩いた。長宗我部は八幡でつかまえられ、きつく縛られ、二条城（京都市中京区）の駒寄せに縛りつけられ、さらされた。道犬は方広寺（京都市東山区）でつかまった。きつく縛られて、堺の町を引きまわされる。二人とも三条河原に引きだされて、青屋たちによって首をはねられ、その首を三条の橋の下にならべられた。

秀頼の落胤《らくいん》の若君は、十ばかりになっておいでだったが、守役がおつれして、伏見まで逃げ落ちたが、そこで生け捕られ、獄門と決まり、獄門にかけられた。

大坂にこもっていた人びとで生きのびた人びとは、みな、鎧兜を脱いで裸になり、女も子供もバラバラに逃げた。女子供は全部、北国、四国、九州、中國、五畿内、関東、出羽、奥州と、各地でつかまった。

注

（1）慶長八年　元和元年のまちがい。（2）千畳敷　大広間。（3）山里曲輪　大坂城内本丸の北にある一画。茶屋や局部屋があった。

因果応報

さて、因果応報ということは、やはりあるのだろうか。太閤（秀吉）は、昔、松下加兵衛（之綱）の草履とりをしていたが、信長のとり立てによって、ひとかどの人物となり、今や太閤と呼ばれるまでに出世なさった。信長のご恩を忘れてその子三七（信孝）殿を野間の内海で腹を切らせ、尾張内府（信雄）の知行を召しあげ、北国にとじこめて、十分な物資もあたえることなく抑留したりした。

さて太閤の子の秀頼も、相国様を殺そうとしたことは、大坂でいちど、また伏見で諸大名にいって殺そうとして二度目、会津攻撃の最中に諸大名を集めて、伏見の城（京都市伏見区）を攻め、相国に向かって三度目。また、去年謀反をくわだて、多くの浪人を集めて敵対なさって四度目。また今年、軍勢を集めた合戦で五度目だった。

相国のお慈悲で四度目までお許しなさった。助けたくはお思いになったけれども、「もうこうなっては、あれこれいうまでもない。助けておいたら、また謀反をくわだてよう。それならここで腹を切らせよう」と腹を切らせた。このことをみるにつけ、因果応報ということはあるのだと思える。

お旗奉行一件

お旗奉行《はたぶぎょう》の人びとが、今度の合戦で、オロオロと逃げまわったことをお耳になさったのであろうか。お旗の人びとのひとりは、甲斐国の保坂金右衛門尉といって、武勇はからっきしという人物だった。今ひとりは、庄田三太夫（安信）という者であったが、これも武勇にたけたものかどうか、ご譜代の家々に知られないほどの者だった。お槍奉行のひとりは、武蔵の者で若林和泉（直則）という者だった。今ひとりは三河の者で、大久保彦左衛門尉という者、これは相国先祖七代前から召しつかわれてきた家筋のご譜代の者だった。

お旗奉行の人びとは、お槍奉行の人びとを見くだしていて、「われわれの力を見抜かれて、お旗をわれわれにもつように命じられた」とつまらぬことでも話しさえしなかった。お槍奉行の人びとは「おかしなことをいう者たちだ。やつらの主人を味方にするために、やつらにお旗をもつよう命じられたのだ。やつらの武勇も知れたものだ。明日にでもなったらわかることだ。やつらは、なにかことがおこれば、お旗をもち、主君にしたがう方法を知るわけもない。また、えこひいきで彼らをとり立てた本多上野（正純）やそのほかの人びとの度量もよめた。この人びとが武辺《ぶへん》についての意見をするとは、笑止千万なことだ。今、座敷ではあれこれといって、えこひいきしていても、なにかことがおこったら、みていろ。きっとえこひいきした人びとまで恥をかくことになろう」といっていた。相国様は岡山にお登りになったので、お旗を住吉まで押しすすめた。住吉で相国様のおいでになるところを知らなくて、どこへ行っていいのかわからず、そのときになってお槍奉行の人びとに相談をもちかけたけれど、「おまえたちは力を見込まれてお旗をもつのを命じられたのではなかったか、こんな時こそご眼力通りしなければならぬ」と、いっこうに相手にしなかったが、何度も何度もいうので、彦左衛門尉は、「そこまでいうなら、あそこの大きな塚に二人がかけのぼり、お馬印をみつけ、その方へすすめられよ」というと、「なるほど」と、いったんすすんだが、すぐにお旗を後もどりさせて、「塚にのぼってみたけれども、お馬印がみえない」という。「それなら阿部野の原へ押しすすめよ」といってやると天王寺[1]を目指して押しすすんだ。そのとちゅうでお旗が立っているところへ彦左衛門尉がかけよって「どうして敵の近くでお旗をふらつかせられるのだ。茶臼山《ちゃうすやま》を左にして押しすすめられよ」というと、保坂金右衛門が「あなたは、むちゃくちゃなことをおっしゃる。茶臼山にいるのは敵ではないか」という。大久保彦左衛門尉は、「あなたこそむちゃくちゃな旗の立て方だ。茶臼山が敵でないとだれがいった。茶臼山が敵だからこそ、お旗を躊《ちゅう》躇《ちょ》することなく押しすすめなさいというのだ。相国のお旗はいちどでもそんなふうにひらひらとして敵にひるんだことはない。ひたすら茶臼山を左手に押しすすまれよ」といったけれども、返事がなかった。すこしときもたって、天王寺の方へは押しすすめず、東の方へ押しすすめはじめたところへ、また大久保彦左衛門尉がかけつけて、「どうして敵を後にして、そんな方向にお旗をすすめられるのか。お旗(2)が風にあおられて見苦しい。ともかく茶臼山を左に押しすすまれよ」といったけれども、耳に入らなかった。そうこうするうちに茶臼山の東で、ようやく相国様をみつけた。

そうこうするうち、早くも天王寺のあたりで鉄砲の音がしだし、合戦がはじまったとき、お旗を田んぼのなかに立てていた。お槍をお旗の前にだすと、保坂金右衛門尉が走りよって、「今までお旗の後にあったお槍をお旗の前におだしになる。わたしどもには納得がいきません」というと、彦左衛門尉が、「つべこべいうな。わたしたちのおあずかりするお槍のことを、おまえたちにわかってもらおうなぞは、そもそもお笑いぐさだが、いざ合戦というとき、お槍が前にでなかったらなにがでるのか。いざ合戦となると、旗でたたきあうのか、槍でたたきあうのか。そんなことさえどうしておまえたちが知っていようか。そんなおまえたちに、わたしたち二人があずかっている道具の使い方を知りたいといっても、どうして教えることができようか」というと、ものもいわずに帰っていった。

彦左衛門尉が、「若林和泉（直則）殿、ご覧なさい。お旗奉行はなにも知らない。鉄砲隊はかすかにみえる遠いところにいる。鉄砲隊についていかなくてはならない旗が、はるかに離れている」というと、「だれかそういってやったか」という。「いやいやだれもそんなことは聞いていないだろう」「それならわたしたちがいってやろう」という。彦左衛門が「いやいやご無用です。よいことを、主君のお眼鏡で自分たちに命ぜられた。悪いことをあなたとわたしとの非力ゆえといったのだから言う必要はない」というと、和泉は「いやいや、主君のためには、いった方がよいでしょう」とおっしゃったので、彦左衛門尉は重ねて「ご主君のためという理由はおいておきましょう。彼らのようなようすでは、いざというときには、お旗をお立てすることはできまい。そのときは、あなたとわたしとで立てたなら、それでいいではないか。だから、その点は安心してください」といっているうちに敵は敗退した。

相国のお馬印が天王寺の方にあるのをみつけて、その方へお旗を押しすすめ、やがてつきしたがったが、天王寺の南で、味方が突然崩れて逃げてきたので、その方へお旗を立てたが、二人のお旗奉行はひとりもいなかった。相国様はとちゅうから天王寺の方に引きかえされ、道のわきに馬をひかえさせておいでになった。家康のおそばには、小栗忠左衛門尉（久次）のほかはひとりもおらず、ちりぢりになったが、逃げたのであろうか、また先にでて戦ったのであろうか、おそばにいなかった。小身である人びとは、こんなとき手腕を発揮するため、前線にでるのもよいけれど、お目をかけられて成長し、諸国の人びとの上に立ち、ご恩にあずかっている人からおそれられるような人びとは、老若に関係なく、家康様のおそばをすこしも離れることは、どんな活躍をしても、最大のひけ目になるだろう。まして、いるべきところを知っている人はひとりもいないのに、家康のときの威勢で「わたしも知っている」「わたしも知っている」とはいうけれど、かげにまわっても、「いるべきところを知っている」という人はひとりもいない。そのときには、お旗奉行の人びとはお旗のあたりにはひとりもいないで、ずっとときがたってからやってきて、保坂金右衛門尉が、「大久保平助（忠教）、わたしたちは前線に行きます」という。彦左衛門尉が、「当然のことだ。前線では槍合《やり》戦がはじまったという。そうそうに行って槍合戦をなされよ。わたしたちは命じられたお道具のあるところにいます」というと、「それならわたしもまいりません」と金右衛門尉がいう。「その通り。とりあえずことはおこっていないが、もしことがおこったなら、命じられたお道具を枕に、死にはてるのが本当のすがただ」というと、そういわれてはじめて、お旗のところへ行った。庄田三太夫（安信）は、「敵が鉄砲を撃ってきたので、前線にでて、わたしたちも鉄砲を撃ちかけた」といったが、ほんとうのところは、鉄砲を撃っていたのか、また崩れて逃げていたのか、だれもわからないことだ。たとえ、前線にでて鉄砲を撃っていたとしても、口にすることのできないことだ。命じられたお道具の近くを離れたことは、申しひらきできないことだ。

はじめからずっと、彦左衛門だけがいたところに、やがて諏訪部惣右衛門（定吉）がきた。それにつづいて若林和泉（直則）がくる。お旗奉行二人ははるか遅くにやってきた。それで、みながそれぞれに、「あの連中以上の譜代の衆はいるのに、これという理由もない人びとにお旗持ちを命ぜられた。そのうえ、大坂方と合戦をなさるというのに、庄田三太夫は上方の者なのに命ぜられた。また納得がいかない」といい、「甲州、関東の者に命じるのは、大坂方との合戦だからやむをえぬが、これらに命じたのは、その主君たちが気に入っているからだ。主君が気に入っているとはいっても、家康様のためには、そうあるべきでないことだ」とみなうわさしあった。

さて、相国様は、五月八日に京都に帰られた。大将軍様はあとにのこって、秀頼に腹を切らせ、その他の事後処理をして、京都に帰った。

注

（1）天王寺　四天王寺のこと。阿部野の原にある。（2）お旗が…　敵に背を向けて、後退すること。

武功とは

その後、相国様は京都で、今度大坂での良い悪いをお決めになるのに、伝長老《でんちようろう》（1）（崇伝）に会ってたのんだという人があり、宗哲法印《そうてつほういん》（2）（片山）に会ってたのんだという人もいた。

あるいは、仲間同士たがいに証人に立った人もいた。不思議な証人だ。昔は出家や医者を武勇の証人に立てるような人とは、決してつきあうようなことはなかったけれど、今の世は世も末になったのだろうか、出家と医者が、手柄の脈をとり、または出家や医者が脈をとると手柄になるようだ。たびたび手柄を立てた人びとを、昔は証人に立てたけれど、わたしの一代のうちに、敵の顔が赤いか黒いかもわからないような者が手柄の証人になるのは、腹わたがよじれるほどおかしいことだ。

相国様はもちろん、何度も合戦の経験をお積みになり、日本は申すまでもなく、異国までその名を知られた、武勇優れたお方だったから、おかしいとはお思いになられても、まあまあになさっておかれたので、いい分が通ったと手柄顔している人が多かった。古つわものたちは、目もと鼻さきで笑っていた。それに手柄の種類も多くなった。昔は敵が崩れかけたときの手柄は手柄とはいわなかった。ただ崩れない前にたがいに対抗して守備しているときだけの手柄を優れた手柄とほめたものだ。敵が崩れたところに、われ先にと走り入ったとしても、そんなことは昔はほめなかった。むしろ逆に味方が退却するときの手柄こそむずかしいものだ。退却するとき、敵にはげしく迫られると、五人十人とばらばらになる。そんな困難ななかで立てる、退却するときの手柄を昔はほめたものだ。

またおなじようなことだが、最近はおもしろいことをいう。兜《かぶと》をつけている者の首をとるのを、もぎ付《つけ》というそうだが、昔はなかったが、今は聞く。現代風なのだろうか。昔は小者《こもの》、中間《ちゅうげん》、人夫の首でも、攻めたり攻めかえされたりしているときの首、または槍で突きふせた首、敵陣深く入ってとった首など、むずかしい戦いの場でとった首は、どんな首でも手柄といった。今度の大坂などのように、逃げる敵の首では、かぶとをつけていても、たとえそれが大将の首でも、手柄を立てたとはいわなかったが、大坂で、かぶとをつけた首をとったと吹聴する者がいたのは、おかしいことだ。

味方が崩れて逃げているとき、敵に向きなおってあげる手柄であるが、そんなことを特別にほめるべきだ。今度のは、はじめから崩れた敵だったので、多くの者が馬で追いかけた。いつもこんなふうに馬に乗って合戦をするものと、今の人たちは思うかもしれないが、合戦のときは、馬から敵を追い落としたら、馬を後陣よりはるか後に追いやるものだと知らないで、いつまでも馬に乗っているというのは、ばかげたことだ。

注

（1）伝長老　金地院崇伝（一五六九—一六三三）。江戸幕府の諸法度制定に尽力した。臨済宗の僧。

（2）宗哲法印　片山宗哲。医をもって、徳川家に仕えた。

旗奉行詮議

今度の合戦で、相国様のお旗奉行の人びとがうろうろしたことを、相国様はお聞きになったのだろうか。小栗又一郎（政信）と大久保彦左衛門尉（忠教）が御前にでていた。御座から広間の方へおでになり、彦左衛門尉をご覧になって、「なんじは旗についてやってきたのか」とおことばがある。彦左衛門尉、手をついたままで後をふりかえると、「おまえのことだ」とおことばがあった。「わたしは槍についておりました」と、申しあげると、「おまえは旗についていたのだろう」とのおことば。「いやいや、お槍についておりました」と、また申しあげると、もういちど「おまえは旗である」と荒々しいお声になって、おことばがあったが、「ぜったいにお槍についていて、やってまいりました」と申しあげた。すると、「それなら旗には誰がついていたのか」とおことばがある。保坂金右衛門と庄田（安信）が、旗についていた者としてまいっていることを申しあげると、「なに、庄田、庄田、庄田」と三度までいわれたけれども、三太夫をお忘れになっていた。小栗又一郎が「庄田三太夫」と申しあげた。そのとき、四方をご覧になったけれども、お旗奉行の人びとはひとりもいなかったので、広間に一度はでてきておいでになったが、御座にもどられ、目をむいて怒り、「五日間も淀《よど》に泊ろうとだれがいったか」と、荒々しいお声で三度までもおっしゃった。お返事を申しあげる人はだれもいなかった。

はじめにわたしにお声をかけられたので、わたしにお聞きになっているのかと思い、彦左衛門尉が「淀にお泊りということは、だれと人を名指すわけにはまいりません。上下ともにそのことをいわなかった者は、ひとりもおりません」と申しあげると、重ねて「わたしが泊ろうといわないのに、泊ろうというやつは、単にばか者ということか」とおことばがあり、また、お広間の方にでてこられた。「だれがいったというわけではありませんが、そんな話がありました」と申しあげると、「だれがいった」と気色《けしき》ばまれて、だれがいったか厳しく詮索《せんさく》された。「上下とも、いわなかった人はひとりもおりません」と申しあげたので、彦左衛門尉は迫られなかった。

また、そうこうするうちに、二、三日がすぎて、水野日向守（勝成）が謁見《えっけん》にやってくることがあった。日向守をご覧になり、「こんどはどうだった」とおことばをおかけになる。御座の間から書院にお出になられ、日向守をご覧になり、「こんどはどうだった」とおことばをおかけになる。日向守は「それでございます。船場《せんば》の方から三百騎ほどで住吉の方へまいりましたが、そのうち三十騎ほどが天王山の土塁沿いにまいりましたが、どこへ行ったのかわかりません」と申しあげる。そのとき、「おまえが知っていよう」とおことばがあった。しかし、だれかを指名してのおことばではなかったので、お受けする人もいなかった。彦左衛門尉が手をついたままで後をふりかえると、「おまえのことだ。おまえはそこにいたのだから知っていよう」とのおことば。「それでは申しあげます。天王寺の土塁の方からまっすぐな道がございます。その道から逃げだす者が、茶臼山《ちやうす》の方から岡山の方へ行く本道にでて、本道を逃げてきた者とひとつになって逃げてきました。敵か味方かの区別はわかりませんでしたが」と申しあげる。「それは敵だったのか」とおことばがある。「敵の顔は知りません。相当の知行をとっている人びとが逃げてきましたが、そこにあった槍をふみちらし、馬のうえでひったくってとり、槍を切ったり、折ったりしてもって行きました。それをみて、槍持ちたちで、またそれを切ったり折ったりした者がいました」と申しあげると、おことばは「さてさて腰ぬけたちだ。槍が短いのが良いなんてことを、いつ知ったのか。それでその者たちは、どちらへ逃げたのか」「相国様の方へまいりましたが、相国様よりわたしは前におりましたので、その後のことは知りません」と申しあげる。「それなら、普通の槍はないのか」とおたずねになる。「ないわけではございませんが、多くはございませんと申しあげた。相国様は、三間柄《さんげんえ》(五・四メートルの槍)より短いのを一般にお嫌いになったから、槍を切ったり折ったりした者を、腰ぬけとお思いになったのだろう。

彦左衛門一人崩れず

その翌日、二条城の火焼《ひたき》の間(1)でのことだ。松平右衛門尉(大河内正綱)は、「お旗はみえなかった」といった。彦左衛門尉は、「お旗は立っていたのに、どうして立っていなかったとおっしゃるのか」といい、また「七本のお旗の立っていたのを、どうしてみられなかったのか」といい、また「立っていたお旗を立っていなかったとはいえない」というと、「ここにおいでの人びとは、みられたか」と右衛門尉がいった。右衛門尉は時の重臣だったので、おそれをなしたか、「わたしもみなかった」「わたしもみなかった」と多くの人が口にした。「それ、お聞きになったか。お旗は立っていなかったに決まった。わたしもみなかった。みなもみなかったとおっしゃる。おまえひとりだけが立っていたというけれども、立っていなかったに決まったようだ」という。「なるほどそうかもしれない。やっとわかった」という。右衛門尉は「どうわかったのか」という。彦左衛門尉は「たいしたことではない。恐れ多いけれども、みな様が闇の夜にご覧になったとすれば、わたしは月の夜にみたのだ。みな様が月の夜にみたというなら、わたしは昼間にみたということでしょう。よくお考えください。みな様は御前様のところへおいでにならないで、おいでになったとおっしゃっておられるのではないか。たとえおいでになったとしても、七本のお旗をご覧にならないとは、あわてられたのではないか。もしあわてられていたなら、旗は立っていなかっただろう」というと、それ以上、口論にはならなかった。

彦左衛門尉は「そのとき、合戦も終わってから具足《ぐそく》をぬぎ具足帷子《かたびら》(2)だけで、庄田三太夫と二人でまいり、上様のお馬の立ちどころやお旗の立っていたところをみて帰ってきたが、みなはご覧になったろう」という。「たしかにみた」というべきなのに、なんの考えもなく「みない」という。それで、みなはあれこれと論じあい、後には彦左衛門尉は強情なやつだといった。

そうこうして、二、三日がすぎ、御前にて詮索《せんさく》があって、じょうずに申し開きをした者もあり、またうまく話せず退席する者もいた。

注

(1) 火焼の間　炉の切ってある部屋。(2) 具足帷子　鎧の下に着る単衣の着物。

家康激怒

そんなおり、「槍をもっていた者、まいれ」とおことばがあったので、また彦左衛門尉が参上した。ご詮索も終わり、御座処へおいでになるとちゅうで、彦左衛門尉をご覧になって、「おまえは槍をもっていた者か」とおことばをかけられる。「その通りでございます」と申しあげると、ごようすが一変して、彦左衛門が手をついていた畳のへりをおふみになる。畳が横になっていたので、そのあいだは二尺四、五寸ほどしか離れていなかった。そのあいだにお杖《つえ》をおつきになり、「おまえはどうしてわたしにつきしたがわなかった」

とおことばがある。「お槍のほかに、旗本の諸槍も、若林和泉（直則）とわたしに命じられたので、千本ほどもある槍ですし、お旗についたお道具のことですから、お旗のあるところにおりました」と申しあげる。「それはどういうことか」とおことば。「お旗が大和口の陣場に立っておりましたから、お槍もそこにおりました」と申しあげる。「その旗は立っていないはずだ」とおことば。「いや、そこに立っておりました」と申す。「みなもみなかったといっている。立っていない」とおことば。彦左衛門尉が「なんとおっしゃっても、立っておりました」と申しあげると、早くもようすがお変わりになり、お脇差を握りしめられ、頭にほこりがかかるほどにお杖で畳をつかれ「わたしもみなかった。ぜったいに立っていない」とまたまたおことば。「なんとおっしゃっても、旗は立っておりました」と強情《ごうじょう》にいいはる。「それはどうであったか」とおことば。「茶臼山の方から崩れてきた者たちがいうには、『わたしどもの旗と槍、それに家康様の槍も崩れており、お旗だけが立っていました』」と申しあげる。「それでどうだった」とおことば。「茶臼山の方からやってきた者は『ご本陣の方へやってきましたが、ご本陣の方が崩れておりました』と申しておりました」という。「弓矢八幡《ゆみやはちまん》、稀有《けう》の天道(1)にちかって、わたしは一代のうちに逃げだしたことがないのに、おまえは逃げたという。大久保七郎右衛門尉（忠世）も強情だったし、大久保治右衛門（忠佐）も強情だったが、兄弟一の強情なやつだ。相模《さがみ》（大久保忠隣）をわたしは助けた恩もあるのに。おまえは強情だ」とおことばは城内にひびくほどの声だった。面々の者が「なにごとですか」と申して肝《きも》をつぶす。

それで、本多上野守（正純）がやってきて、彦左衛門尉の手をとり、「座を立て」とつれだす。家康様のかたわらに永井右近（直勝）がやってきて、「お怒りになるのもご道理です。ともかく強情なやつです」と申しあげると、やっとお腹立ちもおさまり、その場をでられた。

そうこうあって彦左衛門尉の召使いが「いってはならぬおことばをかえされたそうですが」という。「おまえたちにはわかるまい。どうして家康様がお逃げになったと、天が恐くて申しあげられよう。家康様は小栗忠左衛門（久次）とたった二騎、お馬に乗っておいでになった。おそばには小十人組の人びとが整然といた。しかし、身分の高い人びとは逃げてしまったのだろう、おそばにいなかった。家康様はおいでになった。しかし家来のお歴々が大方逃げたのだから、いいそこないではない。しかし、先回のおたずねのときはゆるやかにおたずねになったので、『御前の方へ行ったが、御前までは距離もあったので、御前の方に行ってからのことはわからない』と申しあげたところ、ごきげんもよくおいでになったが、今日はつめよられて、せきたてせきたておっしゃったので、わたしも思っている以上に『御前が崩れた』といったが、心中のままでない。

また、おことばをかえしたのは、ほかのことではない。お旗奉行の人びとがうろうろしたとお聞きになったのであろう。それを憎くお思いになって、お旗が逃げたとおっしゃるのは、上様のおまちがいだ。お旗にきずがつくように、お旗が逃げたとおっしゃるべきではない。それにお腹をお立てになり、『わたしの旗が逃げた』とお口になさるのを、多くの歴々のとり立てられた人びとが、『その通り、逃げました。わたしたちもみませんでした』と申しあげるのは、日本一のひけだ。または、ご主君様のことを考えない。当座のごきげんとりというものだ」

注

(1) 稀有の天道　稀有は霊験あらたかの意。天道はお天道様。

彦左衛門の胸中

「わたしは相国様まで、徳川家七代に召し使われた譜代の者だ。お旗にきずをつけるべきではない。たとえお旗が逃げたとしても『逃げませんでした』と申しあげて、それが罪になり首を討たれても、『お旗が逃げました』とは、どうして申しあげられようか。多くの人びとは、当座家康様の気に入ったとしても、将来のご主君のことを考えていない。わたしは当座に首を討たれたとしても、将来、ご主君にとって悪くなるようなことは、どうしていえようか。相国様は何度も合戦をなさったけれど、三方ガ原でいちど、お旗が崩れたほかは、前にも後にもお戦で、お旗の崩れたことはない。まして七十におなりになり、最後の戦に、宝幢《ほうどう》(1)のお旗が崩れたとあっては、いつ恥をすすがれるであろう。そんなとき、だから、わたしの命にかえても、『お旗は崩れなかった』と申した。これがご譜代の者のつとめだ。また、おとり立てになった人びとは、当座の気に入ろうと思って、将来のことを考慮しない。ご譜代でない人のやりそうなことだ。わたしがおことばを申しあげて、しつこく口論したので、最後の戦いでご宝幢のお旗は崩れなかったとなった。そのことを無視して、わたしが上様にしつこく反論したわがまま者だという人は、とてもこれから先、ご主君のご用には立つまい。おことばにさからったのだから、わたしに腹を切らせよ、という人が世間にいると聞くけれど、そういうことなら、唐や高麗《こうらい》に逃げたとしても、石の唐櫃《からびつ》(2)の中に入ったとしても、逃れることはできまい。そういうことなら、御前にでて腹を切るまでだ」と裃《かみしも》を着て、御前へでようとするところへ、小栗又一郎（政信）がきて、「在宅か」という。「どうしてでかけられるのか」「そのことなら御前にでられよ。でる機会を失ったらでることができなくなる。腹をお切りになるなら、切られよ。年寄《としより》(3)衆を通してご許可をえる必要はない。そのことであれこれおっしゃられては、のちのちむずかしいことになる。運命は定まった。悪いことをして死ぬよりはましだ。ご主君のために申しあげて、それが悪いことになるなら、しようがないことだ。たった今でかけられよ。おともしようとやってきた」という。「よくやってきてくれた。たった今、わたしひとりででかけ、腹をお切らせになるなら切ろうと思ってしたくしていた。わたしが腹を切るなら、介《かい》錯《しゃく》(4)をたのめる人はあなた以外にはなかった。さいわい、いいところへおいでくださった。腹を切れと命ぜられたら、ご介錯をたのみます。ありがたいおいでだ。さあ、おともしましょう」と二人で二条のお城へまいる。「彦左衛門がきた」といって、面々がぽかんとした顔をしているところに、上様がおでましになり、ご覧になって通られたので、又一郎も安心したと、つれだって帰った。それで、「しつこく口論したことよりも、でにくいところをよくでてきた」と人びともいったものだ。

注

(1) 宝幢のお旗　宝幢は仏事にもちいる旗。家康の旗に「厭離穢土、欣求浄土」と書いてあったので、その旗のことを宝幢の旗といったもの。(2) 唐櫃　足のついた櫃。日用雑貨を入れ貯蔵する。(3) 年寄衆　老臣、重臣のこと。(4) 介錯　切腹するとき、切腹する人が苦しまないように、首を切ること。

家康の死

卯の年(元和元年、一六一五)は両上様(家康・秀忠)はそれぞれ江戸、駿河にご帰国になった。

元和《げんな》二年正月、家康様は田中へ鷹狩にでかけられたおり、急に発病され、しだいしだいに重くなられ、四月十七日に死去なさった。ご遺言のことはだれも知った人はいなかったけれど、世間のうわさではこうだ。「わたしが死んだとき、日本中の諸大名を三年は国に帰さず、江戸に詰めさせよ」とおっしゃると、大将軍（秀忠）は、「ご遺言のことをひとつもたがえませんが、このことだけはお許しください。もしご逝去なさったならば、すぐに日本中の諸大名を国もとに帰して、敵対する者がいたら、その一国だけで敵対させ、押しかけて一合戦して、ふみつぶすことにしよう。どのみち、天下は一合戦しなくてはおさまりそうにありません」とおっしゃる。そのとき、家康様は手をあわせられて、将軍様をおがまれ、「そのことが聞きたくていったのだ。よし天下は静まった」とお喜びになり、そのままご逝去なさったということだ。下々では「さてさて将軍様のおっしゃったことは、感じいったことだ」と舌をまいておほめした。

「相国こそ四月十七日にご逝去なさった。面々の者は江戸にくだらなくてよい。国もとでゆっくりと、それぞれの政治むき、そのほかのことをいいつけてから、江戸へこられよ」とおっしゃった。このことばに、大いそぎで諸大名は江戸にやってきたという。

君のお恵みは、広くゆきわたり、お哀れみは深く、世も鎮まり、全国安穏となった。昔を考えるに、大唐殷《いん》[1]の国で干ばつが三カ年に及んだことがあった。それで草木はことごとく枯れ、人民は多く死んだ。そのうえ、鳥や獣にいたるまで、生きのこることはできまいと思えた。国王は大いにお嘆きになり、大法・秘法(2)をひとつのこらず行い、雨をお祈りになったけれど、願いは届かなかった。大王は思いあまって諸神を恨み、「わたしは生まれてからこのかた禁戒を犯したことなく、政治を乱雑に行ったとも思えないのに、このように日を照らして、人の生命を奪うのか。もし、わが身に悪い点があるなら、わたしを責めてください」と嘆いて申したけれど、やはり効験《こうけん》はあらわれなかった。今となっては、自分の命を人民のためにすてるまで、とひろい野に萱《かや》を多く集めさせ、高さ二十丈にも積みあげる。公卿、大臣はどうするのかとふしぎに思っているところに、大王はおいでになり、その萱の上におあがりになって「まわりに火をつけよ」と命をくだされた。臣下はかたく断って、だれひとり、火をつけようとする者はいなかった。そのとき大王がおっしゃるには「もし、万が一にも手ぬかりがあって、政治がけし粒ほども乱れていることがあるなら、わが身は焼けるであろう。焼けるような身なら、命ながらえてもしようがない。もし、また手ぬかりがなかったなら、天がわが身を守ってくれよう」とたいへんにお怒りになる。大王の命令にはそむきがたいので、四方から火をつけると、猛烈な炎が山のように燃えあがり、炎は空に満ちた。大王は煙にせきこみ、おすがたもさだかにわからないほどになった。お着物にもすでに火がつくと、お目を閉じられ、手をあわせられ、念仏を十度唱えられ、火坑変成池《かきょうへんじょうち》(3)と念じられる。天はこれを可哀相にと思ったのか、大雨を降らし、山のように燃えさかっていたはげしい火も消えた。それで大王もお助かりになった。人民は命ながらえることもでき、こうなったのも大王のお心がけひとつによってだ。

そんなことを『論語』で「まちがったと気づいたら、改めることをためらってはいけない。まちがいを犯して改めないと、賢人も愚者になる」といっている。また『論語』のことを円珠《えんじゅ》ともいう。真実の珠が盤上を走るすがたにたとえて名づけたものだ。

公方（秀忠）様の重々しいおことばひとつで、天下もおだやかに諸大名も反乱をくわだてることはなく、国土安穏に民もゆたかに栄え、ありがたい御代と人びとは口にした。

さてまたわたしは[4]、親氏・泰親様からいま現在の将軍（家光）様まで、御代々十一代のご事績のあらましを伝え聞き記しとめたが、御代々はお慈悲がおありになったことがひとつ、ご武勇にすぐれておられたことがひとつ、よきご譜代をおもちになっていたことがひとつ、お情けをおもちになっていたことがひとつ、これらの理由で御代々が末ほど繁栄されたのは、おめでたいことだった。

注

（1）大唐殷の国　中国の殷の意。以下の説話の出典は不詳。（2）大法・秘法　すぐれた呪法。秘伝の呪法。（3）火坑変成池「法華経」普門品の一節。火の坑《あな》が変じて、池となると読む。（4）わたしは…　本書の作者大久保彦左衛門のこと。

三代将軍家光

大将軍（家光）様が将軍職をおつぎになるまえは、口数もすくなく人におことばをおかけになることもなかったので、なかなか心中を推《お》しはかることができなかった。「そのご心中がどうありましても、お跡目をおつぎになることはどうでしょう」という人が多かったときに、大久保彦左衛門尉（忠教）は、「このお方様は、つまらぬご人物になられることはない。それはどうしてかというと、清康様は十三歳でお跡をおつぎになったが、わずかに安城の小さな城をおもちになるだけだった。雑兵《ぞうひょう》五百ほどのご譜代の者だけで、三河一国を、おん年わずか十七、八の時には攻めしたがえておいでになった。そののち、織田弾正之忠（信秀）を追い、とうとう尾張《おわり》の半国も攻め奪われた。諸国では安城の三郎殿とおそれられたものだ。おすがたは、その清康様のおすがたに似、また動作はまちがいなく武勇にすぐれておいでになる。諸国の人がおそれないことはあるまい。すぐれてご立派な方になられるだろう」といった。

わたしは年寄のことだから、いつまで命があるかわからない。この書に書かれていることを、のちのちうそかまことか、子供たち、つきあわせてみろ。「塚に隠れている蛇は首を一寸だせば、その大小がわかり、人は一言でその賢愚がわかる」というのは、今の将軍様のためにあるようなことばだ。雑談のごようすをお聞きしたが、ご武勇ではならぶ人があるまいと思われた。ご譜代の人びとを永々と召し使いになるなら、御世も長くご立派になるであろう。

『貞観《じょうがん》政要』のことばに、「漢の文王は千里の馬を辞退し、晋《しん》の武王は雉《きじ》の羽の衣を焼いた」ということはまさに今の御代のことだ。「民のかまどに朝夕の煙がゆたかである。賢王が国にくるときりんがひづめを打つ」ということも、この君のときにはよくわかった。ありがたいことだ。

東照権現は、ありがたく紅葉山《もみじやま》にお祀りしてある。供物は社壇《しゃだん》にあふれ、奉幣《ほうへい》は神器に山のように積まれている。その垂迹《すいじゃく》三所は仲哀・神功・応神の三皇の玉体だ。本地(1)をしのべば本覚、法身、本有の如来《にょらい》(2)だ。八万法蔵十二部経の如来も、法身の如来も、本有の如来もわけることのできない一体だ。名づけて三如来という。生界・経行・果上(3)の三界をつかさどっている。国王が鎮護の願いをかけると、世のなかは静謐《せいひつ》にめぐまれる。これはまことにわが国の宗廟《そうびょう》として源氏をお守りになっている。現世を安穏に生きるすべとて、勧善の加護《かご》をお加えになったのだ。だから、尊び信じるべきなのは、この権現だ。

相国(秀忠)様のためには、勝長寿院(4)を建立なさる。今の権現堂がこれである。そのほか堂塔をおつくりになる。仏像や経巻を尊び、お心ざしが深く、善根《ぜんこん》も莫大だ。征夷《せいい》大将軍に任じられる。計略をとばりのなかでたて、千里のかなたまでも手に入れることができた。

なるほどはるか昔、わずかに安城においでになったとき、清康は山中、岡崎を手に入れられ、そののち三河一国をおおさめになり、その子広忠にお譲りになったが、伯父内膳（松平信定）に追いだされた。そののちご譜代の人びとが岡崎にお引き入れになる。駿河の（今川）義元を頼り、竹千代（家康）様を人質にさしだそうとしたとき、義理の祖父（戸田康光）がその途中で奪いとり、織田弾正之忠（信秀）に売った。六歳の御年だった。熱田大宮司《だいぐうじ》（加藤順盛）があずかっておいでになったときは、今日こんな日がくるとだれが思ったろうか。今は天下、四方の海をしたがえ、唐・高麗《こうらい》・中天竺《てんじく》もひとえにおしたがえになる。なびかぬ木草もない。

『史記』に「天下が平和であるときは刑罰をもちいることがない」とあるが、ほんとうであると今こそわかった。

注

（1）垂迹・本地　本地は本来の意。仏籍中の仏。垂迹は現世での仏のすがた。（2）本覚・法身・本有の如来　それぞれの如来が仲哀・神功・応神の三天皇の本地とする。（3）生界・経行・果上　現世・修業・極楽をさす。（4）勝長寿院　頼朝が父義朝の追善に建てた建物。秀忠が父家康のために建てた建物の意で使っているか。

彦左衛門の教訓

さて、わたしの子供よ、よく聞け。親氏《ちかうじ》が三河松平郷にお越しになってから、親氏、泰《やす》親《ちか》、信光、親忠、長親、信忠、清康、広忠、家康、これらの代々に、野に寝、山を家として、戦いに、または物見にと、たびたびの合戦で親を戦死させ、おじ、おい、いとこ、またいとこを戦死させてご奉公した。それだけでなく、妻や子、親族に麦の粥《かゆ》、粟稗《あわひえ》の粥を食わせ、自分もそれを食べ、出撃して戦死をして奉公したその末の子供たちが、昨今、御前近くにでて侍すこともなく、将来どうなるかわからないような人が譜代となっている。一年奉公[1]をし、世を送る人もあり、走り奉公[2]をする人もおり、にない商いをして、鰯《いわし》・田《た》作《つくり》を売って世を送る人もいる。また御前奉公[3]といっても、百俵、百五十俵、二百俵、三百俵と頂戴して御前奉公をすると、髪を結い、若党の一人、二人も召し使わないではすまされなくなる。お城づとめの重役でないからとかごに乗らずにそこらを歩くわけにもいかないので、小者を数人かかえねばならない。百・二百・三百俵といただく物では、一年に裃《かみしも》一着つくる分にも、または若党や小者を食べさせる分にもたりないので、暮らしむきは、昔、親や祖父の暮らしぶりに似て、稗粥《ひえがゆ》をするありさまだ。多くのご譜代の人びとの暮らしぶりである。それだけではなく、自身のとがであるから、さらさら恨みに思うことはないけれども、お怒りをうけて、そこここをうろつき、流浪して餓死する者もいた。

人を使うのは、大工が木を使うようにすべきだ。長い木を梁《はり》にし、短い木を肘木《ひじき》、束《つか》柱《ばしら》にする。そんなふうに、その人の力量や器量に応じて、判断して適当なところに使って、人を余さないように使うべきだ。

また、永年使っていた者に、小さな失敗があったとしても解雇すべきでない。ある書物に「君子は善いことひとつした者を、百の失敗があっても見捨てることなく、下郎は善いことを百度しても失敗をひとつしたら、恨んで見捨てる」とある。人をみてみると、わたしとそっくりそのままである人はぜったいにいない。それで、人が主となると人をはがゆく思い、臣となると人にはがゆく思われるわけである。

一般に、三河の者は毎日武勇に精をだしたので、世間体をよくする方法をだれも知らない。とはいっても、世間体がよい者がなんの役に立つかどうか。日本の立派な侍たちは、全部が全部徳川家の家来衆なのに、だれを尊び、尊重するというのか。世間体のよい者をお役に立つとお思いになるのだろうか。あまりに世間体がよい者で、昔も武勇に働きをしめした者はいない。

さて、国内の諸大名に宝ものをおあたえになるのは、海や川に投げすてるようなものだ。それはなぜかというと、大名は百姓とおなじようなもので、これまでも草が風になびくようなもので、強い方にばかりつきしたがう者たちだからで、きっとのちの世もそうであろう。なんの役にも立ちそうにない他国の者たちは、主君の身になって働きそうにないのに、十分すぎるほどに土地をあたえられ、そのうえ、お気を遣われる。

ご譜代の人びとの子供で、方々にちっているのを召し集められ、お怒りに触れたご譜代の人びとも、お許しになられるなら、五千や一万の将兵にはなることだろう。これらの人びとをお召しになるなら、敵が百万騎で攻めよせてきたとしても、ご主君の先陣として戦うだろうから、きまんごく(4)の鬼が攻めよせてきたとしても、どうしてもちこたえられないことがあろうか。長親様のときにも、北条新九郎(早雲)が、一万余の兵で攻めよせてきたが、長親様は五百ほどの兵で攻撃をしかけ、攻め崩されたこともある。

家康様のときにも、氏直《うじなお》(北条)四万三千と対陣したことがあったが、相国様の兵は七、八千で、四万三千の兵に自由にふるまわせなかった。そこで氏直は土地をかえして、降参して、退却した。

おなじく太閤(秀吉)が十万余で小口《おぐち》、楽田《がくでん》に陣どられたことがあったが、相国様の兵は雑兵七、八千で、小牧山におのぼりになり、対抗して陣をお張りになり、十万余の兵に自由な振舞いをさせず、そのうえ、三万余の兵を殺した。

こんな例をみると、ご譜代の人びとさえ、召しかかえておかれたら、万が一にも心配はないのに、ご譜代の人びとというと、肩身の狭い思いをして街を歩いているのは、どうしたことであろう。他国の人びとは、今、世がおさまっているので、重くおもちいになって、ご譜代の人びとが外様《とざま》のように召し使われている。

徳川の御世はいつまでもいつまでもめでたくあってほしいけれど、万一なにかことがおこったら、他国の人びとはお目を日々かけていただいたとは思わないで、全部が全部逃げだすだろう。それだけでなく、今がそうなのだけれど、お目をかけられているうちは、ぜひお役に立ちたいと思うものだけれど、気に入られなくなり、おことばもおかけにならないと、ゆがんだ心が生じ、お役に立ちたいと思う人はひとりもいなくなる。

また、ご譜代の人びとの便利なことは、召しかかえられている人はいうまでもないが、その知行する在所在所の、名もない人までがかけつけてきて、お役に立つことだ。そんなときのために「鴆毒《ちんどく》は口には甘いが、命を失わせ、良薬は口には苦いが、その身を救う」という文がある。鴆という鳥は、海をとんでわたるとき、尾がひとつでも落ちると、海中の生物がことごとく死ぬほどの毒があるという。それは口には甘いのだそうだ。

それで愚か者は、悪いことでも主人をたぶらかそうと、ことばを美しくかざって、耳ざわりのいいように主君の望んでいるように申しあげるので、耳に入る。まあこんなふうで、他国の人びとは世間体はよく、口がじょうずで、奉公じょうずである。召し使いやすいということで、お心をお許しになり、お膝元近くで召し使われるのは鴆毒の口に甘いようなものだ。

ご譜代の人びとは、相国様の時代まで、山野に寝、夜昼、戦いや物見に精をだし、武勇を家の務めとし、槍先を研ぎ磨き、矢の根を磨き、鉄砲を磨き、武勇に生きる誇りを胸中に燃やしつづけ、武勇の道に精出した人びとの子孫であるので、祖父や父の無骨なすがたを、生まれおちたときから見慣れていた。京、大坂の人びとのようにかわいらしい声づかいをして、お雛様のように着かざっておせじをいうようなことはできないけれど、たぶんお役に立つということではご譜代の人びと以上ということはまずないであろう。しかし、お役に立つなどということはお国がおさまっているので、世に無用なのであろうか。いらないとお思いになって、ご譜代の人びとにはおことばをおかけになることもないであろう。

ことに安城ご譜代、山中ご譜代、岡崎ご譜代の人びとの末孫に、いっこうにお目をかけられないのは、良薬口に苦しということだろうか。しかし良薬は口に苦いけれども、病を治すものだ。ご譜代の人びとは無骨で、召し使われるのにじれったく思われるかもしれないけれど、お脇差《わきざし》とお思いになってお心おきなくゆったりとお心をおもちになるためには、ご譜代の人びとに越える人びとはないと思われる。それなのに、ご譜代の人びとをそんなふうにお使いになることなく、外向きの用件に召し使われるので、多くの若いご譜代の人びとは、肩身の狭い思いで道行くありさまだ。他国の人びとは、昨今、お座敷のうえではご用に立とうといって、肩衣を着て目立って歩いているけれども、いざというときのご用では、お座敷のうえでは小さくかがんでいるご譜代の人びとには、とうていおよぶまい。このことには先例もある。

その昔、諸国の浪人が浜松へやってきて、「ご譜代の人びとに負けることはありません。ぜひともご用に立って、お旗の先では、戦死もいといません」とまことしやかに高言を吐いたので、家康様もきっとそうなのだろうとお思いになり、ご譜代の人びともそうだろうと思って、負けまいと精をだしたが、ご譜代の人びとの前に、いちどでも出ることはなかった。三方ガ原の合戦にお負けになって、いまや遠江、三河もあぶなくお思いになったときには、日ごろ高言を吐いていた諸国の浪人は逃げ落ちてひとりものこっていなかった。遠江、三河の者どもだけでご用に立ち、家康様のご運を開かせた。こんな例もあるのに、それをお忘れになり、上方の人びとをたいせつになされ、信頼をおよせになる。主君のお役に立つ徳川ご先祖十代も仕えてきたご譜代の人びとにおことばをおかけになることもない。ご譜代の人びとを集めておおきになるなら、日本がひっくりかえるほどの騒動がおきても、敵が百万騎攻めてきても、ご譜代の人びと五千か一万もあれば、ご譜代の御前で錣《しころ》を傾けて戦うなら、どうして守り切れないことがあろうか。

ご譜代の人びとの待遇を悪くするのは、ご主君様の損失になることをご存じないのであろうか。清康様、家康様などは、ご譜代の者をたいせつにお思いになって、「弓矢八幡にちかって、譜代の者ひとりと、一郡をかえることはできない」とおことばをかけなさったので、涙をながして「ありがたい」といい、戦にはげんだが、昨今ではご譜代の者など眼中にないと、涙をながす。おなじ涙でも正反対の涙である。今日まで忠節をつくしてきたのは、ご譜代衆でありまたそのうちにわれわれも含まれる。

注
（1）一年奉公　一年間の年季奉公。（2）走り奉公　兵にやとわれること。（3）御前奉公　主君に仕えること。（4）きまんごく　不詳。

この本の意図するもの

さて、子供たちよ、よく聞け。この書き物は、おまえたちがご主人様のご由来を知らず、大久保一族のご譜代ひさしいことも知らず、大久保一族のご忠節も知らなくなっては、ご主君様に不奉公といったこともおきようかと、三帖の本に書き記したものだ。大久保くらいのご譜代衆は多くいるが、ほかの人びとのことはここには書かなかった。が、筆のついでにすこしは書いた。それぞれの家のことは、きっとその家々で書きとめているだろうから、わたしどもはわたしの家の筋目だけをくわしく書きとめる。

知行を取る者取らぬ者

まず、ご知行《ちぎょう》をくだされなかったとしても、ご主人様に不満を申しあげるな。前世の宿縁なのだ。そういうけれども、知行をかならず受けとれるようになるには五つの場合があるが、それでもそんなふうに思って、知行をみずから望んではならない。また、知行を受けとれない者にも五つあるが、この方は、飢え死にするようなことがあっても、そんなふうに心がまえをもっているべきだ。

まず第一に、知行を受けとれる者には、ひとつには主君に弓を引き、謀反、裏切りをした人は知行もとり、末代までも繁栄し子孫までも栄えるようだ。二つには、卑劣なことをして、人に笑われた者が知行をとるようだ。三つには、世間体をよくして、お座敷のなかで立ちまわりのよい者が知行をとるようだ。四つに、経理打算にすぐれ、代官の服装がよく似あう人が知行をとるようだ。五つには、行く先もないような他国人が知行をとるようだ。しかし、知行を望んで、決してこんなことをしてはならない。

また、知行をとれない者には第一に、一つの譜代の主君を裏切ることなく、弓を引くことなく、忠節、忠功をした者は、かならずといっていいほど、知行をとれないようだ。末孫も栄えない。二つに、武勇に生きた者は知行をとれないようだ。三つに、世間体の悪い、付け届けの悪い者が知行をとれないようだ。四つには、経理打算を知らない、年をとった者が知行をとれないようだ。五つには、譜代ひさしい者が知行をとれないようだ。たとえ、知行を取れなくて、飢え死にしたとしても、けっしてけっして、このような五つの心がまえをすてるべきでない。

雷光や朝の露、火打ち石のだす火花のように、夢のようなこの世に、どうせ世を送ったとしても、名にかえることはあるまい。人は一代、名は末代というではないか。

大久保家の忠義

子供どもよく聞け。家康様までは、大久保一族の者どもに親しく接していただけたが、昨今、なんの罪があって大久保一族が肩身の狭い思いをして城下を歩かなければならないのだろうか。いっこうに疑問が晴れない。

信光様からこのかた、今の将軍（家光）様まで、九代召し使われてきたが、わたしどもの先祖が徳川家代々のどなたに対してもいちどとして裏切ったことはない。

そのうえ、清康様のときには、安城《あんじよう》だけをおもちになっておられたのに、わたしどもの祖父（忠茂）が山中の城を計略を使ってとってさしあげた。それ以後、山中の人が軍勢に加わり、山中ご譜代というのだ。

広忠がご幼少だったので、まことのおじである松平内膳（信定）殿が横どりして、広忠様を岡崎から追いだしなさり、伊勢の方でご浪人なさっておいでになったことがあった。そのとき、十人ほどおともをしてでたが、大久保一族の者がおともをしたら、広忠様のご本意をとげさせて、岡崎にお入れすることはできないであろうと、岡崎にのこり、いざ合戦となれば、その先鋒になり、ぜひもういちど岡崎へお入れしようと、おともをしないでいた。そのほか、ご譜代の人びとのなかでも、そんな考えでのこった人びとも多かった。内膳殿のおっしゃるには、「広忠を岡崎に入れるのは大久保新八郎（忠俊）よりほかにあるまい。新八郎に、入れませんという起請《きしょう》を書かせよ」と伊賀の八幡の御前で、七枚起請を書かせた。そのうえ、「絶対に新八郎以外にはないはずだ」と七枚起請を三度まで書かせた。そのとき、新八郎は家にもどってきて、「弟ども、よく聞け。ご主君様を岡崎へお入れしないと、また七枚起請を書かせた。殿様のご本望をいちどはおとげさせようと、この地にのこった。そんな心がなかったなら、おともをしていたであろう。七枚起請の罰を受けて、この世で白癩《びゃくらい》や黒癩にかかるならかかれ。またせがれを八つ串に刺すなら刺せ。女房を牛裂きにするならしろ。来世で無間《むげん》地獄が住みかとなるならなれ。ぜひともいちどは岡崎へお入れしなくてはすまされない」といって、わたしどものおじ（忠久）、わたしの父（忠員）などと相談する。また、林藤助（忠満）、八国甚六郎、成瀬又太郎（正頼）、大原左近右衛門尉（惟宗）などを仲間に引き入れ、無事に広忠を岡崎にお入れしたこともあった。

また、おじの蔵人（松平信孝）様が裏切られたときは、わたしの親の甚四郎（忠員）と弟の弥三郎（忠久）と二人で、蔵人殿のご家中をつぎつぎに離反させて、侍大将となるほどの器量のある者どもはのこらず岡崎に引きつけたので、蔵人殿は腹を立てられ、「大久保一族の者なら女や子供でもよいから、ひとりだけでもどうかしてつかまえてはりつけにしたい」とおっしゃったこともあった。

またあるとき、ご譜代の大名がひとりのこらず一揆をおこし、敵となり、野寺、佐崎、土呂、針崎に立てこもって、相国（家康）様にさび矢を射かけたことがあったが、わたしのおじ・大久保新八郎（忠俊）は屋敷城を守って、敵の城とわずか、ある城とは七、八町、ある城とは十町と離れていないところで、昼夜戦った。そのときは、みなが敵となったから、孤立無援の状態だったけれども、大久保一族が味方を申しあげたので、運も開けていったのだ。そのおり、土呂、針崎の全軍をあげて、大久保どものいた上和田へ攻めよせてきた。一月十一日に、大久保五郎右衛門尉（忠勝）も同七郎右衛門尉（忠世）も同時に目を射られた。みながみな、傷を負わぬ者はいなかった。そのとき、家康様がだれよりも先にかけつけなさって、敵陣にあわや乗り入れようとなさった。大久保治右衛門尉（忠佐）が走りよって、お馬の口をつかまえ「後をご覧になられよ。だれひとりつづいておりません」とその場にとどめると「おまえたちの恩はこれから七代後まで忘れない」とおっしゃった。弟たち、親類、いとこ、またいとこの戦に精をだしたそのようすは、いいつくすことができない。わたしのおじは戦死した。いとこ、弟たちも多く戦死してまで、ご奉公申しあげた。

彦左衛門の自慢

　また、わたし自身も十六歳の年より敵との最前線に十二年間いて、ご奉公した。そのうち、四、五年は枕元に具足《ぐそく》をおき、昼夜野にふせ、山にふして、柴の葉、萱《かや》の葉の上に眠り、戦、物見に骨をおった。しかし、器量がともなわなかったのだろうか、とうとう武勇の名をあげることができなかった。

　またある時は、石川伯耆守《ほうきのかみ》（数正）が、徳川家を裏切って、太閤（秀吉）側についたことがあった。大久保七郎右衛門尉（忠世）は、信濃の国小諸《こもろ》にいた。「伯耆守が裏切った。七郎右衛門尉、早くこい」と重ね重ね飛脚がやってきたことがあった。七郎右衛門尉の器量ひとつで、信濃をおさめようとしていたので、今ここを引きはらうなら、信濃を徳川家の手中におさめることができないと思って、出発しかねていたけれども、重ね重ねお使いがやってきたので、「それなら、だれかをのこしておこう」と、いってくれるように、だれかにたのんだけれど、「伯耆守が裏切ったかぎりは、岡崎にかけつけたとしても戦死することになろう。また、ここにいたとしても戦死するにちがいない。それなら、妻や子の消息もわからないこんな遠いところにとどまるなど、考えられない」と、「とどまろう」という人はひとりもいなかった。「そういうことなら、どちらで戦死しても、奉公としてはおなじだ。平助（忠教）ここで討ち死にしてくれ」といったので、彦左衛門尉（忠教）は「ここで戦死しても、岡崎で戦死しても、おなじ奉公と聞く。おなじ奉公なら、岡崎に行って、家康様のお目の前で戦死すれば、お目に入るであろう。ここで戦死をするなら、おなじ戦死であっても幕が上がる前に死ぬようなものだ。人が知るはずもなかろうから、死にがいもない。岡崎に行って、お旗近くで戦死をしよう。そのうえ、母と女房は伯耆守が裏切ったとなれば、知行地にいるのだから、そのまま敵地にいることになり、どうなったかわからない。母のことはあなたにとっても治右衛門尉（忠佐）、権右衛門（忠為）にも母親なのだから、わたしだけの心配ではないが、女房のゆくえもわからないで、ここにいる場合ではない」というと、七郎右衛門尉が「その通りだ。あれこれ、くどくはいわない。お前をここにとどめておかなかったら、ほかの者たちをここにとめておくことができないこともよくわかろう。ご主君にさしあげる命、ここはひとまずわたしにあずけてくれ」とおっしゃったので「そういっていただければ、よくわかりました。わたしはここにおりましょう。いそいで岡崎にお行きください」と岡崎へ向かわせた。そんなことがあったので、「岡崎は騒乱の渦中にあるので、七郎右衛門尉がとりあえず岡崎に向かったぞ」と、こそこそひそひそとうわさがひろまった。

信玄の子に正道殿（信親）といって目の不自由な子をひとり、越後の国の景勝（上杉）が養育していたが、その親子が甲州にお入りになるのを援助しようと、家康様が密約を結ばれたことがあった。こんなときにも地形もよくわからぬ他国を、十日も歩いて、命をすてる気がまえでご奉公したこともあった。伯耆守はさしたる策略をくわだてることもなかったので、岡崎も自然と静けさをとりもどし、なにごともなかった。

それればかりでなく、真田（昌幸）が裏切ったとき、それを攻撃しようと、一万余の兵をさし向けた。攻めこんで城郭を破り、撤退しようとしたところを、攻撃され、敗退したことがあった。わずか四、五町敗退するうちに、三百以上も殺された。もはや、総崩れとなると思えたとき、金の揚羽蝶《あげはちょう》の指物《さしもの》の七郎右衛門尉（忠世）が加賀川を乗り越えて攻めかえす。七郎右衛門尉につづいて、彦左衛門尉（忠教）がかえす。七郎右衛門尉が河原をかけまわる。その指物をみて、七郎右衛門尉のところへかけよせると、敵も押しよせてきた。彦左衛門尉はそのひとりを河原で突き殺すと、首もとらずに上の台へ押しあげる。彦左衛門尉は銀の揚羽の蝶の羽を指していたので、それを目がけて十一、二人もの者がやってくる。七郎右衛門尉は、河原をもちこたえ、彦左衛門尉は上の台をもちこたえたので、総敗軍はまぬがれた。そうでなかったら、敗軍して四、五里のあいだ、追い討ちに討たれて、生き残る者があったとしても、五千も六千も戦死したことであろう。第一は、七郎右衛門尉が攻めかえしたから、つぎには彦左衛門尉が攻めかえしたから、五千、六千の人の命を助けることができ、ご奉公することとなった。

また、多くの人が今からそれほど昔のことではないので、知っていよう。それがうそだということはないであろうが、今度大阪で、相国様のお旗奉行の人びとがうろうろとしたのにご立腹なさって「お旗は逃げた」とおっしゃったとき、気に入ろうとするなら、「おおせの通り、お旗はどこにあったのやら知りません」と申しあげるのがよいのだが、昔は草履《ぞうり》取りのひとりも抱えられなかったが、とり立てられて、今やなにをおいても相談を受けるような人びとさえ、家康様の汚点なのに、気に入ろうと「お旗をわたしたちもみませんでした」と申しあげた。たとえ、崩れたとしても、お旗は立っておりましたと申しあげることが、おことばにそむくことになっても、ご主君のためなのだ。ご主君のことを思い申しあげるなら、立っておりましたと強弁しなくてはならないのに、ご主君の汚点になるのにその場は気に入られるようにという、おとり立ての人びとのひどくぶざまなことよ。この先、なんのお役にも立ちますまい。

そんなおり、彦左衛門に「旗はどうした」とおことばをおかけになった。「お旗は立っておりました」と申しあげると、ごようすも一変し、畳の向こうの縁をおふみになり、お杖で畳をおつきになり、「旗をみなが見なかったといっている。立っていたはずがない」とおっしゃる。彦左衛門尉は畳のこちら側の縁に手をついていたので、間は二尺すこしあったが、頭を畳につけて、「お旗は立っておりました」と申しあげると「わたしもみなかったのだから、立っていなかった」「どうおっしゃいましても立っておりました」と申しあげると、いいかえしは「立っていなかった」と大きなお声だった。お杖で畳をつきながら、お腰の物をひねりまわしになる。それにも驚くことなく、「なんとおっしゃいましても、お旗は立っておりました」と強弁しつづけ、ついに口でいいこめてしまったので、お旗は崩れなかったということになった。わたし自身の身の上のことを、みなのように考えて、みなのように「お旗は立っておりませんでした」と申しあげたなら、きっとお旗は崩れたことになったであろう。

そんなことは、日本国中にとどめおくことはできず、異国までも聞こえるであろう。わたしの首がはねられたとしても、お旗に傷をおつけしてはならない。たとえ崩れたとしても、「崩れなかった」と申しあげて処罰を受けるべきだが、まして崩れなかったのだから、恐れ多いことではあるが、おことばをかえして強弁して、お旗が崩れなかったことになったのは、わたしがいいかえして争ったからである。これもまた、ひとつのご奉公ではないだろうか。

それだけでなく、七郎右衛門尉（忠世）にしたがって、敵との境に十二年いたが、七郎右衛門尉の家来をつれて、七郎右衛門尉の代理として、そこここのとりでの番を、その大将となって務めたが、今日まで生きのこっている者は、ご譜代のなかではわたしひとりだけである。もっとも、そのころ、とりでの番をした人びとはいるであろうが、その人びとはみながみな、人につきしたがっていた人々であり、人をひきいていた人はひとりもいないだろう。わたしだけであるのを、わたしを辛労苦労したとお思いになることなく、そのころはだれかの配下にいて、その主人から扶持《ふち》を受け、草履取りのひとりとして、ご主人に奉公していた者を、若いとき、辛労苦労したと将軍家はお思いになって、過分な知行をおあたえになる。しかし、それはその仕えていた主人に対する奉公であり、徳川家に対する奉公ではない。それを、徳川家への奉公とお考えになるなら、その仕えていた主人に対する奉公はなくなってしまう。わたしは敵との最前線にでて戦ったが、親の所領と戦死した兄の新蔵（忠寄）の所領をおあたえになっていたので、七郎右衛門尉がそれを受けとり、私はそれ以外の所領を受けとることはなかった。若いあいだは家康様の先鋒をしようと、みずから望んで戦いにでた。そのうえ、七郎右衛門尉が前線にでることを命ぜられていたので、配下の者をつれて前線にでて、ご奉公申しあげた。人が皆したような奉公をいちいち書いても意味あるまい。おかしなことになろうから。

家康様から直接に知行をあたえられて、前線にでてご奉公申しあげたわたしどもには、辛労をかけたとお思いにならないで、主人に仕えてその主人とともに出撃した者を、前線では苦労かけたと過分にご知行をおあたえになる。

彦左衛門の憤懣

子供よ聞いているか。その昔、人に使われて草履取りの身として世をすごしていた者が、将軍の御前にでて、人を大勢召し連れている。また、今度の大坂の合戦で、恐ろしくもない場で逃げた者が、十分すぎる知行を今までの知行の上にあたえられ、人を多くつれて堂々と闊歩《かっぽ》する。わたしどもは武勇の手柄を立てても逃げることなどなかったし、先祖のご忠節もこのうえなかった。また、わたし自身の辛労もこのうえなかった。仕えたご主人様は当代の将軍（家光）様まで九代にわたる、譜代の臣であるが、このようになさっておくので右の人々が人を多くつれて道を通ると、わきへよけて通る。そのときに、なんと情けないことと思え、人知れず大橡《とち》の実ほどある大きな涙がはらはらとこぼれてくるけれども、これも因果とあきらめて、気を落ち着けて歩いている。

　さてさてご奉公は十分にいたしてきたつもりだ。ご主君様がおいでになる方に足を向けて寝たこともない。朝夕、経を読むときも、まず釈迦《しゃか》仏を拝み、その次に両将軍（秀忠・家光）様のご寿命ご安穏にご病気もなくと、お子様、ご兄弟様どなたもご病気もなくお命すこやかにと拝み、その後で先祖七代・二親を拝んでいる。こんなことも両将軍様はご存じないことでありましょうが、東照権現《とうしょうごんげん》様はお見通しでございましょう。このように、主君をたいせつに考えておりますことを、神や仏もきっとお見通しでございましょう。考えてみれば世も末になり、神もいないかと思われる。

しかし子供たちよ、よく聞け。今はご主君様をありがたいと思うことは、これっぽっちもない。きっとお前たちもありがたいとは思っておるまい。それは、どうしてかといえば、他国の人を安心して膝元《ひざもと》近くで召し使われ、またご譜代でもない者をご譜代とおっしゃって安心して召し使われて、おまえたちのような九代も召し使ってきたご譜代の者を新参者となさって、きっかり一俵《ぴょう》三斗《と》五升《しょう》のそれも古米を、二百俵、三百俵ずつくだされたとしても、どうしてありがたいと思うことがあろうか。しかし、それを不満と思うことなく、よくご奉公申しあげよ。「金剛《こんごう》（草履）をもってこい」というおことばがあったなら、二百俵のことはおいておいて、たとえ二百俵さえくだされないとしても、お草履取りとなっても、お馬取りとなっても、お家をでて、別の主人にとり入るようなことがあってはならない。

今こそ、わたしたちの先祖の活躍は忘れ、信光様以来、相国様まで徳川家代々の方からこうむったお情けを忘れずに、今の悲しみを信光様から徳川家代々相国様までに対するご奉公と思って、ご奉公申しあげよ。そうでなく、ご主君にそむくと七逆罪のとがを受けて、地獄に落ちることとなる。

この世は仮の宿だ。後世を大事と思って、けっして不忠することがあってはならない。お馬取りを命ぜられても、槍持ちを命ぜられても、おことばにそむくことがあってはならない。徳川家を離反することがあってはならない。ご譜代永く、何度もご忠節や働きをいたし、九代にもわたって召し使われてきた家筋の者を悪く召し使われるとするなら、それはご主君の手落ちである。万騎が千騎、千騎が百騎、百騎が十騎、十騎が一騎になっても、草履取りをしても、ご奉公申しあげよ。ただし、ご奉公申しあげるとしても、いやいやという顔でご奉公申しあげるならご奉公にならないで、七逆罪を犯すことになろう。どんなことでも、おことばのままに、火水のなかに入っても、顔に笑いをうかべ、ご主君がごきげんのよいようにご奉公申しあげよ。親、兄弟、妻子、親族一同を集めて、かならずかならず、かえすがえす、ぜったいにぜったいにご主君様をおひとりにして、変えることがあってはならない。ご主君様へのご奉公なら、右の者たちを火水のなか、また敵のなかへすてねばならなかったとしても、けっしてそのことを口にしてはいけない。そのことを口にしたとなると、それは悔んでいるかのように思えるから、かならず口にすることがあってはならない。そのあたりのこと、おまえの子供にもよく聞かせよ。これにそむいて、ご主君様にご不忠をするようなことがあれば、わたしが死んでいたとしても、生きかえって、おまえたちののど筋に食いついて食い殺すだろう。

譜代の臣とは

こうはいうけれども、今のご主人様にはありがたいと思うことは、ひとつもその半分もない。しかし、信光様からこのかた、徳川代々、相国様までのお哀れみを、わたしども代々が深くこうむった。それへのご奉公と思って、当将軍様にも仕えよ。また、当将軍様まで九代のあいだ、わたしたちの先祖が代々の方に仕えてきたけれど、今末の代になって不忠を申しあげると、わたしたちの先祖代々の忠節が無となってしまうであろう。それを無としないためにも、またご主君様を裏切ると七逆罪を受け、無間《むげん》地獄に落ちるということなので、これらのいろいろな恐れがあるので、けっしてけっしてご主君様にそむくようなことがあってはならない。

しかし、今どきの人びとは「地獄をみた人はいない。なにが来世か」という人も多い。しかし地獄がないという人は、主君や親をなんとも思わない人なのだから、主君のご用に立つとは思われないので、そんな人にむだに知行《ちぎよう》をあたえてもしようがないことだ。地獄があると思ってこそはじめて、主人にそむけば七逆罪の罪を受け、無間地獄に落ちるのを悲しんで、ご主人ひとりを恐れ多いものと思うだろう。また、親にそむけば、五逆罪の罪を受け、無間地獄に落ち、夜昼苦を受けることになる。その苦しみの恐ろしさに、ご主君と親をだいじにしておことばにそむかないようにと人間は節を守る。地獄も極楽もないと思ったら、主人の罰も親の罰もあたらぬと思うだろうから、そう考えてくれば、そんなふうにいう人は、ご主君様のことをもたいせつに思わないのはあたりまえだ。

因果

心して子供、よく聞け。地獄や極楽はまちがいなくあるのだぞ。地獄があることを忘れず、忠義につとめよ。召し使いが悪いといっても、それは前世の生まれあわせ、因果とあきらめよ。しかし、因果もいろいろあるようだ。善いことをしたとしても、善い報いとならないで、悪い報いとなることもあるようだし、悪いことをしても、その末孫が栄えるなど、善い報いとなることもあり、その身のうちに善くあたるもあり、いろいろあるようだ。それはなぜかと考えてみるに、ご主君様を敵として鏑矢《さびや》を射かけ申した者の末が繁昌して栄えるような場合も多い。また、代々敵とならずに矢面に立って矢を防ぎ、徳川代々の時ごとにご忠節を申しあげたその子孫の者が、ことごとく肩身の狭い思いをして、敵となった者の家筋の者に膝を屈する因果もある。わたしどもの因果はこれのようだ。

さて、また信長などの因果は即座にあらわれた。それはどういうことかというと、美濃国岩室の城に、甲州勢を攻め落としたとき、二の丸に押しこみ、シシ垣《がき》を組んで、みなを焼き殺した。そののち、甲州に攻めこんだときにも、恵林《えりん》寺の高僧たちや雲水《うんすい》たちを鐘楼《しょうろう》堂に追い上げて、火をつけてみな焼き殺した。

時は三月のころであった。その年の六月二日に明智日向守《ひゅうがのかみ》（光秀）の裏切りにあい、二条本能寺で焼き殺された。因果は早くもあらわれたと思えた。

さてまた、太閤（秀吉）が関白（秀次）殿裏切りということで腹を切らせたことがあったが、関白殿の気に入りの女性三十人ほど、どなたもれっきとした方々の娘であったが、三条河原に引きだして首を切り、ひとつ穴に入れて、畜生塚《ちくしょうづか》と名づけて三条に塚を築いたなども、ひとつの因果であろうか。

また、三七（織田信孝）殿は信長の子だったから、太閤にとっては主人にあたる方だったのに、野間の内海で腹を切らせなさった。昔は長田（忠致）、今は太閤というところであろうか。

また、家康様に毒を飲ませようとしたとき、家康様が遠慮なさって、御座を大和大納言（豊臣秀長）の上座から下座におうつしになったが、その毒入りの膳が大和大納言にまわり、太閤の弟の大納言がそれを食べて死んだ。これというのも、相国様がお慈悲深く、正直でおいでになったので、天のお助けもあって食べられることなく、大和大納言が食べることになったのだろう。これもひとつの因果である。そののち、秀頼が相国様に腹を切らせようとしたが、もつれて成功しなかった。相国様はお慈悲深く、秀頼を助けておきになった。そののち、多くの大名と共謀して、伏見を攻撃して、家康様に腹を切らせようと準備したけれど、とても成功する見こみのないことなので、そのままに終わった。

そののち、会津の戦いに家康様がご出馬になったおり、多くの大名と共謀して合戦をしかけて、伏見城を攻め、焼き落として、多勢の者を殺し、その勢いで関ガ原へ攻めだした。合戦をして負けたときには、お慈悲で助けておかれ、それのみならず、もとの通り大坂城においておいたのに、そのご恩を忘れ今度また、諸国の浪人を十万人ほど召しかかえて、敵となった。家康様は押しよせなさって、城をとりまきなさったので、降参を申しでる。するとまた、お懲りになることもなく、お慈悲深いからだろうが、お許しになる。ところが翌年、また戦をしかける。堺の町を焼きはらったので、またまた両将軍（家康・秀忠）様がご出陣なさり、追い崩し、みな殺しになさった。運もつきていたのであろう、町も城もすこしものこらず、四時間ほどのうちに焼きはらわれた。

天守に火がかかると、秀頼は母君（淀殿）をおつれになって、山里曲輪《やまざとぐるわ》におでになって、またまた降参を願った。お慈悲深い方なのでご思案をなさったが、「いやいやまた生かしておくなら、また了見ちがいをおこすだろう。腹を切らせよ」とのおことばだった。押しよせて「腹をお切りになれ」と申すと、火を放って焼け死んだ。これというのも太閤の因果。また一方、これというあやまちのない相国様に何度も何度もそむかれた因果だ。こんなことを考えると因果というものはあるようだ。

家康の慈悲深さ

さてまた相国様のお慈悲深いことは申すまでもないが、大概をここにはのべよう。敵となって鏑矢を射かけなさり、お命をねらった者たちの命をことごとくお助けになったのをみても、その際限のないのがよくわかろう。

また、尾張内府《おわりだいふ》（織田信雄）が太閤に攻められなさったとき、家康にたのむとおっしゃったので、加勢にご出撃され、戦にお勝ちになったが、内府は太閤にたぶらかされて、家康になんのことわりもなく和議を結び、そのうえに家康を殺そうと秘密裡に計画を立てたけれど、どうしても討ち滅ぼすことができず、時もたった。太閤からは「内府は和議を結んだが、家康はどうなさるのか、どうせならおなじように和議を結ばれよ」といってよこした。「内府にたのまれていたからこそ、和議を結ばなかったのだが、それならば和議を結ぼう」と停戦なさった。

内府は太閤に国をとられなさって、越前の片隅にひどいようすでおいでになったが、今度は石田三成の仲間となった。この戦に勝っても、お許しなさってお慈悲をかけられた。今度、大坂の合戦に手を出さなかったということで、なんの役にも立たなかったのに、五万石をおあたえになったのは、お慈悲でなくてなんであろうか。

石田治部（三成）が、伏見で敵となったとき、大坂方の諸大名は腹を切らせようとしたが、みなをなだめて佐和山に送った。これもお慈悲ではないだろうか。そのご恩を忘れて、また敵対して殺された。

佐竹（義宣）、景勝（上杉）、島津（義弘）、安芸の毛利（輝元）たちが敵となったのに処罰されることもなくついに国郡をおあたえになったのはお慈悲ではないだろうか。秀頼も四度まで敵対したのをお許しになった。お慈悲ではないだろうか。

信長は伊賀の国の者を、どこにいる者もみつけだしてみな殺しにした。家康様は三河や遠江にきていた者たちを隠しておいて、ひとりも殺さなかった、これもお慈悲ではないだろうか。

そんなおり、信長がお腹を切られたことがあったが、家康様が伊賀路を通って国へ帰ろうとなさったとき、「日々のご恩、ありがたい」といって国中の者たちがお送りして、お通し申したこれも日々のお慈悲のゆえであろう。これもご因果のすばらしいことだ。

大久保忠隣の失脚

また、ここに不審なことがある。人ならみな、犬を追っている子供までが本多佐渡守（正信）が大久保相模守《さがみのかみ》（忠隣）を中傷したと口にしているが、そんなことは世人が真相も知らないで、根も葉もないことをいっているのである。佐渡は相模の親の七郎右衛門尉（忠世）に重恩を受けた者だから、恩を忘れてどうしてそんなことをしようか。それは人のつくりごとだ。

相模は子の主殿《とのも》（石川忠総）をはじめ、わたしどもも知らぬ身のとががきっとあったのだろう。ぜったいに佐渡が中傷したなどということはないだろう。今になってよくわかるけれど、町人、民百姓までがいうことだから、まさかとは思うけれど、そんなことがあったかもしれない。ともかく、はっきりとはわからない。

佐渡は若いころは情けを知らぬ者、とうわさがあったけれど、年もとったことなので、きっとそんなことはあるまい。佐渡守を七郎右衛門尉が朝に夕に面倒をみて、女や子供を助け、塩や味噌、薪にいたるまで送り、面倒をみ、佐渡が家康に敵対して他国へ逃げたときも妻子を助けてやった。そのうえ、わびを入れさせ、国に帰してからは、まず隼鷹《はやぶさたか》匠《じょう》としてかかえられ、その後もあれこれと面倒をみて、除夜にはかならず嘉例《かれい》として大《おお》晦《つごもり》の飯と元三飯《がんざんめし》（1）を七郎右衛門尉のところで佐渡は食べたものだった。関東へ家康様がおうつりになった後でも、江戸でも、そのことを嘉例としたほどの佐渡であるから、どうしてその恩を忘れようか。

そのうえ、七郎右衛門尉が死ぬときも、佐渡を呼んで遺言に、相模をよろしくたのむといって死んでいったが、その時七郎右衛門尉に向かって「どうして疎略に扱えましょう。

ご安心ください」としっかり申したのに、もしやその心にそむいて中傷をしたのだろうか。昔は、「因果は皿の端をまわる」といったのに、今は「まわりっこなしに、すぐに報いがくる」という。今どきそんなばかなことが、と思うけれども、「人にさえずらせよ」ということもあるから、そういうものであろうか。「善き因果は報いがあってもわからない。悪い因果が悪い報いをおこした場合は、わかりやすい」それもそうであろうか。佐渡は三年もすぎることなく顔に唐瘡《とうがさ》ができて、顔半分がくさり奥歯のみえるほどになって死んだ。子である上野守《こうずけのかみ》（正純）は改易《かいえき》になって出羽の国、由利にながされ、そののち秋田へながされ、佐竹（義宣）殿にあずけられ、四方に柵をつけられ、堀を掘りめぐらされ、番をつけられていた。みなみな口にすることもなるほど確かにあるようだ。相模守の改易も、切支丹《きりしたん》退治の処置に、京都に使いに行き、その後改易にあった。また、上野守のご改易のときも、最上の仕置をせよと命ぜられて、使いに行ってもその後改易になった。おなじようなことだ。さては中傷をしたので、因果の報いかと、また世間ではいうようだ。

『史記』のことばに、「蛇はとぐろを巻いても吉方に首を向け、鷺《さぎ》は太歳《たいさい》の方角に背を向けて巣をつくり、燕《つばめ》は戊己には巣を食べはじめ、鰈《かれい》は河口に向かうとき方違《かたたが》えをする。鹿は仙女に向かって寝る」とある。このように動物でも身のほどにしたがう心があるそうだ。顔だけは人でも心は畜生であったのか。

元和《げんな》八年六月日

子供にゆずる。

大久保彦左衛門

注

(1) 元三飯　正月三ヶ日に食べる食事。

後書

もしこの書を、ご譜代ひさしい人びとがご覧になっても、自分の家のことばかりよいように書いてあるとお思いになるな。そういうわけではない。

この書を書き記したのは、他人にみせようとしたのではない。わたしははやくも七十歳を越えたので、命も今日明日にもつきるかもしれない。たった今、死ぬようなことにでもなれば、ご主君様にどれほど長く仕えたご主人様であるかわからなくなるから、ご主君様を仰いできたのが、当将軍(家光)様まで九代にもおよぶことを、わたしのせがれに知らせようと、またわたしの先祖が徳川代々のうちで一度も敵とならなかったこと、何度もご忠節をつくしたことを、また、わたしどもの辛労を知らせるためにも書きおいたものだ。

門外不出と申しそえておいたので、だれもご覧になることはあるまいけれど、もしなにかのつごうでご覧になったとしても、自分の家をよいようにばかり書いたとおっしゃいますな。

ご譜代ひさしい人びとは、だれも家々の忠節の筋目《すじめ》を、ご譜代ひさしい筋目を、このように書いて子供たちにお譲りになるのがよかろう。わたしたちはこのようにわたしの家のことばかり書いて、子供たちに譲るものだ。そこで、ほかの家のことは書いていない。以上。

三河物語3　終

訳者解説　『三河物語』の世界

1　『三河物語』の成立

江戸のはじめ、ひとりの老人がいた。名を大久保彦左《ひこざ》衛門尉《えもんのじょう》忠教《ただたか》といった。戦国と呼ばれた時代を生きぬいてきた老人の精神のよりどころとて、ただひとつきりなかった。それは三河国松平郷の一豪族であった松平氏が、その名も徳川と改め天下を掌中におさめるまでに、みずからを含んで大久保一族の者はただいちどとして主君徳川家を裏切ることなく、忠勤これはげんできたということであった。老人はそれを子供や孫たちに自慢顔に話して聞かせていたのであろう。『三河物語』のひとつひとつの話のはじまりのいくつかが「子供よく聞け」といった表現ではじまっていることでも、そのことは推測できる。

そんな日々をすごしているうち、老人は自分のまわりをみなおして、ある感慨に打たれた。戦国の巷《ちまた》をともに戦った、いや、老人とその仲間にとっては戦うこと、すなわち生きることだったのだから、戦国の世をともに生きぬいた人びともその多くが他界し、のこる者とて老人ばかりであることだった。老人の体を火花が走ったにちがいない。戦国の世を筆に書きのこせるのは自分以外にいない。老人はなれぬ手つきで筆をとった。松平親氏にはじまり、徳川家康にいたる徳川家歴代をたて糸に、大久保一族の活躍をよこ糸に、その物語は織られていった。しかしその叙述はおせじにもうまいものとはいえなかった。他の書物からまるまる抜きだしてくるのは、彦左衛門だけがしたというわけではなく、その当時としてはあたりまえのことだったのでおくとしても、おなじことが二度三度と書かれたり、ときの流れを逆にしたり、さらにまずかったことは、当時の口語(俗語というが)をつかって書いたために、へたな文章をより難解にする結果となった。

しかしこの老人は、そうまでしてこの膨大な書を書いたのである。老人のエネルギーはすさまじいものであったのであろう。もちろん大久保の家に対する自負や、子孫に以後も忠勤にこれはげんでほしいという気持ちがエネルギーの大半であったろうが、『三河物語』を読んでいくとそれだけではなかったことに気づく。

主家の歴史をえがく『三河物語』のそここに、主家に対する不満が顔をのぞかせるのである。武が文に優先した戦国時代は終わり、文が武に優先する徳川二百六十年の基礎が着々とかためられていくころ、武一辺倒に生きてきた三河以来の譜代の臣が冷遇されることが多々あった。大久保一族もその例外ではなく、大久保本家の大久保忠隣(彦左衛門の甥)も慶長十九年(一六一四)罪をこうむり、小田原六万五千石のお家没収のうきめにあっている。そうなって大久保の家のおもみを双肩になうことになった彦左衛門自身、二千石どりの旗本にすぎなかった。戦国と呼ばれた時代を生きぬいてきた老人にとっては、人生をはかる尺度とて、戦国時代のそれしかなかった。時代が着実にうつり、管理社会、文民社会のなかでは口のじょうずな者、腰のひくい者、ときにはワイロを贈る者が、主家とともに苦労してきた者の上位に立つことになった。彦左衛門はそのことに強い憤りをおぼえたろうし、おなじ思いの人びとも多かったと思われる。そこにこそ、この書がつくられるエネルギーがあったのではなかろうか。そしてそんな人々にこの書は好感をもって受け入れられたのであろう。江戸時代には刊行こそされなかったが、成立当初からさかんに書写が行われ、江戸初期のものも含めて、写本が多数のこされている。

2　大久保彦左衛門について

一般に大久保彦左衛門は〝彦左衛門〟と呼ばれ、わたしもここまでそう呼んできた。しかしより正確には大久保彦左衛門尉忠教という。忠教が実名、彦左衛門尉が通称である。古来、実名が歴史上の通り名になった人もあれば、通称や雅号が通り名になった人もある。しかしその通称にも〝尉〟一字だけちがいがあるのはなぜであろうか。

中世で、何左衛門尉《ざえもんのじょう》・何右衛門尉《えもんのじょう》といわれていたものが、江戸では、何左衛門・何右衛門に変化する。彦左衛門が生きた時代はちょうどその過渡期であり、もはや何左衛門尉と〝尉〟の字が書かれることなく、わずかに門の中にいの字のような二つの点を打って、尉の存在を示すだけになっていた。読みも「のじょう」を読まなくなっていたのであろう。だから、江戸の人びとが彼を彦左衛門と呼んだとしてもなんの不思議はないのである。

さて、大久保彦左衛門とはどんな人物であったのだろうか。彦左衛門は永禄三年（一五六〇）に生まれ、寛永一六年（一六三九）に、八十歳で死んでいる。戦国時代から江戸幕藩体制の完成期を生きたことになる。彦左衛門の生まれた大久保家は、代々武勇をもって、三河松平家に仕えた名門であった。彦左衛門は父大久保忠員（天正十年卒）の十人の男子の八番目に生まれている。父忠員の晩年に生まれた彦左衛門は父よりはむしろ長兄忠世（文禄三年卒）にしたがって戦の場をかけめぐっている。

彦左衛門はたしかに勇敢であった。「ヤアヤアわれこそは十五の年より……」という例の名文句もまんざら嘘八百とはいえないようだ。

しかしここに彼の人となりを知るひとつのおもしろい資料がある。それは、現在小田原城天守閣に展覧されている彦左衛門の手紙である。これは彦左衛門が、その時期はよくわからないが、いずれにしても彼の晩年、その知行地の代官吉野某《なにがし》にだしたものである。そこには彦左衛門のチビ筆で「最近年貢の収量が低下している。これは知行地《ちぎょうち》の責任者であるおまえがサボってばかりいるからだ」として、それ以下、刈った麦を利用して堆肥をつくれなど細かにのべている。

多くの方はこの手紙の真偽を疑われるかもしれない。しかしこの手紙は彦左衛門の独特な書風で書かれており、まがうかたないほんものである。

なぜ疑問に感じられるかというと、彦左衛門といえばツルの折れた眼鏡をゴムでくくりたらいに乗って登城し、天下の御意見番として将軍に直接御意見を申しあげる。ついでに一心太助とやらいう威勢のいい魚屋まで登場する。彼は、いつのまにか千葉県の八街道の出身であることになっている。その一心太助とともに、市民を助けたり、時には捕り物まで行う。そんな彦左衛門のすがたを講談その他で知識としてえているからであろう。彦左衛門はけっしてそんな人物ではなかった。いわばどこにもいるありふれた三河譜代の旗本彦左衛門なのである。しかしこんなことをのべるのがおかしいのかもしれない。あの江戸幕藩体制のなかで、一介《いっかい》の旗本が将軍に意見を申しのべるなどということはできるはずもなかったのだから。

本書を読むには、彦左衛門についての先入観はすべてすててかかったほうがよいようである。大久保彦左衛門、それは戦国を生きぬいたひとりの三河武士だった。ただ、江戸時代も時代が落ち着いた寛永時代（一六二四〜一六四四、ただし、彦左衛門は一六三九年に死去）ごろになると昔の戦さ話を将軍を初めとする高位者に話をする「御伽衆」と呼ばれる人々が登場した。彦左衛門も晩年にはそうした役職になっていたのであろう。

3　『三河物語』の構成

『三河物語』は大久保彦左衛門によって書かれた。それは間違いない。『三河物語』の原本は彦左衛門の自筆だからである。我が国古典文学の多くがその作者の名をあきらかにしえないのが現実である。そんな中で、『三河物語』の作者は大久保彦左衛門と断言できるのは、彦左衛門自筆の『三河物語』がのこっているからである。日本の多くの古典籍は、ほとんどが写本として伝えられ、『三河物語』のように、作者自筆の本が伝わっているというのはひじょうに珍しいことで、『三河物語』を読む者にとってはこのうえない幸運といえよう。

自筆の本があるのだから、それ以外の写本をみるにはおよぶまいと考えそうだが、どうもそうはいかない。二つの意味で写本も見ておかなくてはならないのである。一つはそれらの写本は『三河物語』の成立の過程をわれわれに教えてくれるからである。今一つは『三河物語』がどのように作られたか、どんな資料を使ったかを教えてくれるからである。

『三河物語』の諸本の数はたいへん多いのだが、だいたい大きく三つにわけられる。

(1)元和八年（一六二二）の奥書きをもつグループ。下冊の後半がない。

⑵寛永二、三年（一六二五、二六）の奥書きをもつグループ。上・中冊のみ、下冊は現存していない。
⑶自筆の本。

以上である。

これら三つのグループの関係をのべるまえに、ひとつのことをのべておきたい。日本の、すくなくとも中世や近世という時代に、歴史を書くという行為はどういうことであったかということだ。

ここにひとつのおもしろい資料があるので紹介しておこう。それは『相州兵乱記』（室町時代末）という本の序文である。そこで作者はこの『相州兵乱記』をどういうふうに書いたかをのべている。

自分の先祖五代は北条氏の御家人として活躍した。そのあいだの敵味方の合戦の記録を記しおいてくれたのが数十冊となった。才覚がなく、文章の不明なところや、異説も多く、これを他人にみせなかった。わたしはその書を受けついだ。また近年のこともひろい集めた。それらを重撰してこの書をつくった。

というのである。しかしこの「重撰」という行為は一般に、先行の文献を利用して、糊糊《のり》と鋏《はさみ》で新しい本をつくるということだったようだ。現に『相州兵乱記』はそうしてできている。ただこれだけで歴史が書けたというわけではないようで、これに中国や日本の故事や成句を付して評を加え得て、はじめて歴史書が書けたということになったようだ。この評に使う名句、名文を類従した本を「類書」とか「金句集」と呼ぶ。

どうも『三河物語』も、下冊をのぞけば、そんなふうにしてできたもののようである。もちろん当時においては歴史を書くというとき、先行書を引用していたのだから、そのことで、彦左衛門の才能を疑ったり、彦左衛門はズルかったのではないかと邪推するのはやめにしよう。

そんな一般的な事実と、(1)のグループには(2)ゃ(3)のグループにみられる評句がなく、(3)は(2)の本文に手を加えたあとがあるといった(1)(2)(3)のそれぞれの性格を考えあわせると、以下のように『三河物語』ができていったようすが想像される。

『三河物語』が書きはじめられたのは、元和八年頃で、そのとき、上・中冊と下冊の前半が書かれたが、それは単に資料を集めたにすぎなかった。この段階の本が(1)のグループの本である。つぎに寛永二、三年頃二回目の編集が行われた。その段階で評句も加えられ、ほぼ『三河物語』が完成したと思える。この段階の本が(2)のグループの本である。下冊は現存していないが、本来は存在していたのであろう。下冊の後半がその段階ですでに加えられていたかどうかはわからないにしても、それ以後おそらく彦左衛門が死ぬまで、手もとにおいて筆を加えていったのが(3)の自筆の本なのであろう。自筆本が彦左衛門の最終稿、他の異本は『三河物語』の成立してゆく過程の本と思える。それで本書では自筆本を底本として、口語訳を行った。

4 『三河物語』の本文と表記

大久保彦左衛門という名にくらべると『三河物語』という名はあまり有名とはいえない。彦左衛門という名は特別な意をもってつかわれた名だからおくとしても、『三河物語』よりは有名であろう『信長記』『太閤記』『葉隠』などにくらべても、けっしてその内容のおもしろさは劣らないと思うのに、なぜそれらほどに名をあげえないのだろうか。

いや、右にのべたことはより正確にのべねばなるまい。『三河物語』は江戸時代出版こそされなかったが、その写本は相当な数にのぼる。こんにちでも古本屋の目録にしばしばその名がみられるくらいだから。つまり『三河物語』は、江戸時代には興味深い書物として、他の古典籍がそうであるように、写しとられ、書きつがれていったのである。

では、それがなぜこんにち読まれなくなったのであろうか。一にも二にも『三河物語』の本文が難しいからである。

(1)特異な漢字を使っている。

雫―アメ　適―カナシ　筩―サカヅキ　犇―ハシル　覩―ミル、など。

(2)口語そのままに書いてあるため、文が読みとりにくい。

こんにちわたしたちは、「わたしたちは」「とうきょうへ」と書く場合は、「ワタシタチワ」や「トウキョウエ」と書く。読みやすいように考慮をして書く。口で言うままに書くのではなく。ところが『三河物語』では、たとえば「ネンブッオ」や「カンノンオ」と書く場合、当時は前者を「ネンブット」、後者を「カンノンノ」と発音していたので、そのまま「念仏と」「観音の」と書いたりしてある。これではこんにちわれわれが読むには読みづらいことこのうえない。というより、一般の人は読めないだろう。

(3)彦左衛門の字そのものが、読みにくい字であった。

こんなことがあげられる。

そんなことから、明治時代に勝海舟に「彦左衛門は無教養だったのだろう」(『海舟座談』)といわれることになって、それ以後、彦左衛門は無教養だったと説く人がいた。しかし『三河物語』を読んでいくと、そこここに『曽我物語』や『法華経』などからの引用がみられ、また、『信長記』はうそが多いといっているから、それらの書を読んでいたと思われ、読んでいたとするなら、一般的な教養はもっていたと思われる。

(3)はともかく、なぜ一般的な教養をもっていた彦左衛門が(1)や(2)の文章を書いたのか、今後くわしく調べねばならないだろう。いまのところ不明としておく。しかし(1)(2)(3)のような事項はけっして彦左衛門が無教養であったからというのをその理由とはしないようである。

ともかく、そんな難解な『三河物語』だから、ここに口語訳する意味もすこしはあろうかと思われる。

5　『三河物語』の魅力

『三河物語』は魅力あふれる書である。その魅力はいくつもあげうるが、ここでは二つだけをあげ、その他の魅力の発見は読者のみなさんにおまかせしたい。

魅力の一——、

武士とか侍とかいう言葉を聞くと人はどんなことを想像するであろうか。美々しい鎧《よろい》兜《かぶと》に身をつつみ、白馬にまたがる若きつわものであろうか。それとも長刀を小脇に額を真赤に染めた敗残の荒武者であろうか。『三河物語』に登場する武士たちも戦いの場ではそうである。しかし、武士とか侍とかがそれだけに終わったのではあまりに絵空事ではないだろうか。多くの軍記物語は夢の世界、絵空事の世界で終始しているが、『三河物語』ではそうした勇敢な武士が戦いの場から離れたとき、農作業に従事していたこともきちんと書いてある。戦国時代を生きぬいた三河武士たちが絵空事のようにきれいなばかりでなかったことを教えてくれる。そこに土くさい人間がいる。ほんものの戦国武士の生きざまをみるように思える。そんな戦国武士の土くさい面までを書き記した書物はすくなく、その点『三河物語』は興味をそそられる書といえよう。

魅力の二――、

軍記物語とか合戦譚《かっせんたん》というものは、多くがそれを遠くからみていた人、あるいはその話を耳にとめた人によって書かれている。実戦に参加した人がみずから書くということはそう多くはない。

ところが『三河物語』は彦左衛門も、彦左衛門に資料を提供したであろう父や兄たちも、みずから戦いの場をかけめぐっていた。それで、多くの合戦譚が戦いを客観的にとらえているのにくらべると、戦いを眼前のものととらえる微視的描写が多い。『三河物語』は読む者を戦いの場そのものにひきずりこむ。彦左衛門やその他の人の目や耳をかりて、自分自身が戦いのその場にいるような緊張感に読む者をひたらせる。

実戦に参加した経験をもつ人だけが書きうる戦場での緊張感を『三河物語』はもってい

るように思われる。

6　『三河物語』の人生訓話

これも『三河物語』の魅力のひとつかもしれないが、彦左衛門のとらえる人生観は、当時の武士の心情を知るということで、ふり返って自分自身の生きざまを考えるうえで、興味深い。『三河物語』は彦左衛門がその子孫にのこした遺訓の書であるから、そこには多くの訓話が載っている。その一端を示す。

彦左衛門はこんな人は出世するという。

一、主君を裏切り、主君に弓をひく者
二、卑劣なふるまいをして、人に笑われるような者
三、世間体のよい者
四、算盤《そろばん》勘定のじょうずな者
五、どこの馬の骨かわからないような者

またこんな人は出世しないという。

一、主君を裏切らない者
二、戦いだけに生きる者

三、世間づきあいの悪い者
四、ものごとに計算ということをしない者
五、長く主君に仕えつづける者
こうまとめておいて彦左衛門は後者の生きかたをしろという。なにより名誉というものがたいせつなのだからと。

そうはいうけれどもそれはなかなか難しい。これらのことは今でもそのままあてはまるし、多くの人はここまではよくわかっているのであろうが、彦左衛門のように、その先「名誉に生きろ」といいきれるかどうかは別問題である。視点を変えてみると戦国の時代から、平和な時代へと変化する時に生きた彦左衛門が、それぞれの時代に要求される教養・生き様を理解できなかったとも言えよう。

今も昔も、人間のする苦労はおなじようなものである。

7 『三河物語』のもうひとつの意図

彦左衛門自身にいわせれば、『三河物語』を書いた目的は、三河松平郷の一豪族であった徳川氏が天下を掌中におさめるまでに、大久保一族がどれほどに忠誠をつくしたかを記すことで、それゆえにまた以後も忠勤にこれはげまねばならぬことを子孫に示そうとするところにあるという。したがってこの書は門外不出であり、他人にみせてはならないと続けている。

ところが、その意に反して『三河物語』は多数写されていることはすでにのべた。しかも彦左衛門の生前から写されていたようだと、「『三河物語』の構成」のところでのべた。とするなら、彦左衛門は『三河物語』が書写されるのを黙認した、いやその写本の数が多いとするなら、たてまえでは他人にみせてはならないといいながら、本音は他の人にも読んでもらいたかったのではなかったろうか。

これをもうひとつうがってみるなら、彦左衛門はこの書を書く当初から、他人にもみせるのを企図していたのではないだろうか。この書を他人に読んでもらうことで、大久保一族のすばらしい活躍を、大久保家の由緒正しい家筋をひとりでも多くの人に知ってもらうことをねがい、落日の大久保一族の代表者として、そのことが、昔日の大久保一族の繁栄をとりもどすのに、なにがしかの貢献をするのではと、期待したのではないだろうか。

このことが、彦左衛門が『三河物語』に託したもうひとつの意図であり、真の意図でもあると思われる。

8　資料その他

『三河物語』の原本を読むにはつぎの三つの本が便利である。

(1)『三河物語』（他の物語と一冊になって「戦国史料叢書六、家康史料集」〈小野信二校注、人物往来社、昭和四十年刊〉に載っている）

(2)『原本三河物語』〈中田祝夫編、勉誠社、昭和四十五年刊〉

(3)『三河物語』（『葉隠』と一冊になって、「日本思想大系26」〈斎木一馬ほか校注、岩波書店、昭和四十九年刊〉に載っている）

『三河物語』の口語訳を読む便宜を考えて巻末に「大久保家系図」「徳川家系図」を示す。ただしその範囲は『三河物語』と関係する人物に限定する。両系図につづき『三河物語』にでる地名と現在の市町村名の対照表を載せる。

文庫版訳者あとがき

『三河物語』の口語訳を出版してから四十年にもなる。私の人生初出版でもあり、どんな風に売られているのか、近くの本屋にこっそり見に行ったことを思い出す。平積みされた本の横に、針金でつり下げられた盥に乗った彦左衛門の姿がクルクルと回っていた。

当時は、大久保彦左衛門が盥に乗って江戸城に登城したことはまだ、多くの人に知られていたから、そんな細工物もかざられていたのだろう。

私は今女子大学に勤めている。それももうすぐ定年である。今の女子学生に聞くと、盥登城はもちろん大久保彦左衛門その人の名前さえ知らないという。

盥登城は講談によって広まった話である。当時の人も本物の大久保彦左衛門が書いた『三河物語』の存在は知らなかったかも知れない。ただ、それが講談ネタだったり、テレビの放映だったりしても大久保彦左衛門の名前は知っていた。隔世の感を禁じ得ない。

この『三河物語』は異色の古典であり、今もその魅力は失せていないと思う。是非、目を通して戦国を生きた頑固爺の口吻に触れてもらいたい。

二〇一七年一二月

小林賢章

〔大久保家系図〕

- 忠茂
  - 忠平
  - 忠俊 新八郎 天正九年卒
    - 忠勝 新八郎 慶長六年卒
  - 忠次
  - 忠員 甚四郎 天正十年卒
    - 忠世 新十郎七郎右衛門尉 小田原城主・文禄三年卒
      - 忠隣 新十郎 小田原城主・慶長十九年改易・寛永五年卒
    - 忠佐 弥八郎治右衛門 沼津城主・慶長十八年卒
      - 忠兼 慶長十八年卒
    - 某 大八郎・永禄三年卒
    - 某 新蔵・元亀三年卒
    - 某 勘七郎・天正二年卒
    - 忠為 彦十郎・元和二年卒
    - 忠長 甚九郎甚右衛門・慶長十一年卒
    - 忠教 平助彦左衛門・寛永十六年卒
    - 忠元 弥太郎
    - 某 九平次九郎右衛門
  - 忠久 弥三郎 天文十三年卒
    - 忠政 弥三郎 天正十八年卒

〔徳川家系図〕

（松平氏）①親氏—②泰親—③信光—④親忠—⑤長親
- ⑤長親
  - ⑥信忠—⑦清康—⑧広忠—（以後徳川氏）⑨家康
  - 信定
- ⑨家康
  - 信康
  - ⑩秀忠—⑪家光

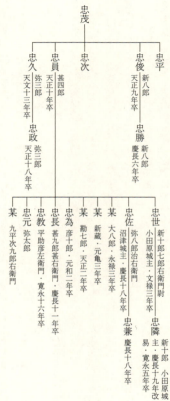

〔新旧地名対照表〕

ア行

赤坂	愛知県豊川市赤坂町
青野	愛知県岡崎市青野町
芦田	長野県北佐久郡立科町芦田
小豆坂	愛知県岡崎市羽根町小豆坂
阿多古	静岡県浜松市天竜区
穴山	山梨県韮崎市穴山町
天方	静岡県周智郡森町
荒川	愛知県西尾市吉良町
粟が岳	静岡県掛川市東山
安城	愛知県安城市安城町
伊賀	愛知県岡崎市伊賀町
石が瀬	愛知県大府市森岡町
伊田	愛知県岡崎市井田町
市河	山梨県西八代郡市川三郷町
一の宮	静岡県周智郡森町一宮
伊奈	愛知県豊川市伊奈町
伊内	愛知県岡崎市井内町
犬居	静岡県浜松市春野町
井の谷・井野谷	静岡県浜松市北区
不入斗	静岡県袋井市国本
祝田	静岡県浜松市北区
岩崎	愛知県小牧市岩崎
岩村田	長野県佐久市岩村田
上野	愛知県豊田市上野町
牛久保	愛知県豊川市牛久保町
宇津の谷	静岡県静岡市駿河区宇津ノ谷
内海	愛知県知多郡南知多町内海
海野	長野県上田市中央
海の口	長野県南佐久郡南牧村海ノ口
梅が坪	愛知県豊田市惣田町
婆口	山梨県甲府市右左口町
宇理	愛知県新城市富岡宇利
江尻	静岡県静岡市清水区
役の行者	長野県小県郡長和町
大給	愛知県豊田市大内町
大草	愛知県額田郡幸田町大草

大高　愛知県名古屋市緑区
大浜　愛知県岡崎市松本町
大平　愛知県岡崎市大平町
岡　愛知県岡崎市岡町
小河　愛知県知多郡東浦町
奥郡　愛知県渥美郡（現・田原市の一部）の古称
小口　愛知県丹羽郡大口町小口
奥野山　静岡県浜松市天竜区
桶狭間　愛知県豊明市栄町
尾島　静岡県静岡市清水区
乙骨　長野県諏訪郡富士見町乙事

カ　行

楽田　愛知県犬山市楽田
各輪　静岡県掛川市各和
笠寺　愛知県名古屋市南区笠寺町
柏木　長野県小諸市柏木
鼇山　愛知県岡崎市甲山
上和田　愛知県岡崎市上和田町

刈谷　愛知県刈谷市
蒲原　静岡県静岡市清水区
木原　静岡県袋井市木原
沓掛　愛知県豊明市沓掛町
沓部　静岡県袋井市国本
久野　静岡県袋井市久能
蔵見　静岡県掛川市倉真
黒瀬　愛知県新城市作手黒瀬
気多之郷　静岡県浜松市天竜区
国府　愛知県豊川市国府町
小尾　山梨県北杜市須玉町小尾
合代島　静岡県磐田市合代島
古府中　山梨県甲府市甲府中町
小牧　愛知県西尾市吉良町小牧
小牧山　愛知県小牧市堀の内
御油　愛知県豊川市御油町
挙母　愛知県豊田市挙母町

サ　行

西郷　愛知県豊橋市西郷町

西郷	静岡県掛川市上西郷
坂井	愛知県知立市（未詳）
桜井	愛知県安城市桜井町
佐崎	愛知県岡崎市上佐々木町
佐脇	愛知県豊川市御津町
品野	愛知県瀬戸市品野町
下条	愛知県豊橋市下条
下地之御位	愛知県豊橋市下五井町
下山	山梨県南巨摩郡身延町下山
少将之宮之町	静岡県静岡市駿河区
新府・新府中	山梨県韮崎市中田町
菅生	愛知県岡崎市菅生町
螬田ガ原	静岡県掛川市（未詳）
諏訪之原	静岡県島田市金谷
駿河	静岡県東部の古称

タ行

大樹寺	愛知県岡崎市鴨田町
田中	静岡県藤枝市田中
田之口	長野県佐久市臼田
段嶺	愛知県北設楽郡設楽町
池鯉鮒	愛知県知立市本町
津金	山梨県北杜市須玉町
作岡	愛知県岡崎市岡町
寺部	愛知県豊田市寺部町
土井	愛知県岡崎市土井町
戸石	長野県上田市上野
東条	愛知県西尾市吉良町
鳶巣	愛知県新城市乗本鳶ケ巣
友国	愛知県西尾市吉良町
鳥屋が根	愛知県碧南市音羽町
土呂	愛知県岡崎市福岡町

ナ行

長沢	愛知県碧南市音羽町
長篠	愛知県新城市長篠
中島	愛知県岡崎市中島町
鳴海	愛知県名古屋市緑区鳴海町
西島	静岡県磐田市西島
西之郡	愛知県蒲郡市神ノ郷町

二連木　愛知県豊橋市仁連木町
合歓木　愛知県岡崎市合歓木町
根堅　静岡県浜松市浜北区
根津・根津原　長野県東御市祢津
野田　愛知県新城市野田
野寺　愛知県安城市野寺町
野辺山　長野県須坂市野辺
野間　愛知県知多郡美浜町野間

ハ　行

薑原　愛知県豊橋市（未詳）
柱　愛知県岡崎市柱町
八帖　愛知県岡崎市八帖町
馬頭之原　愛知県岡崎市（未詳）
針崎　愛知県岡崎市針崎町
東郡　山梨県都留市の古称
東端　愛知県安城市東端町
引馬　静岡県浜松市の古称
一言の坂　静岡県磐田市一言
平尾　長野県佐久市平尾
平原　長野県小諸市平原
平谷波合　長野県下伊那郡平谷村・浪合村
広瀬　愛知県豊田市広瀬
深溝　愛知県額田郡幸田町深溝
袋井　静岡県袋井市
藤井　愛知県安城市藤井町
藤河　愛知県岡崎市藤川町
二俣　静岡県浜松市天竜区
府中　静岡県静岡市葵区
福釜　愛知県安城市福釜町
鳳来寺　愛知県新城市門谷
保久　愛知県岡崎市保久
堀江　静岡県浜松市西区
堀河　静岡県浜松市北区

マ　行

前山　長野県佐久市前山
松平　愛知県豊田市松平町
馬伏塚　静岡県袋井市浅名
丸子　静岡県静岡市駿河区

三方ガ原　静岡県浜松市北区
三木　愛知県岡崎市三ツ木町
見蔵　静岡県周智郡森町三倉
見付　静岡県磐田市見付
耳取　長野県小諸市耳取
妙国寺　愛知県岡崎市宮地町
明大寺　愛知県岡崎市明大寺町
六河　山梨県北杜市武川町
六栗　愛知県額田郡幸田町六栗
向笠　静岡県磐田市向笠
持舟　静岡県静岡市駿河区
本野が原　愛知県豊川市本野ケ原
森山　愛知県名古屋市守山区

ヤ　行

八重原　長野県東御市八重原
社山　静岡県磐田市社山
矢作　愛知県岡崎市矢作町
山中　愛知県岡崎市箱柳町
山梨　静岡県袋井市山梨
山西　静岡県藤枝市（未詳）
八幡　愛知県豊川市八幡町
横須賀　静岡県掛川市横須賀
吉田　愛知県豊橋市の旧称

ラ　行

竜泉寺　愛知県名古屋市守山区竜泉寺
臨済寺　静岡県静岡市葵区
林西寺・清見寺　静岡県静岡市清水区

ワ　行

若神子　山梨県北杜市須玉町若神子
渡里　愛知県岡崎市渡町

主要人名索引

カ　行

サ　行

タ　行

ナ　行

ヤ　行

ワ　行

『三河物語』関連年表

西暦	年号	関　連　事　項
1467	応仁元	徳川氏初代，松平親氏（徳阿弥）没（一説）
1508	永正5	10月五代長親，北条早雲の三河来攻をはばむ
1519	16	六代信忠，家臣の信望を失い隠居する
1524	大永4	5月七代清康，大久保忠茂の計略で山中城を奪取する
1529	享禄2	5月七代清康，東三河を取り，7月岩崎・品野を占領する
1534	天文3	織田信長，尾張国で誕生
1535	4	12月清康，織田信秀（信長の父）を攻略するため尾張森山に出陣するが，家臣に斬殺される〈森山崩れ〉 12月織田信秀，三河を攻めて敗退する〈伊田合戦〉
1537	6	2月豊臣秀吉，尾張国で誕生 6月八代広忠，岡崎城へ入る
1540	9	6月織田信秀，三河を攻め安城城を攻略
1542	11	12月九代家康，三河国岡崎城城主松平広忠の長子として誕生（幼名竹千代）
1543	12	8月種子島に鉄砲伝来
1547	16	10月竹千代（家康），織田信秀の人質となる
1548	17	3月今川，松平連合軍が織田信秀と三河で戦う〈小豆坂の合戦〉
1549	18	3月松平広忠没 7月キリスト教伝来 11月竹千代，今川義元の人質として駿府に下向 〈三河物語1〉
1551	20	3月織田信秀没
1555	弘治元	3月竹千代元服，次郎三郎元康と名乗る
1557	3	元康，築山殿をめとる
1558	永禄元	9月木下藤吉郎（秀吉），織田信長に仕える
1560	3	5月桶狭間の戦いで今川義元，織田信長に敗れる〈桶狭間の戦い〉 5月元康，岡崎城に帰る　大久保忠員の八子として彦左

西暦	年号	関　連　事　項
		衛門（平助のちに忠教）誕生
1562	5	1月元康，信長と和議を結ぶ
1563	6	1月三河一向一揆，家臣らも加わり起こる 7月元康，家康と名を改める
1564	7	2月家康，三河一向一揆を平定する
1566	9	12月家康，松平姓を徳川と改め，三河守従五位下を賜る
1568	11	12月家康，信玄と約し遠江を取り信玄は駿河を取る
1570	元亀元	6月信長と家康軍，東近江に浅井長政を破る〈姉川の合戦〉
1571	2	9月信長，比叡山延暦寺を焼き討ちする 〈三河物語 2〉
1572	3	12月家康，三方ガ原で信玄と戦い大敗する〈三方ガ原の戦い〉
1573	天正元	4月武田信玄没 7月室町幕府滅亡
1575	3	5月家康と信長軍，三河長篠で武田勝頼を破る〈長篠の合戦〉 大久保忠教（彦左衛門），家康に仕える
1579	7	8月家康，正室築山殿を殺害し，9月長子信康を切腹させる
1582	10	3月家康・信長軍，甲斐を攻め，勝頼自刃し，武田氏滅ぶ 6月明智光秀，信長を本能寺に殺害する〈本能寺の変〉
1584	12	1月織田信雄，秀吉と絶交し，家康を頼る 4月家康・織田信雄，秀吉を長久手に破る〈小牧長久手の戦い〉
1585	13	7月秀吉，関白となる 閏8月真田昌幸，家康に離反し，大久保忠世（彦左衛門の長兄）ら上田城を攻めおとす
1586	14	5月家康，秀吉の妹朝日姫をめとる 10月秀吉の生母，人質として岡崎城へ入る 12月秀吉，太政大臣となり豊臣の姓を賜る
1587	15	3月秀吉，九州征伐に出陣する

西暦	年号	関　連　事　項
1588	天正16	7月秀吉，刀狩を発令する
1590	18	1月家康の妻朝日姫没
		3月家康，小田原の役の先鋒として出陣
		7月北条氏滅ぶ
		8月家康，関東に国替え，江戸城へ入る
1591	19	7月家康，九戸政実の乱鎮定のため岩手沢に出陣
1592	文禄元	2月家康，秀吉の朝鮮出兵の令により名護屋に赴く〈文禄の役〉
1593	2	8月家康・秀吉，名護屋から帰陣
1596	慶長元	5月家康，内大臣となる
		11月秀吉，キリスト教徒26人を長崎で殺す
1597	2	1月秀吉，朝鮮に再度出兵する〈慶長の役〉
1598	3	8月秀吉没
1600	5	6月家康，会津の上杉景勝征討に向かう
		7月石田三成，家康に謀反をおこし挙兵
		8月家康，関ガ原の合戦に大勝する
1603	8	12月家康，征夷大将軍に任命され江戸幕府を開く
1605	10	4月家康，将軍職を秀忠にゆずり大御所とよばれる
1606	11	3月家康，諸大名に命じ江戸城の大増築開始
1607	12	2月家康，駿府城に移る
1613	18	4月大久保長安（大久保家分家）の旧悪暴露
1614	19	1月長安の不始末により，本家大久保忠隣領地没収・配流
		7月方広寺鐘銘問題おこる
		10月家康，大坂城の豊臣秀頼征討に出陣〈大坂冬の陣〉
		12月家康，秀頼和議成立する
1615	元和元	4月和議決裂し，家康，再度大坂征討を命ずる〈大坂夏の陣〉
		5月大坂城炎上，秀頼・淀君自害し豊臣氏滅ぶ
1616	2	1月家康，駿河田中で鷹狩のおり発病
		3月家康，太政大臣となる
		4月家康，駿府で没する（75歳）
1617	3	2月東照大権現の称号を賜る

西暦	年号	関　連　事　項
1617	元和 3	4 月日光に遺体を改装する
1622	8	大久保忠教（彦左衛門），二千石の知行没収〈三河物語 3〉
1623	9	7 月秀忠，将軍職を長子家光にゆずる
1625	寛永 2	忠教，三河の額田郡で千石扶持となる
1632	9	1 月二代将軍秀忠没
1639	16	2 月大久保忠教没（80 歳）

本書は教育社より刊行された『三河物語（上・下）』（一九八〇年一月二十五日）を併せて一冊としたものである。文庫化にあたり改訳した。

紀貫之　大岡信

子規に「下手な歌よみ」と痛罵された貫之。この評価は正当だったのか。詩人の感性と論理的実証によって新たな貫之像を創出した名著。（堀江敏幸）

現代語訳 信長公記（全）　太田牛一／榊山潤訳

幼少期から「本能寺の変」まで、織田信長の足跡をつぶさに伝える一代記。作者は信長に仕えた人物で、史料的価値も極めて高い。（金子拓）

現代語訳 三河物語　大久保彦左衛門／小林賢章訳

三河国松平郷の一豪族が徳川を名乗って天下を治めるまで、主君を裏切ることなく忠勤にはげんだ大久保家。その活躍と武士の生き方を誇らかに語る。

雨月物語　上田秋成／高田衛／稲田篤信校注

上田秋成の独創的な幻想世界「浅茅が宿」「蛇性の婬」など九篇を、本文、語釈、現代語訳、評を付しておくる〝日本の古典〟シリーズの一冊。

一言芳談　小西甚一校注

往生のために人間がなすべきことは？　思いきった逆説表現と鋭いアイロニーで貫かれた、中世念仏者たちの言行を集めた聞書集。（臼井吉見）

古今和歌集　小町谷照彦訳注

王朝和歌の原点にして精髄と仰がれてきた第一勅撰集の全歌訳注。歌語の用法をふまえ、より豊かな読みへと誘う索引類や参考文献を大幅改稿。

枕草子（上）　清少納言／島内裕子校訂・訳

芭蕉や蕪村が好み与謝野晶子が愛した、北村季吟の注釈書『枕草子春曙抄』の本文を採用。江戸、明治と読みつがれてきた名著に流麗な現代語訳を付す。

枕草子（下）　清少納言／島内裕子校訂・訳

『枕草子』の名文は、散文のもつ自由な表現を全開させ、優雅で辛辣な世界の扉を開いた。随筆文学屈指の名品は、また成熟した文明批評の顔をもつ。

徒然草　兼好／島内裕子校訂・訳

後悔せずに生きるには、毎日をどう過ごせばよいか。人生の達人による不朽の名著。全二四四段の校訂原文と、文学として味読できる流麗な現代語訳。

方丈記　鴨長明　浅見和彦校訂・訳

天災、人災、有為転変。そこで人はどう生きるべきか。この永遠の古典を、混迷する時代に生きる現代人ゆえに共鳴できる作品として訳解した決定版。

梁塵秘抄　植木朝子編訳

平安時代末の流行歌、今様。みずみずしく、時にユーモラス、また時に悲惨でさえある、生き生きとした今様から、代表歌を選び懇切な解説で鑑賞する。

藤原定家全歌集（上）　藤原定家　久保田淳校訂・訳

『新古今和歌集』の撰者としても有名な藤原定家自作の和歌約四千二百首を収録。上巻には私家集『拾遺愚草』を収め、全歌に現代語訳と注を付す。

藤原定家全歌集（下）　藤原定家　久保田淳校訂・訳

下巻には『拾遺愚草員外』『同員外之外』および「初句索引」等の資料を収録。最新の研究を踏まえ、現在知られている定家の和歌を網羅した決定版。

定本　葉隠〔全訳注〕（上）（全3巻）　山本常朝／田代陣基　佐藤正英校訂　吉田真樹監訳注

武士の心得として、一切の「私」を「公」に奉る覚悟を語り、日本人の倫理思想に巨大な影響を与えた名著。上巻はその根幹「教訓」を収録。決定版新訳。

定本　葉隠〔全訳注〕（中）　山本常朝／田代陣基　佐藤正英校訂　吉田真樹監訳注

常朝の強烈な教えに心を衝き動かされた陣基は、武士のあるべき姿の実像を求める。中巻では、治世と乱世という時代認識に基づく新たな行動規範を模索。

定本　葉隠〔全訳注〕（下）　山本常朝／田代陣基　佐藤正英校訂　吉田真樹監訳注

躍動する鍋島武士たちを活写した聞書八・九と、信玄・家康などの戦国武将を縦横無尽に論評した聞書十、補遺篇の聞書十一を下巻には収録。全三巻完結。

現代語訳　応仁記　志村有弘訳

応仁の乱――美しい京の町が廃墟と化すほどのこの大乱はなぜ起こり、いかに展開したのか。室町時代に書かれた軍記物語を平易な現代語訳で。

現代語訳　藤氏家伝　沖森卓也／佐藤信／矢嶋泉訳

藤原氏初期の歴史が記された奈良時代後半の書。藤原鎌足とその子貞慧、そして藤原不比等の長男武智麻呂の事績を、明快な現代語訳によって伝える。

ちくま学芸文庫

現代語《げんだいご》訳《やく》　三河《みかわ》物語《ものがたり》

二〇一八年三月　十　日　第一刷発行
二〇二四年五月二十五日　第三刷発行

著　者　大久保彦左衛門（おおくぼ・ひこざえもん）
訳　者　小林賢章（こばやし・たかあき）
発行者　喜入冬子
発行所　株式会社　筑摩書房
東京都台東区蔵前二―五―三　〒一一一―八七五五
電話番号　〇三―五六八七―二六〇一（代表）
装幀者　安野光雅
印刷所　株式会社精興社
製本所　株式会社積信堂

ISBN978-4-480-09844-3 C0121